KB211104

중독의
성경적 이해

중독의
성경적 이해

에드워드 웰치 Edward T. Welch 지음 | 김준 옮김

ADDICTIONS: A BANQUET IN THE GRAVE
FINDING HOPE IN THE POWER OF THE GOSPEL

국제제자훈련원

지혜롭고 통찰력 있는 동료
벤 페리에게 이 책을 바칩니다.

나도 이렇게 되기를 간절히 바랐지만
나는 나 자신의 의지의 쇠사슬에 꽁꽁 묶여 있었습니다.
악마가 나의 의지를 붙잡아 그렇게 만든 것입니다.
이를테면 전도된 의지에서 정욕이 생기고, 그것은 다시 습관이 되고
이 습관을 따르는 가운데 필연이 되는 것입니다.
그것들은 마치 작은 고리처럼 연결되어 나를 붙들고
구속하여 괴로운 노예로 만들었던 것입니다.

- 어거스틴 『참회록』, 8권 중에서 -

추천의 글 🌾

중독이라는 주제를 복음주의적 관점에서 이해하고 해결책을 제시한 본서의 한국어판 발간을 환영합니다. 요즘 개인과 가정 그리고 사회를 파괴하는 가장 대표적인 원인이 중독입니다. 중독은 전통적으로 알코올 중독, 마약 중독과 같은 물질 중독에서부터 게임 중독, 일 중독, 관계 중독, 쇼핑 중독 등과 같은 행위 중독에 이르기까지 그 영역은 다양합니다. 본서는 중독의 전통적인 질병 이론을 반박하고 중독의 원인과 과정을 성경적으로 제시하고 있습니다. 본서가 중독에 빠진 당사자들과 가족들 그리고 이들을 치유하는 상담자들에게 귀한 자원이 될 것을 확신합니다.

_ **김준수** 아세아연합신학대학교 상담학 교수, 한국기독교복음주의상담학회 회장

성경적 상담의 관점에서 중독을 다룬 저자는 중독을 병으로 보지 않고, 그 근원을 죄에서 찾는다. 그것은 자기 의식적인 불순종이며 잘못된 경배 행위로 결국은 사람들을 희생자로 만드는 무덤의 축제이다. 우리 하나님은 중독자들을 죄에서 해방시켜 주실 뿐 아니라 그들을 올바른 예배자로 서게 하신다. 이 책은 중독의 고통을 겪고 있는 사람이나 그들을 치료하는 상담자, 그리고 모든 중독자 가족들에게 유용한 책이다. 특히 다른 이의 중독을 돕는 사람들은

이 책을 통하여 자신을 돌이켜 보며 스스로를 치유해 갈 수 있는 축복의 시간을 향유하게 될 것이다. _ **강용원** 고신대학교 상담학 교수

대중문화의 광범위한 중독체계 속에 살고 있는 현대인들은 중독에서 자유로울 수 없다. 중독을 세속적인 렌즈로 바라보는 사람들은 그 원인을 유전적인 결함이나 심리적 무기력, 통제의 상실, 역기능적 가족체계 등에서 찾기에, 중독의 영적인 속성을 무시하는 오류를 범하고 만다. 본서는 성경적 상담의 특성을 살려 중독의 원인과 치료적 대안을 명쾌하고도 설득력 있게 피력한다. 기독교인이라면 반드시 구독해야 할 최고의 역작이라 할 수 있다.

_ **오윤선** 한국성서대학교 상담학 교수

이 책은 중독에 대해 실천신학을 제공하는 데 가장 도움이 되는 책 중 하나이다. 중독을 마음속 우상숭배로부터 비롯된 문제로 평가한 웰치의 접근법은 사람들이 성장하고 변화하도록 돕는다. 이 책은 교회 리더들, 중독의 문제와 분투하고 있는 사람들, 그리고 그들을 도우려 하는 친구들과 가족들에게 필수적이다.

_ **존 프리먼** HARVEST USA

이 책은 중독과 죄가 질병이라는 관념을 깨고 있다. 웰치는 질병, 치료 그리고 재발의 절망적인 순환이 성경적인 관점에서 죄와 구원, 성화로 대체되어야 한다는 것을 보여 준다. 목사와 성경적 상담자, 그리고 과거에 헤로인 중독자였으나 구원받은 사람으로서, 나는 웰치가 모든 목사들과 성도들 그리고 우상과 중독에 사로잡혀 있던 누구에게든지 영원한 자유로 향하는 성경적 지침을 주고 있다고 믿는다. _ **피터 개리치** Dayspring Center for Biblical Counseling

성경적인 이야기, 실제적이고 그리스도적인 깊은 동정…. 의심할 여지없이 이 책은 중독과 싸우고 있는 사람들에게 예수 안에서 진정한 희망과 승리를 향한 약속을 제공한다.

_ **로버트 A. 엠버거** Whosoever Gospel Mission

감사의 글

요즘 나는 글을 쓸 때 단지 다른 사람의 생각을 글로 옮기고 있다는 생각이 든다. 다만 나의 부족한 기억력으로 인해 그 생각을 제대로 인용하지 못할 뿐이다. 그 중 나에게 특별한 몇 사람을 여기에 소개하고자 한다. 그들은 바로 기독교상담재단(CCEF: Christian Counseling and Educational Foundation)에서 함께 일하는 동료이면서 앞으로도 나에게 주요한 촉매제이자 교사, 모범이 되어 줄 존 베틀러(John Bettler), 데이빗 포울리슨(David Powlison), 윈스턴 스미스(Winston Smith), 그리고 폴 트립(Paul Tripp)이다. 그들은 나에게 성경의 교리를 주의 깊게 연구하는 것과 사랑하며 사는 것이 불가분의 관계라는 것을 가르쳐 주었다.

또 한 사람은 성경적 상담에 비전을 가지고 있는 디 밀러(Dee Miller)로, 그는 관대하고도 희생적인 후원으로 이 책을 쓰는 데 큰 도움을 주었다. 그는 재정적으로 후원해 주었으며, 그 덕분에 나는 CCEF의 일을 잠시 쉬면서 이 작업에 집중할 수 있었다. 더불어 그가 보여 준 경건한 삶은 여러 가지로 나에게 큰 축복을 가져다준 계기가 되었다.

본 시리즈의 편집장인 수 러츠(Sue Lutz)는 신학자, 상담자, 지도자, 친구로서 많은 도움을 주었다. 무엇보다도 내가 가진 최고의 것을

감사의 글 ✳

끌어 낼 수 있도록 도와 준 그녀에게 감사의 마음을 전하고 싶다.

우리가 중독과 씨름하고 있는 사람들과 함께하다보면 어떤 방식으로든 그들로부터 영향을 받는 것이 사실이다. 나는 그들과 만나면서 마음이 아프기도 했지만, 한편으로는 삼위일체 하나님께서 그들을 사랑하시며 그들을 중독에서 해방시키기를 원하신다는 것을 깨달을 수 있었다. 그래서 나에겐 그들과 함께 한 시간이 매우 소중하다.

나의 아내, 샤론(Sharon)은 내가 하는 모든 일에 늘 그래왔듯이 이번 작업에서도 역시 큰 힘이 되어 주었다.

한국어 번역판 감사의 글 ✨

중독에 관한 이 책이 한국어로 번역된 것을 큰 영예로 생각합니다. 저는 다른 어느 나라보다도 한국을 자주 방문하면서 한국 교회에 대해 특별한 동료의식을 갖게 되었습니다. 한국에서 성경적 상담이 지속적으로 발전할 수 있도록 기도하겠습니다. 더불어 번역자 김준 교수와 편집자, 그리고 출판사에 깊이 감사드립니다.

저는 이 책이 성경적 상담이 갖는 고유한 특성을 잘 대변해 주길 바랍니다. 다시 말해, 이 책을 통해 중독으로 고통당하는 사람들에게 다가가며, 일반 자료에서 얻을 수 있는 유용한 통찰은 물론 나아가 사람의 영혼을 보다 깊게 바라볼 수 있게 되기를 바랍니다. 이 책은 많은 중독자들에게 소망을 주고 단순히 중독에 관한 원리를 제공하는 것을 넘어, 그들을 위해 십자가에 못 박히신 그리스도에게로 중독자들을 인도할 것입니다.

마지막으로, 한국교회의 세계적인 영향과 선교 운동에 대한 저의 감사와 함께 이 책을 받아 주시길 바랍니다.

- Ed Welch

차례

addictions

차례

addictions

도표

addictions

그림

표

서문

중독으로 씨름하는 사람들 사이에는 다음과 같은 통념이 있다. "당신 자신을 돕는 것이 곧 다른 사람을 돕는 것이고, 다른 사람을 돕는 것이 곧 자신을 돕는 것이다." 만약 한 알코올 중독자가 자신의 잘못을 깨닫는다면, 그의 가족과 친구, 직장 동료를 포함한 많은 사람들에게 축복이 될 것이다. 만약 그 알코올 중독자가 다른 사람의 도움을 구하면서 동시에 다른 알코올 중독자들을 돕고자 나선다면, 이것을 통해 가장 크게 축복받을 사람은 바로 본인이 될 것이다. 이와 같은 관점에서 이 책은 우리 자신과 우리가 돕고자 하는 사람들 모두를 살펴볼 것이다. 중독에 빠진 사람들에 대해 이야기하고, 바로 다음 문단에서 우리 자신에 대해 말한다는 것이 좀 이상하게 들릴 수도 있다. 그러나 이 책은 성경에 계시된 그리스도와 인간의 마음을 모두 다루고자 한다는 점에서 이러한 접근이 필요하다. 설교자는 다른 이들에게 설교하기 전에 반드시 자신에게 먼저 설교해야 하고, 상담자는 언제나 피상담자가 되어야 한다.

당신은 아마도 어떤 특정한 역할을 염두에 두고 이 책을 선택했을 것이다. 마찬가지로, 나도 다른 사람들을 돕고자 이 책을 쓰기 시작했다. 그러나 인간의 분별없는 마음과 자기절제에 대한 성경상의 많은 가르침을 깊이 파고들수록, 나 역시 도움이 필요한 사람이라는 것을 알게 되었다. 그러므로 자신이 씨름하고 있는 것을 먼저 생각해 보는 것이 가장 좋은 출발점이 될 것이다. 당신 자신의 삶과 마음 가운데 있는 중독을 먼저 찾아보라. 이 책은 가장 전형적 중독인 알코올 중독과 약물 중독에 대해 주로 초점을 맞추고 있지만, 기본적으로 중독의 문제는 우리가 쉽게 벗어날 수 없는 '죄'와 관련되어 있다. 우리에게도 이러한 죄가 있지 않은가? 당신의 마음을 매혹시키는 활동이나 물질들을 생각해 보라. 당신이 더 하고 싶어하는 것, 심지어 그것이 지혜롭고 경건하거나 합법적인 선택이 아님에도 불구하고 당신의 마음을 사로잡는 것이 무엇인지 생각해 보라. 특히 곧바로 신체적인 반응을 일으키는 활동이 무엇인지 주의 깊게 살펴보라. 성경은 섹스, 알코올, 그리고 음식에 대해 주로 이야기하고 있지만, 그 외에도 더 많은 것들을 주변에서 찾아볼 수 있다.

이 책의 요점은 무엇인가? "신학에 따라 삶이 달라진다"(Theology makes a difference)는 것이다. 우리가 가진 신학이 우리 삶의 토대가 된다. 부실하게 쌓아 올린 것은 결국 무너져 버리지만, 견고하게 쌓아 올린 것은 그 어떤 상황에도 잘 대처할 수 있다. 중독에 대한 기본적인 신학은 "중독의 근원적인 문제가 단순히 유전적 요인에 있는 것이 아니라 더 깊은 곳에 있다"는 것이다. 중독은 궁극적으로 "잘못된 경배"(a disorder of worship)의 문제이다. 우리 자신과 우리의 욕구를 경배할 것인가, 아니면 하나님을 경배할 것인가? 이러한 관점

으로 살펴보면, 성경 전체가 중독에 대해 말하고 있다는 것을 알게
된다. 술취함에 대한 몇 개의 관련 구절뿐만 아니라 전체가 기본적
으로 예배의 문제에 대하여 다루고 있다는 점에서 성경은 중독자
들에게 적용할 수 있는 말씀으로 가득하다.

나는 앞으로 다룰 이 책의 내용이 급진적(radical)일 것이라 생각
하고, 또 그렇게 되길 바란다. 우리가 올바르게 이해할 때, 성경은
항상 급진적이며, 우리를 놀라게 하고 흔들어 깨운다. 그리스도 중
심의 관점으로 중독을 이해한다는 것 또한 급진적이라고 볼 수 있
다. 우리는 세속적인 관점들이 중독에 관한 이론과 용어를 지배하
고 있는 문화에 살고 있기 때문이다. 이러한 문화의 영향으로 중독
과 연관되어 자주 쓰이는 '질병'이나 '치료'와 같은 단어 외에도 심
지어 '중독'이란 단어조차 문제의 근본 원인을 영혼이 아닌 육체에
서 찾으려는 경향이 있다. 분명히 말하건대, 흔히 수용되고 있는 중
독을 신체적 질병으로 보는 관점은 성경의 가르침과는 상충되는
것이다. 세속적인 관점이 지배하는 상황에서도 주의 깊게 성경을
연구하면, 보통 사람들의 통찰로는 수년이 걸릴 듯한 중독에 대한
우리의 생각 중에 있는 오해들을 밝혀낼 수 있다. 중독에 관한 난
제들을 성경적으로 이해하는 데는, 관련 용어들의 의미를 재정립하
거나 단순히 예수님을 초월적 능력자로 만드는 것 이상의 노력이
필요하다. 이는 중독에 관련된 모든 것들을 성경적 관점으로 이해
해야 함을 의미한다. 우리가 처한 문화는 순전한 성경적 입장보다
는 세속적인 관점들과 타협하는 기독교를 원하고 있기 때문에, 우
리는 생각보다 더 깊숙히 세속적 관념들의 영향을 받고 있음을 깨
달아야 한다.

이 시대 문화의 흐름에 대한 통찰이 있는 사람들에게는 이 책이

그다지 급진적이지 않을 것이다. 최근 중독에 관한 지금까지의 관점들이 타당한 것인지 의문을 제기하는 탐구와 통찰력 있는 목소리들이 세속적 입장과 기독교적 입장 모두에서 점점 더 많아지고 있기 때문이다. 마지막으로 저자로서 이 책이 이와 같은 중요한 논의와 영적 전투에 조금이나마 보탬이 되는 지혜와 실제적 도움을 제공하는 데 공헌하기를 바란다.

미련한 여인이 떠들며 어리석어서 아무것도 알지 못하고

자기 집 문에 앉으며 성읍 높은 곳에 있는 자리에 앉아서

자기 길을 바로 가는 행인들을 불러 이르되

어리석은 자는 이리로 돌이키라 또 지혜 없는 자에게 이르기를

도둑질한 물이 달고 몰래 먹는 떡이 맛이 있다 하는도다

오직 그 어리석은 자는 죽은 자들이 거기 있는 것과

그의 객들이 스올 깊은 곳에 있는 것을 알지 못하느니라

잠언 9:1-18

신학적
고찰

1장 . 실천신학

짐(Jim)은 1년 전에 술을 끊었다. 그의 인생 45년의 반을 술에 절어 살았기에 놀라운 일이 아닐 수 없었다. 나는 이 놀라운 일을 해냈음을 축하할 생각으로 점심시간에 그를 만났다. 그러나 식사를 하기 위해 식당으로 들어갈 때, 짐이 괴로움을 겪고 있음을 느낄 수 있었다.

"내게 이런 술에 대한 문제를 주신 하나님에게 화가 납니다." 그가 식사 자리에 앉으면서 말했다. "대부분의 세상 사람들은 술을 마시지 않기 위해서 매일 고군분투하진 않잖아요. 그런데 난 매일 고통스러워요. 이건 너무 불공평합니다!"

그는 자신의 필요를 채워 주지 않는 교회에 흥미를 잃어가고 있었고, 대신 AA(Alcoholics Anonymous: 알코올 중독자 갱생회) 모임에서 도움과 동료의식을 찾고 있었다.

나는 알코올 남용에 대한 짐의 생각이 성경말씀을 통해 제대로 정립되어 있지 않다는 것을 알았다. 그의 생각은 AA, 성경말씀, 그리고 수년 동안 겪은 경험의 조각들로 이리저리 뒤섞여 있었다. 그는 술을 끊으려고 노력하는 이 중요한 기간에 왜 기독교가 주는 핵심적 가르침에 대해 불평하고 있을까?

이에 대해 성경은 적절하게 "네가 네 자신과 가르침을 살피라"(딤전 4:16)고 말한다. 나는 짐이 하나님에게 화가 난다고 말했을 때, 그가 이해하는 성경의 가르침 혹은 신학이 그의 삶에 영향을 끼치고 있다는 것을 깨달았다.[1]

■ 그가 하나님께 화를 낼 수 있었던 것은 과거 거짓말을 일삼았던 것과 술을 남용했던 것이 자기자신보다는 그의 유전적 체질 탓이라고 믿었기 때문일 수 있다. 특히 그는 욕구란 통제할 수 없는 것이라고 생각했다.

■ 그가 자신을 영적으로 꽤 괜찮은 사람이라고 생각하는 것 또한 그가 가진 일종의 신학이다. 짐은 현재 겪고 있는 문제에 대한 책임이 하나님에게 있으며, 결과적으로 하나님은 자기에게 빚을 진 셈이 된다.

■ 왜 그는 교회와 멀어졌을까? 자기 자신을 그리스도인이라기보다 알코올 중독자라고 규정한 그의 절충적인 신학(eclectic theology)으로 인해, AA와 같은 알코올 중독 자조모임의 회원들이 그의 진정한 가족이라고 생각하는 것은 아닐까?

■ 짐은 '성화'가 하루아침에 일어나는 과정이 아님을 깨닫지 못

---

1   신학은 넓은 의미의 신학과 좁은 의미의 신학이 있다. 좁은 의미에서의 신학은 삼위일체 하나님에 대해서 성경이 말하는 바를 연구하는 것이다. 넓은 의미에서의 신학은 한두 개의 특정한 성경 구절이 아닌 성경 전체가 여러 가지 주제에 대해서 말하는 바를 연구하는 것이고, 그 중의 하나가 중독이다.

한 것 같다. 그의 신학에 의하면, 그리스도인의 삶은 편하고 변화도 빨리 일어나야 한다. 그러나 우리의 영적 성숙은 고난과 상처 속에서 점진적으로 나타나며, 이것이 바로 점진적 성화(progressive sanctification)의 교리이다.

이러한 짐의 사고에서 이상한 점을 발견하게 되는데, 그것은 그가 성경과 신학에 대해 잘 알고 있다는 것이다. 그는 성경에 대해서 교육받은 신학교 졸업생이었다. 그는 위대한 기독교 교리와 규범, 믿음의 고백들을 공부했고, 그것을 따르는 것에 동의했다. 더욱이 그는 교회에서 신학을 가르치기도 했다. 그런데 어떻게 올바른 신학을 믿으면서도 동시에 믿지 않을 수 있을까? 다시 말해서, 어떻게 그의 일상의 신학(everyday theology) 또는 실천신학(practical theology)[2]이 그가 주일에 교회에서 듣고 말하는 것과 다를 수 있단 말인가?

우리는 무엇을 믿어야 할지 모른다

이렇게 짐이 두 개의 모순된 시스템을 동시에 가지고 있는 이유는 그가 무엇을 믿어야 할지 모르고 있기 때문이다. 즉 그에게는 실천

---

2 실천신학이란 단순히 말해서, 실제로 실천되는 신학이다. 그것은 신학적 가르침을 삶에 적용하는 것이다. 우리의 신학적 명제들에 대해 "그래서?"라고 질문하는 것이다. 내가 그리스도와 연합되었다는 것은 우리 삶에 어떤 의미가 있는가? 사람들이 우상숭배적이라는 것은 어떤 의미가 있는가? 내가 하나님의 형상으로 창조되었다는 것은 어떤 의미가 있는가? 모든 신학은 결국 실천신학이다. 그러나 어떤 신학적 명제들은 적용될 곳은 많지만 아직 풀리지 않았다.

신학(practical theology)이 없다. 물론, 그는 진리인 신학적 원리들의 기본을 알고 있다. 그는 우리가 죄인이라는 것, 예수님이 십자가에서 돌아가시고 죽음에서 부활하셨다는 것을 안다. 그러나 불행하게도 이런 진리들은 그가 유혹으로 힘겨워할 때 그와 전혀 상관없거나 실제적인 도움을 주지 못한다. 그의 신학은 천국이 있다고 말하고, 그곳에 가기를 원하지만, 그에게 어떻게 살아야 한다고 말하지는 않는다. 그에게 예수 그리스도의 십자가는 능력이 없어 현재에 필요한 유익을 주지 못한다. 이렇듯 구체적인 삶 속에서 그를 인도하는 말씀이 없기 때문에 결국 다른 것에 대한 믿음이 그를 이끌게 된다.

1960년대 심리치료가 대중화된 이후, 그리스도인들조차 천국에 가기 위해 성경말씀을 의지하고자 하면서도, 현재의 문제들을 다루고 성공적인 삶을 사는 데 있어서는 일반 심리치료를 의지하는 경향이 있다. 예를 들어, 성경적으로 검증되지 않은 자존감과 개인의 권리 그리고 개인의 성공만을 중요하게 여기는 현상이 우리의 사고에 영향을 주며, 진리를 가린다. 중독의 영역에 있어서도 마찬가지다. AA가 중독에 관한 논의를 지배하고 있으며, 이런 현상은 심지어 교회 내에서도 나타난다. 많은 그리스도인들이 AA를 긍정적으로 생각하는데, 이는 그 모임이 분명한 도덕적 원칙을 기반으로 세워졌다는 것과 실천적 지혜를 제공하는 데 있어 괜찮은 조력자라는 생각 때문이다. 그러나 AA에서 가르치는 내용은 성경말씀이 아니다. 비록 기독교 도덕운동인 옥스퍼드 운동(Oxford Movement)에서 출발했고, 일부 신실한 그리스도인들이 거기에 참여했다 하더라도, AA에 속한 사람들 역시 자신들의 모임이 기독교적이라고 주장하지 않는다. AA의 창시자 빌 윌슨(Bill Wilson)은 모든 사람에게 적용할 수 있는 시스템을 원했고, 그와 그의 동료들은 누구에게나 적용할 수 있는 원칙들을 만들어 발전시켰다(그러나 빌 윌슨 자신도 그 원칙들이 결국에는 무신론자들도 흔쾌히 받아들일 수 있는 것임을 미처 예상하지 못했을 것이라고 생각한다).

그 결과 실제로 약물이나 술의 문제로 씨름하는 많은 이들의 사고가 AA, 대중 심리학(pop psychology), 성경 몇 구절 그리고 잡다한 미국 문화가 모두 결합된 일련의 혼합적인 신념체계에 의해 지배를 받게 되었다. 이런 신념들이 전부 나쁜 것은 아니지만, 분명히 검증될 필요가 있다. 인간의 힘으로 고안된 여느 프로그램처럼, 진리인 하나님의 말씀에 보다 가까이 다가가기 위해서 검토되고 수정되어야 한다. 그러나 이보다 더 중요한 것은 기본적인 성경의 가르침(일반적으로 대부분의 복음주의 교회에서 수용하는 가르침)으로 돌아가고, 그 가르침을 실천적으로 만드는 것이다. 성경이 죄의 노예성에 대해 말할 때, 오늘날 우리와 어떤 연관이 있는가? 우상숭배와 음욕은 어떤가? 그리고 이들은 중독과 어떻게 연관되는가? 또한 중독과 관련된 물질이 아닌, 성령으로 충만하라는 말씀의 뜻은 무엇인가?(엡 5:18) 우리는 명료한 성경적 가르침을 들을 때 반드시 "그러면 어떻게 해야 하는가?" "나의 탐욕스러운 욕구를 이겨내는 데 이 말씀이 무슨 의미가 있는가?"라고 질문해 보아야 한다. 이것이 우리가 실천신학을 하는 방법이다.

당신은 성경이 오늘날의 중독 문제를 분명하게 그리고 여러 번 언급하고 있다는 것을 알고 있는가? 비록 거기서 술, 음식, 혹은 성에 대해 직접적으로 말하고 있지 않더라도 사실은 성경 전체가 중독에 대해 말하고 있다는 것을 아는가? 잠깐 생각해 보라. 중독이 우리가 보는 것처럼 실제 삶에 널리 퍼져 있다면, 당연히 성경 말

씀이 이런 중독과의 싸움에 대해 분명히 가르치고 있을 것이라고
짐작할 수 있다. 그리고 이것은 사실이다.

우리는 우리가 믿는 것을 믿지 않는다

짐은 중독에 관해서 매일 적용할 수 있는 실천신학을 가지고 있지
않았다. 그가 매일의 전투에서 말씀을 적용하고자 할 때, 그 말씀이
믿음으로 받아들여지지 않는다. 오히려 그는 성경의 지식과는 단절
된 채 술과의 전쟁을 하고 있다. 그는 인내하며 "이 설교 본문이나
찬양이 술 마시고 싶은 나의 욕구와 관련하여 무엇을 말하고 있는
가?"라고 질문하지 않는다. 그러나 짐의 신학이 그의 삶의 방식에
영향을 주지 못하는 또 다른 이유가 있다. 그것은 우리가 받는 가
르침이 부족하다거나 성경말씀을 모르기 때문이 아니다. 오히려 우
리가 이미 알고 있는 진리를 믿고 싶어 하지 않기 때문이다. 우리
는 진리를 알고 있음에도, 그 진리가 우리의 삶을 인도하기를 원치
않는다는 것이다.

예를 들면, 성경상의 가장 중요한 신학적 진술인 "예수님은 주님
이시다"를 살펴보자. 짐은 이를 찬양하고, 말하며, 가르쳐 왔다. 그
는 이 진리가 선포될 때 "아멘"으로 답했을 것이다. 그러나 그가 무
엇인가를 갈망하거나 술을 먹고 싶은 욕망이 느껴지는 순간에는
"예수님은 주님이시다"는 진리가 실천신학으로 다가오지 않는다.

우리의 욕망과 말씀이 충돌할 때, 항상 믿는다고 말하는 것에 따
라 사는 것은 아니다. 신념을 말할 수는 있지만, 우리의 삶은 그 신
념에 대한 헌신을 보장하지는 않는다. 예를 들면, 남편은 자신의 아

내를 사랑한다고 말할 수는 있지만, 음란물에 심취하거나 내연의 관계를 사랑할 수 있다. 독신 여성이 예수님을 따른다고 고백하고도, 혼자 있을 때는 자신의 공허감을 채워 줄 성적 관계를 좇기도 한다. 그녀는 삶을 통해 자신이 욕구를 추종하는 사람이라는 것을 보여 준다. 짐은 "예수님이 통치할 것이다"라고 찬양하지만, 술의 남용을 통해 단지 자신의 욕구와 하나님의 명령이 충돌하지 않을 때에만 예수님의 통치를 원한다는 것을 알 수 있다.

이런 갈등은 아마도 대부분의 사람들이 경험할 것이다. 이것은 마치 상반된 신념과 행동이 칸막이로 분리된 방에 있는 것과 같다. 쉽게 말하면 '선데이 크리스천'(Sunday Christian) 현상이다. 일요일에는 진정으로 하나님의 열렬한 예배자인 듯하지만, 그 외에는 마치 삼위일체 하나님이 존재하지 않는 듯 양심의 가책 없이 영적으로 무분별한 삶을 산다. 이런 칸막이들은 진리가 근접하지 못하도록, 마치 우리가 성실히 일하는 것처럼 수년에 걸쳐 형성되며, 일단 세워지면 매우 효율적으로 작용한다.

성경에는 신념과 행동이 상반된 이러한 모습들이 적절하게 묘사되어 있다. 로마서 1장에서 사도 바울은 우리가 하나님과 그의 법에 대해 많은 것을 알고 있지만, 이런 진리들이 우리의 바람이나 욕구와 상충될 때 그 진리들을 억제한다고 말한다. 그 결과, 우리는 마치 다른 두 종교를 따르는 것과 같이 된다. 우리는 믿는다고 말하지만 실제 마음 깊은 곳에서는 다른 것을 믿고 있다. 우리의 한 믿음 체계는 "그는 주님이시며 우리의 찬양과 순종을 받기에 합당하다"라고 말하며 예수님이 죽음에서 부활하신 하나님의 아들이라고 고백한다. 그러나 우리의 다른 믿음 체계는 "우리는 하나님으로부터 약간 독립된 삶을 원한다"라고 말한다. 우리는 하나님을 배제한 자신만의 법과 하나님께 우리의 권리만 요구하는 종교를 만들게 되고, 사실상 하나님은 우리의 종교 체계의 일부분이 되고 만다.

그러면 어떻게 이런 거짓 믿음들을 가려낼 수 있겠는가? 당신이 혼자 있을 때 하는 것들을 유심히 살펴보는 데서 시작하면 된다. 당신은 사람들과 같이 있을 때와 혼자 있을 때의 삶이 어떤가? 매우 다른 삶을 살고 있는가? 혹시 부정한 환상을 그리는가? 그렇다면 당신은 모든 것을 보시는 하나님을 알고 있음에도 불구하고, 그분이 찾지 못하는 당신만의 영역이 존재한다고 말하는 대체신학 (alternative theology)을 가지고 있는 것이다.

짐의 두 가지 믿음 체계는 갈등 속에서 분명해졌다. 그는 점심식사를 함께하면서 신학적으로 바른 언급을 할 수 있을지 모르지만, 그의 행동과 말은 자신이 만든 종교를 따르고 있으며, 이 종교는 자신의 분노와 하나님의 심판을 정당화할 수 있도록 해준다.

그러나 짐은 이 모든 것들이 그의 의식 저편에 있음을 알지 못했다. 그는 의식적으로는 여전히 가장 정통적인 신학에 동의할 것이다. 그러나 실제 삶에서 그를 이끄는 진정한 믿음은 수면 아래에 숨겨진 채 머물기를 즐긴다. 이런 믿음은 그를 속이고 진리에 의해 자신이 드러나는 것을 회피하도록 한다.

그에게는 다음과 같은 질문을 던질 필요가 있다. "너희는 너희 자신의 것이 아니라 값으로 산 것이 되었으니"(고전 6:19-20)라는 말씀을 읽을 때, 이 말씀이 진심으로 무엇을 뜻하는지, 특히 중독과 관련하여 무엇을 말하고자 하는지 알기 원하는가?

주위의 다른 사람들이 당신을 도울 수 있다

죄는 우리를 속이고, 진리를 억압하여 우리로 하여금 거짓을 믿게 한다. 이런 죄의 속성은 우리의 간담을 서늘케 한다. '속인다'라는 이 죄의 속성은 너무나 두려운 것이다. 우리는 심지어 거짓을 말한 후, 그 거짓에 스스로 속아 우리 자신을 기만하기 때문이다. 이 사실을 깨닫는다면 죄는 더욱 두려운 것이 된다. 모든 죄는 우리가 거짓을 믿도록 가르친다. 우리는 이런 거짓이 부메랑처럼 우리 자신에게 돌아온다는 것을 미처 생각하지 못한다. 결국 죄가 우리를 삼킨다.

그러나 복음은 우리가 기꺼이 받아들이려고만 한다면 이것을 깨달을 수 있도록 돕고, 하나님은 이를 위해 다른 사람들을 사용하신다. 우리의 눈이 어두워져 마음을 살필 수 없을 때, 다른 사람들이 우리의 문제를 명확히 볼 수도 있다. 때론 다른 사람들이 우리 자신보다 더 자기기만과 실제 믿음의 차이를 간파하기도 한다. 이는 모두에게 해당되지만, 특히 약물이나 알코올 중독에서 뚜렷하게 나타난다. 실망스럽게도 중독자들의 노예 속성은 너무나 명백하게 드러나지만, 그들은 "난 내가 원할 때 언제든지 끊을 수 있어", "내가 조절할 수 있어", "저 사람들은 틀렸고 내가 맞아"라고 자신을 설득한다. 이를 통해 왜 우리가 서로의 잘못을 지적해 줄 책임이 있는지 그리고 왜 우리에게 하기 어려운 말을 해 주고자 하는 사람들과 더불어 살아야 하는지를 알 수 있다. 나단 선지자가 다윗 왕에게 했던 것처럼, 우리에게도 우리에 대해 잘 알고 사랑으로 진실을 말해 줄 사람이 필요하다(삼하 12:1-14).

그러면 이것을 짐에게 어떻게 적용할 수 있을까? 그의 경우 사

랑으로 진리를 말하는 것이 술에 대한 문제 그 자체를 가지고 직면
하라는 뜻은 아니다. 어쨌든 짐은 1년 동안 술을 끊었다. 짐에게 사
랑으로 진리를 말하는 것이란 그 자신만의 만족과 욕구를 부추기
는 거짓된 종교에 대해 말하는 것을 뜻한다. 짐은 AA에서 말하는
건성중독(dry drunk)에 해당된다. 즉 더 이상 술은 마시지 않지만 진
정으로 변화된 상태는 아니다. 다시 말해, 음주를 자극하는 모든 신
념들은 바뀌지 않았다는 것이다. 진정한 변화는 술을 끊는 단계보
다 더 깊은 단계에서 진행되어야만 한다.

하나님은 우리가 알아야 할 모든 것을 말씀하셨다

우리에게는 신학이 필요하다. 그 중 실천신학은 세상의 모순된
'○○주의'(ism)로부터 삶의 경계를 세울 수 있도록 돕는다. 정확한
신학은 보물 지도와 같다. 즉 실천신학은 우리를 안내한다. 그리고
우리로 하여금 ○○하게 만든다. 성경말씀이 보다 관련성이 깊고,
깨달음을 주고, 삶을 변화시키는 진리로 우리에게 다가오도록 한
다. 결국 성경은 "생명과 경건에 속한 모든 것들"(벧후 1:3)을 준다고
담대히 주장한다.
   얼핏 보기에는 성경말씀이 제어할 수 없는 탐욕에 대한 모든 해
답을 가지고 있는 것처럼 보이지 않는다. 그래서 우리는 때때로 성
경말씀이 아닌 정신 건강과 관련된 단체의 '전문가들'이 내놓은 불
완전한 견해에 눈을 돌린다. 그러나 베드로후서 1장 3절이 진리라
면, 성경에는 우리의 삶과 자유에 적용될 수 있는 많은 새로운 통
찰과 원리들이 있다. 사람들이 성경을 반복해서 읽어도 여전히 새

로운 것을 깨닫는 것과 같이, 지속적으로 말씀을 묵상한다면 중독과 관련하여 더 많이 알게 될 것이다. 하나님은 하나님 자신과 진리를 드러내는 데 인색한 분이 아니다.

그러나 이런 계시들이 신학 교과서와 같은 형식일 것이라고 기대해서는 안 된다. 오히려 하나님의 계시는 자서전의 형식이다. 성경 속에서도 어떤 원칙과 표어들을 찾을 수는 있지만, AA의 12단계와 같은 것이 아니다. 대신 성경은 우리에게 예수 그리스도를 알려 준다. 성경은 그분의 일대기다. 우리는 아이디어나 원칙이 아닌, 예수 그리스도 한 분만을 통해 자유를 얻을 수 있다. "생명과 경건에 속한 모든 것들"은 궁극적으로 "예수 그리스도를 앎으로 말미암음"이라고 베드로후서 1장 3절은 전하고 있다. 성경은 진실한 그리스도인이 된다는 것은 그리스도의 영광을 목적으로, 성령의 방식에 따라 우리의 삶에 그리스도의 성품이 드러나는 것이라고 말씀한다.

중독이라는 용어

이제, 사람들이 말을 쉽게 혼용하는 영역을 살펴보기로 하자. 죄, 질병, 영성, 하나님, 그리고 그 밖에 여러 가지로 정의 내릴 수 있는 용어들은 대화를 어렵게 하기 때문에, 용어 정의를 명확히 하는 것은 중요한 일이라고 할 수 있다. 우선 '중독'이라는 용어에 관해 생각해 보자.

널리 사용되는 의미의 '중독'이란 사소한 중독(예: 6시 뉴스에 중독되는 것)에서부터 심각한 중독(예: 술 중독)까지 모두 포함하며, 매우 광범위하고 애매모호하게 사용되어 왔다. 또한 '질병'과 '죄'라는 같이 할 수 없는 영역이 공존한다. 의미의 모호성으로 인해, 다른 명료한 단어가 필요한 상황이지만 아직까지 새로운 용어에 대한 동의가 없으므로 나는 계속해서 '중독'이라는 용어를 주의하여 사용할 것이다.

이 책에서 '중독'은 특정한 경험과 행동을 묘사하는 데 사용될 것이다. 우선 중독 행위에 대한 설명(explanations)과 기술(descriptions)의 차이에 대해 설명하고자 한다. 사람들은 중독의 실제 기술에 대해서는 일반적으로 동의하지만, 실제 설명에 있어서는 의견을 달리한다. 앞으로 전개되는 장에서는 성경적 관점에서 '중독'을 설명할 것이며 이는 일반 이론들과는 차이가 있다.

중독 기술하기

중독을 기술한다(description)는 것은 무엇인가? 중독자는 어떻게 느끼는가? 중독자들은 마치 자신들이 덫에 빠져 감당할 수 없다고 느낀다. 이들은 매우 위험한 무엇인가에 헌신된 비참한 숭배자처럼 느낀다. 이들은 극심한 배고픔과 갈증을 느낀다. 또한 이들은 자신의 중독적 행위가 아주 작은 쾌감과 큰 고통을 주더라도 여기에 매여서 헤어 나올 수 없다고 느낀다. 중독자들은 통제할 수 없고, 얽매여 갇혀 있고, 자유나 돌파구에 대한 희망이 없다고 느낀다. 살아 계신 하나님이 아닌 다른 어떤 것이나 사람이 그들을 통제하며, 그들에게 살고, 생각하고, 느끼는 방법을 말해 준다.

예를 들어, 술은 당신에게 가족의 관심보다 자신의 욕구를 먼저 챙기라고 말한다. 음란물과 다른 부정한 행위들은 직접적인 쾌락의 가치를 말하며, 결코 당신은 중독 되지 않을 것이라고 속삭인다. 도박은 이번 달에 파산할 수도 있지만, 다음 판에서 크게 딸 수도 있다고 말한다. 음식은 "한 번만 더 먹자. 그리고 화장실에 가면 된다"라고 말한다.

우리는 자기탐닉을 부추기는 문화 속에 살고 있기 때문에, 사실 도처에 널린 중독에 대해 놀랄 것도 없다. 성경은 성, 음식, 그리고 술(오늘날 향정신성 약물에 해당될 수 있는 영역)을 가장 일반적인 중독으로 보고 있다. 이런 욕구들은 매우 보편화되어 있고, 여기에 해당되는 목록들은 계속 증가하고 있다. 과거에 중독은 만성적인 과음자에게만 사용하던 용어였지만, 이 용어의 사용 범주가 지난 20년 동안 빠르게 확장되었다. 여기서 알 수 있듯이, 오늘날 중독 물질과 욕구 목록들은 우리의 상상력에 의해 제한될 뿐이다.

술	운동	섹스
분노	도박	카페인
사랑	점비약(nose drops)	도둑질
근육운동	코카인	거짓말
잠	일	초콜릿
니코틴	스포츠	모험
고통	설탕	성공/승리
TV	사람	음란물

위에서 언급한 것들과 중독으로 표현되는 대부분의 다른 행동, 물질과의 공통점이 있다면 그것은 바로 신체적인 경험을 제공한다는 것이다. 이를 통해 우리는 좀 더 민감해지고, 침착해지며, 덜 수

줍어하거나 좀 더 강력한 에너지를 느낀다. 더구나 대부분의 중독
은 우리의 육체적 경험에 변화를 주어, 며칠 또는 몇 주가 걸리는
것을 몇 초, 몇 분 안에 신속하게 진행되도록 한다. 그 결과 눈에 띄
는 변화를 보기 위해 몇 달간 꾸준히 복용해야 하는 비타민에는 거
의 중독 되지 않지만, 바륨(Valium), 술, 섹스, 심지어 고통과 관련된
빠른 육체적 느낌에 중독 된다.

　일부 사람들은 중독의 범주가 너무 넓어져 그 본래 의미를 잃었
다고 주장하며, 중독의 포괄적인 시각을 비판한다. 그러나 하나님
말씀은 중독이라는 용어를 보다 더 많은 구체적인 행위들에 적용
하여 관찰하기를 원한다. 중독으로 이끄는 것은 모든 인간의 마음
안에서 발견된다. 예를 들어 우리는 이유를 모르는 제어할 수 없는
욕구를 경험한다. 이를 인정하기 어렵다면 사도 바울이 말한 "내
속 곧 내 육신에 선한 것이 거하지 아니하는 줄을 아노니 원함은
내게 있으나 선을 행하는 것은 없노라 내가 원하는 바 선은 행하지
아니하고 도리어 원하지 아니하는바 악을 행하는도다"(롬 7:18-19)
라는 말씀에서 단서를 얻을 수 있다. 진실로 "중독 경험은 인간의
자연스러운 경험이다"(the addiction experience is the human experience).[3]

　이런 중독의 포괄적 관점은 우리가 어떤 특정한 약물들에만 집
중하지 않고, 대신 궁극적으로 무엇이 중독으로 이끄는지를 살펴
볼 수 있게 돕는다는 점에서 특히 중요하다. 특정한 욕구에 사로잡
히기 쉬운 인간의 속성은 무엇인가? 왜 알코올 중독자, 약물 중독
자, 충동 구매자 그리고 음란물에 빠진 사람들은 나쁘거나 어리석
은 것을 갈망하는가? 그 자체로는 자연스러울 수 있으나(예: 돈, 타인

3　William Lenters, *The Freedom We Crave—Addiction: The Human Condition*(Grand
　Rapid: Eerdmans, 1985), 4.

으로부터의 인정, 안정), 나중에는 심히 집착하게 만드는 것들을 왜 갈
망하는가? 욕구 앞에서 안 된다고 말하기가 왜 그리도 힘든가? 이
러한 질문들에 대한 답이 우리 마음의 핵심을 찌르는 것을 볼 때,
성경적 가르침은 우리 모두와 연관된다고 할 수 있다.

실천신학

각 장의 끝에는, "실천신학의 기술들"(practical theology skills)을 연마할 수 있는 시간을 가질 수 있도록 할 것이다. 당신 자신에게 "여기에 다른 어떤 성경적 가르침을 더할 수 있을까?"라고 물어 보라. 이 책이 언급하는 성경적 가르침에 대해 "그렇다면 이제 무엇을 해야 하는가?", "그래서 이것이 우리의 삶과 어떤 관련이 있는가?"라고 질문해 보라. 각 장에서 성경말씀을 적용한다면, 20개의 실천 방법을 생각하라. 우리의 목표는 성경말씀이 살아서 역사하도록 돕고, 성령이 우리 삶에 말씀을 적용시킴으로써 변화되는 것이다.

당신 자신의 중독에 직면할 때

1. 성경은 어떤 주제의 범주를 넓혀서 우리 모두가 그 가르침에 해당되게 한다. 예를 들어, 산상수훈은 살인의 주제에 관해 우리 모두를 살인자로 지목한다. 차이는 일부 사람들은 혀를 사용하는 반면, 어떤 이들은 총을 사용한다는 것이다(마 5:21-22). 그리스도 이외에 무엇이 당신을 사로잡는가? 언제 음식, 성, 혹은 약물에 대한 욕구가 당신을 조정하는 지경까지 이르게 하는가?

2. 당신의 중독 문제로 인해 자기기만(self-deception)이나 상대방을 속이려는 시도를 한 적이 있는가?

3. 당신의 생각 속에서 성경말씀이 차지하는 위치를 점검해 보라. 말씀이 모든 것을 감찰하고 있는가? 중독을 다룰 때, 너무 자주 성경말씀을 AA보다 우위가 아닌 동급으로 취급하곤 한다. AA 와 일, 여가, 결혼, 독신의 삶, 그리고 남은 인생과 관련된 중독적 경향을 말씀으로 해석하도록 하자.

당신이 다른 사람을 도울 때

1. 특정 욕망에 지배되는 자신의 경향을 먼저 살펴본다면, 자신보다 더 심각한 문제를 가진 사람들에게 인내하기가 쉬울 것이다. 당신은 인내심이 결여되었거나 중독과 싸우는 누군가를 향한 사랑이 부족하지 않은가?

2. 중독이 노예 상태라는 것은 이미 알려져 있다. 중독은 노예 상태에서 벗어나도록 도울 영적인 힘을 앗아가기 때문에, 중독자를 도울 때에는 기도가 핵심이다. 당신은 그들을 위해서 기도하는가? 기도를 하고 있다면 어떻게 기도하는가?

2장 . 죄인가, 질병인가 아니면 둘 다인가?

예수님께서 대답하시되

'진실로 진실로 너희에게 이르노니 죄를 범하는 자마다 죄의 종이라'

(요한복음 8:34)

중독의 이해에 대한 신학적 기틀을 세울 때에는, 죄에 대한 성경의 가르침이 근간이 된다. 죄의 교리가 성경에서 가장 중요한 가르침은 아니다. 성경에서 가장 중요한 가르침은 기독론(the doctrine of Christ)이다. 그러나 죄에 대한 성경적 개념은 오늘날 상당한 견해 차이를 불러일으키고 있다. 이런 견해의 차이는 처음에는 전문적으로 신학을 하는 신학자들만 중요하게 여기는 학문적 영역이었다. 그러나 견해에는 결과가 따른다. 도미노의 맨 앞의 블록처럼 이 교리에 대한 당신의 견해는 뒤따르는 모든 것에 영향을 준다. 죄에 대한 교리는 중독을 이해하는 데 피해갈 수 없는 영역이다.

'불가피한'이란 말은 '즐겁지는 않지만 꼭 필요한'의 뜻으로 여겨지는데, 어떤 의미에서는 맞는 말이다. 어떤 사람이 중독을 말할 때 죄를 언급하거나, 질병 관점(disease-oriented perspectives)에 대해 질문을 하거나 개선을 요구하면 사람들은 그 자리를 떠나 버린다. 어떤 사람들은 죄를 언급하는 것 자체가 중독에 대해 이해하지 못했다고 생각하며 그 자리를 떠나고, 나머지 사람들은 중독자가 이미 느끼는 자책감에다 영적인 비난을 더하는 것에 화가 나서 나가 버린다.

그러나 이 주제는 성급히 내려놓을 것이 아니다. AA의 12단계와 규범들은 '복수심에 불타는 분노, 자기 연민, 그리고 정당하지 못한 자만심'에 대해 아주 솔직하게 이야기한다.[4] AA의 문헌들은 그리스도인들이 죄라고 부르는 것들에 관해 이야기하는 것을 결코 부끄러워하지 않는다.[5] 더 나아가 중독에 대해 논의할 때 죄에 대해서 언급하려고 노력하는 종교적인 경향을 띤 작가들이 늘 있었다.[6] 이들은 오늘날의 질병 관점(disease approach)은 완전하지 않고, 좀 더 심층적으로 논의(또는 사고의 전환)할 필요가 있다고 주장한다. (말씀 자체를 제외하고는, 그 어떠한 사상도 발전의 여지가 있다는 점을 명심하라. 완성된 것이란 없다.) '당신에게 원인에 대한 책임은 없지만, 치료에 대한 책임은 있다'라는 견해는 상황에 맞지 않을 뿐더러, 중독을 질병으로 비유(disease metaphor)하는 주장만 하는 것은 다른 관점에 대해 논의할 기회를 억압하는 것이다. 이러한 점을 생각할 때, 죄에 대한 성경의 가르침은 우리의 사고를 인도하고 분명하게 하는 데 있어 필요하다.

---

4   William Lenters, *The Freedom We Crave—Addiction: The Human Condition,* 47.

5   그러나 알코올 중독자들끼리 사용하는 죄의 의미와 정상적인 사람이 다른 알코올 중독자들에 대해 말할 때 죄의 의미는 다르다.

6   예를 들면, Augustine, *Confessions* 『고백록』; Scott Peck, *People of the Lie: The Hope for Healing Human Evil*(New York: Simon & Schuster, 1985), 『거짓의 사람들』(비전과리더십, 2007 개정); Cornelius Plantinga, *Not the Way It's Supposed to Be: A Breviary of Sin*(Grand Rapids: Eerdmans, 1995).

우리는 죄지을 수밖에 없다

죄라는 단어에 반감을 가지고 반응하는 것에 대해 충분히 이해할 수 있다. 보수적인 기독교 교회 안에서조차도, 이 주제는 매우 조심스럽게 다뤄진다. "자, 이제 저는 몇 분 동안 'ㅈ'으로 시작하는 단어를 사용할까 합니다. 제발 자리를 뜨지 마세요. 먼저 이것을 다룬 후에, 마무리는 긍정적인 말로 할 것입니다." 만약 교회가 죄에 대한 논의하는 것을 힘들어한다면, 어떻게 중독에 관한 설교를 할 수 있겠는가?

죄에 대해 언급하면 그에 대한 반응은 극과 극이다. 자존감과 자아가치의 관점이 심리학적 필수 요소로 고려되는 문화에서는, 죄에 대해 언급하는 것은 정신 건강을 공격하는 것처럼 들린다. 이는 마치 회개하지 않은 사람들에게 신의 저주를 퍼붓는 엄격한 청교도와 설교자의 이미지를 떠올리게 한다. 이는 건설적이기보다는 가슴을 찢는 자비 없는 심판처럼 보인다.

그러나 죄는 분명히 실재한다. 분명 다른 사람과 비교했을 때 더 괜찮은 사람이라고 생각되는 사람들이 있다. 그러나 그 누구도 말이나 생각 그리고 행동에 있어서 우리가 대접받기를 원하는 것처럼 다른 사람을 대하는 사람은 없다. 사실 우리가 도덕적으로 신중할수록, 우리 자신의 잘못을 더 잘 깨닫는다. 즉 괜찮은 사람들은 일반적으로 자신을 별로라고 생각한다. 이들은 자신의 잘못이나 죄를 빨리 인정한다.

죄를 황금률(the Golden Rule, 마 7:12)의 위반으로 정의했을 때, 그것은 그다지 잔인하거나 저주성이 있거나 비판적이지 않다. 그것은 단지 우리의 있는 그대로의 모습을 진실되게 표현한 것일 뿐이

2장. 죄인가, 질병인가 아니면 둘 다인가?   43

다. 사실상, 우리의 그릇됨을 간과하는 것은 우리 자신을 기만하는 것으로서, 특히 중독에 대해 이야기할 때 더욱 그러하다. 더욱이 이 시대 문화의 심각한 문제 중 하나는 우리가 그릇되었다는 것을 인정하지 않는 것이다. 우리의 그릇된 행동을 인정하는 것이 우리의 자존감을 해치는가? 아마 그럴 수도 있다. 그러나 우리가 지불하는 대가가 자기기만이고, 이것이 파괴적인 결과를 초래한다면 비현실적인 자기기만을 눈감아 줄 수는 없다.

우리는 자신의 행동이나 다른 사람의 행동에 대해 도덕적으로 판단하는 것을 회피하는 문화 속에 살고 있다. 누군가 성적 학대를 한 사실이 드러났을 때, '당신은 당신 일을 하고 나는 내 일을 한다'라는 자세는 더 이상 선택 사항이 아니다. 우리의 결단은 다른 사람에게 엄청난 결과를 초래하고, 우리는 상대방에 대한 책임이 있다는 것이 명확해졌다. 물론 찬반 논의에서 한 집단이 도덕적 기준을 세우기 위해 배타적인 권리를 주장하는 것은 위험하다. 이들은 자신을 모든 것을 판단하는 기준으로 삼지만, 그 누구도 자신을 평가하는 것은 허용하지 않는다. 이런 태도는 비난받아 마땅하고 심판받을 만하다. 이들은 하나님의 법에 순종하기보다는 자신을 하나님 법 위에 세우기 때문이다. 만약 우리가 어떤 사람이 잘못했다고 말한다면, 우리 삶에서 그에 견줄 만한 잘못을 고백할 수 있어야만 하고, 그렇게 함으로써 우리는 자기의(self-righteous)를 내세우는 것과 위선적으로 다른 사람들을 비난하고 정죄하는 것을 억제할 수 있다. 이렇게 자기 자신을 평가하는 것은 쉽지 않지만, 다른 도리가 없다. 도덕적 탐색이라는 힘겨운 과정을 간과하는 것은 인간으로서의 핵심 요소를 저버리는 것이다.

대체로 위와 같은 관찰은 자명하다. 그렇다면 중독을 말할 때 죄를 함께 언급하면 왜 이런 반응을 보이는 걸까? 한 가지 이유는, 성경이 말하는 것처럼 죄는 '남에게 대접을 받고자 하는 대로 너희도 남을 대접하라'를 위반하는 것 이상이기 때문이다. 죄는 궁극적으로 하나님을 대적하는 것이다. 죄는 행동이나 태도로 하나님의 법을 따르는 것에 실패한 모든 것이다. 일부 사람들은 단순히 이를 두려워하여 피하려고 하는 반면, 다른 사람들은 이를 자신에게 실제로 적용할 수 없다고 생각한다. 이들은 자신이 무엇을 하든지 간에 그것이 하나님에게 하는 것이라는 것을 인식하지 못하고 있다. 그들은 문제는 단순히 자기 안에 있으며, 하나님이나 다른 사람들을 대적하는 것이 아니라고 믿고 있다는 것이다. 우리가 인정해야 하는 것이 있다면 우리는 자주 그릇된 행동을 한다는 것이고, 또 하나 더 인정해야 하는 것이 있다면 우리가 행한 것은 죄이고 그것은 하나님을 대적하는 것이라는 점이다.

그러나 성경은 여기에서 멈추지 않는다. 죄는 우리가 생각하는 것보다 더 심각하며, 우리의 근원적인 문제임을 가르치고 있다.

죄는 우리의 가장 심각한 문제이다

그리스도인들조차도 죄를 언제나 가장 심각하거나 중요한 문제로 보지 않는다. 예를 들어, 나에게 일상의 문제들을 돌아보라고 한다면, 재정적인 문제, 자녀, 아내, 건강, 체중, 명예, 지속적인 헌신의 부족, 자동차, 물이 새는 수도꼭지나 오랫동안 손보지 않은 앞마당 등을 생각할 것이다. 심지어 내가 명백히 잘못을 했을 때라도, 여전히 죄가 나의 가장 근원적인 문제는 아니라고 생각할 수 있다. 단지 어쩌다 발생하는 문제 중 하나로 여기며, 죄는 나의 존재 자체의 핵심 요소가 아니라고 느끼는 것이다.

그리고 죄가 나의 근본적인 문제라는 사실을 증명하는 것은 아무것도 없다. 죄는 그것의 본성 자체가 요란하거나 공개적이기보다는 대개는 조용하고 은밀하다. 심하게 분노했던 순간들을 생각해 보면, 그것은 질투, 왜곡, 선의의 거짓말, 그리고 수많은 악한 생각들과 연관되어 있는데 이것들은 양심에 당장 거리끼지 않는다. 그리고 성경에 따르면, 가장 심각한 죄는 오히려 더욱 은밀하다. 가장 심각한 죄는 나의 주 하나님을 온 마음과 뜻을 다하여 사랑하지 않는 것이다. 진리인 하나님을 지속적으로 찬양하지 않는 것이 죄의 핵심이라면, 우리는 모두 죄인이다.

당신이 성경적 관점을 잃었을 때의 결과에 주목하라. 죄가 우리의 가장 핵심적인 문제가 아니라면, 가장 중요한 복음 자체를 하찮게 만들어 버리는 것이다. 예수님이 선포하고 주신 복음은 하나님을 기쁘게 하고자 하는 우리의 시도를 통해서가 아니라, 예수님 자신과 그분의 죽음과 부활에 우리의 믿음을 둘 때 죄 용서가 있다는 것이다. 죄가 우리의 근본적인 문제가 아니라면, 예수님의 복음은 더 이상 인간 역사의 가장 중요한 사건이 아니다.

그렇다면 중독자의 가장 심각한 문제는 무엇인가? 우리가 하나님의 말씀에서 도움을 얻고자 한다면, 해답은 분명하고 명확하다. 가장 심각한 문제는 죄이다.

지금까지 논의한 것은 신학적으로 자명한 것이다. 우리가 중독자의 마음에 대해 말하는 것은 우리 모두의 마음에 대해 말하는 것과 같다. 그러나 여기에는 부족한 점이 있다. 예를 들어 살인자와 당뇨병 환자 모두에게 가장 심각한 문제는 죄이지만, 우리는 당뇨병 환자를 죄악 되다고 말하지 않는다. 그럼 중독자들은 죄악 되었는가?

죄와 중독

위와 같은 질문에 답하기 위해서는 반드시 성경이 지침서가 되어야 한다. 그리스도인들 사이에서는 두말할 필요도 없다. 그러나 성경이 진리라고 믿는 사려 깊은 사람들조차도 중독과 관련해서 성경적 관점을 가지고 있지 않은 경우가 많다. 이들은 성경이 반복적인 음주문제에 대해서는 이야기하고 있지만, 오늘날의 알코올 중독이나 다른 중독 문제에 대해서는 말하고 있지 않는다고 생각한다. 성경 시대에는 중독을 병으로 보는 관련 자료들이 없었다. 이들은 성경이 컴퓨터 반도체 기술에 상대적으로 침묵하고 있듯이 중독도 언급하지 않는다고 믿는다. 이런 영역에는 흔히 과학에 바탕을 둔 의견들이 기본 지침이 되곤 한다. 이것을 염두에 두고, 먼저 이러한 논의와 관련 있는 성경의 기본적인 구절들을 살펴보기로 하자.

성경적 가르침

술취함(drunkenness)의 유래는 역사시대의 시작으로까지 올라가기 때문에, 이것은 아마도 오늘날의 우리보다 성경의 저자들에게 있어 더 친숙한 주제일 것이다. 모든 중독의 원형(prototype)인 술취함에 대한 성경적 관점은 언제나 이것을 죄로 보았지 결코 병으로 간주하지 않았다. 술취함은 하나님과 그의 법을 대적하는 것이다. 성경은 이런 가르침에 있어 주저하지 않으며, 관련 묘사에 있어서도 거

침이 없다. 노아(창 9:18-27), 롯(창 19:30-38), 엘리(왕상 16:9), 그리고
나발(삼상 25:36) 이들 모두 술에 굴복한, 도덕적으로 어리석은 자들
로 그려진다. 잠언 23장은 술꾼에 대해 시간이 흘러도 변함없는 내
용을 묘사하고 있다. (그리고 이것은 또한 경고이기도 하다.)

> 재앙이 뉘게 있느뇨 근심이 뉘게 있느뇨
>> 분쟁이 뉘게 있느뇨 원망이 뉘게 있느뇨
>> 까닭 없는 상처가 뉘게 있느뇨 붉은 눈이 뉘게 있느뇨
> 술에 잠긴 자에게 있고
>> 혼합한 술을 구하러 다니는 자에게 있느니라
> 포도주는 붉고 잔에서 번쩍이며 순하게 내려가나니
>> 너는 그것을 보지도 말지어다
> 그것이 마침내 뱀 같이 물 것이요
>> 독사 같이 쏠 것이며
> 또 네 눈에는 괴이한 것이 보일 것이요
>> 네 마음은 구부러진 말을 할 것이며
> 너는 바다 가운데에 누운 자 같을 것이요
>> 돛대 위에 누운 자 같을 것이며
> 네가 스스로 말하기를 사람이 나를 때려도 나는 아프지 아니하고
>> 나를 상하게 하여도 내게 감각이 없도다
> 내가 언제나 깰까
>> 다시 술을 찾겠다 하리라(잠 23:29-35).

이 성경 본문 안에 모든 것이 들어 있다. 즉, 탐닉적인 호소, 비이
성(irrationality), 거역할 수 없어 보이는 욕망이 잘 나타나 있고 또한

술꾼들은 술을 먹은 후의 결과를 생각하여 변하려 하지 않는다는 사실도 잘 묘사되어 있다. 사실상 구약성경은 중독 경험에 대해 아주 잘 인식하고 있다.

신약도 구약과 같은 입장을 확고하게 유지한다. 신약에 의하면, 술취함의 형태는 음행, 도적질, 탐욕 혹은 이기적 욕망과 크게 다르지 않다(고전 5:11; 6:9-10; 갈 5:19-21). 다른 죄들과 같이 술취함은 부도덕이나 죄악 된 본성의 행동으로 분류된다. 한편, 술취함이 이기적인 욕망보다 더 악한 죄로는 다뤄지지는 않는다. 오히려 신약성경은 신학적으로 질병과 죄를 명확하게 구별하여 다루었음에도 불구하고, 술취함은 언제나 죄의 범주로 분류하였다.

그렇다면 죄를 하나님을 대적하는 것으로 보는 전통적인 관점으로 생각할 때, 술취함은 왜 죄인가? 술취함은 '그저 우리 자신만을 해하는' 것이 아닌가? 술취함이 어떻게 하나님을 대적하는 것인가?

술취함을 면밀히 살펴보면, 이는 주권(lordship)의 문제이다. 누가 당신의 주인인가, 하나님인가 아니면 당신의 욕구인가? 당신은 다른 모든 것보다 하나님을 사모하는가, 아니면 창조주보다 어떤 피조물을 더 갈망하는가? 근본적으로 술꾼들은 다른 신, 즉 술을 숭배하고 있다. 술취함은 "너는 나 이외에는 다른 신들을 네게 두지 말라"라는 계명을 위배하는 것이다. 술꾼은 술을 사랑한다. 이들은 마치 술에 노예가 되어 통치자를 사모하는 사람처럼 술에 따라 움직인다. 그러나 이런 술 숭배는 사실상 자기 숭배(self-worship)의 한 형태이다. 우리는 자신이 원하는 것을 얻기 위해 사람과 사물을 숭배한다. 돈을 숭배하는 사람들은 이들이 원하는 것을 얻기 위해 그렇게 한다. 술꾼들은 하나님을 영광되게 하지 않을 뿐만 아니라 자신의 이웃을 사랑하지도 않는다. 이들은 자신의 욕망을 만족시키기 위해 술을 마시는 것이다. 그 욕망이 쾌락이든 고통으로부터의 도피이든, 두려움을 줄이는 것이든, 아니면 모든 것을 잃어버리고 싶거나 복수 혹은 타인을 지배하는 것이든 말이다.

술취함은 또한 하나님이 주신 땅을 정복하라는 사명을 방해한다. 술취함은 일터의 근무 태만으로 나타난다. 산업재해, 지각, 그리고 결근은 술꾼들에게서 공통적으로 보이는 모습이다. 실업은 가장 흔한 것이다. 잠언에서 말씀하듯이, 술꾼은 가난을 면치 못한다 (잠 21:17; 23:21).

인간관계 역시 망가진다. "포도주는 거만하게 하는 것이요 독주는 떠들게 하는 것이라"(잠 20:1). 모든 술꾼은 깨어진 관계들의 상처와 그로 인한 피해자를 남긴다. 사실상, 폭음에 대해 연구하는 학자들은 한 명의 술꾼이 적어도 열 명에게 고통스러운 상처를 준다고 추측한다. 고통은 항상 직접적인 방식으로 오는 것이 아니라 교통사고, 상처 주는 말, 무시, 약속 파기, 그리고 어리석은 결정 등을 통해 온다. 술꾼은 어쩔 수 없이 다른 사람에게 깊은 상처를 준다.

그러나 이런 증거자료들이 모두에게 설득력 있는 것은 아니다. "당신은 술취함에 대해 말하고 있군요. 나는 알코올 중독에 대해 말하고 있어요. 알코올 중독은 병입니다. 알코올 중독자는 질병을 가지고 있지만, 도덕적 결함은 없으니 유일한 희망은 다시는 술의 첫잔을 입에 대지 않는 것입니다."

이에 대해 성경은 어떻게 말하는가? 당신의 답변에 따라 실제적으로 다른 결과가 초래될 것이다. 당신이 여기에서 양보한다면, 당신의 성경적 토대는 흔들리기 시작할 것이다. 만약 알려진 바대로 성경이 오늘날의 문제들을 인식하지 못하고 있다고 말한다면, 다른 문제들에 대해서도 성경은 침묵하고 있다고 말할 것인가? 거식증은? 일련의 정신질환은? 그러면 어떻게 간음이나 분노에 대한 성경의 가르침이 오늘날 우리가 가진 문제들과 연관되어 있다고 확신할 수 있는가? 아마도 이런 가르침은 우리의 요즘 상황과 연관이 없게 되어 버릴 것이다.

술고래(drunkard)와 알코올 중독자(alcoholic) 사이에는 차이가 있는가? 과학적으로는 없다. 이들을 구별할 수 있는 의학적 실험이나 뇌 사진 등의 증거가 없으며, 이들의 행동은 동일하다. 두 용어 모두 반복적으로 술에 취해 있고, 술로 자기자제를 잃어버린 사람들을 지칭한다. 주요 차이는 술고래는 옛날 방식의 표현이고, 알코올 중독은 생물학적 원인을 내포하는 보다 최근에 사용되는 용어이다. 그러나 각각의 행동에는 차이가 없다.

술고래와 알코올 중독자 사이에 차이가 '있다'라고 주장하는 질병 관점의 대표자는 다음과 같이 말할 것이다. "기술적으로 술취함, 폭음, 그리고 알코올 중독을 명확하게 분류하는 것은 어렵지만, 당신이 말했듯이, 자제력을 잃는 것이 핵심입니다. 병자가 질병의 침투를 어찌할 수 없는 것과 같이 중독자는 술 앞에서 무력한 것이지요."

다시 말해서, 우리가 그렇게 행하기로 선택하지 않았는데, 어떻게 그것을 죄라고 말할 수 있는가? 죄는 일반적으로 자기의식적인 선택과 같은 것이며, 중독자는 자신이 선택했다고 분명하게 느끼지 않는다. 대신, 술이 자신을 선택했다고 느낀다. 한때는 자신이 선택했다고 생각하기도 했지만, 이제는 아니다. 지금은 약물이 그들을 선택한다. 우리가 죄를 지을 때는 그것을 의도하고, 우리가 무슨 일을 하고 있는지 알고 있다. 우리의 모든 법체계는 도덕적 책임을 전제하고 있으며, 비자발적이고 통제할 수 없는 상태에서 법을 위반했다면 실제로 비판을 받을 수 없다. 이런 경우 그 사람은 정신 이상이거나 정신적 결함으로, 죄를 지은 게 아니며 수감보다는 입원 대상이 되는 것이다. 자신이 통제할 수 없는데 어떻게 그 사람이 책임을 질 수 있는가?

중독 선택하기

통제 상실(loss of control)의 개념은 중독을 죄의 관점으로 볼 것인가 아니면 질병의 관점으로 볼 것인가를 결정할 때 아주 중요하다. 이와 관련하여 대다수의 의견은 다음과 같다. 우리가 의도적이고 의식적으로 잘못을 하고 이를 통제 아래 행했다면 그것은 죄다. 그러나 당신이 만약 잘못이라고 여겨질 만한 일을 하는 데 있어, 명백한 의도가 없거나 또는 당신의 의도와는 달리 그 일을 하게 된다면 그것은 질병이다. 술취함, 폭음, 또는 알코올 중독 등 뭐라고 부르든지 그것은 질병이다. 우리는 죄로 시작했지만 그것을 질병으로 쉽게 변질시키는 것을 용인할지도 모른다.

　신학적 모순이 여기에 있다. 중독의 통제할 수 없는 본성과 죄의 뚜렷한 자의식적이고 도덕적인 본성을 어떻게 연결시킬 수 있을까? 이 둘은 양립할 수 없으며 분명 다른 것처럼 보인다. 위와 같은 이유로 우리는 '중독은 질병이다'라는 이론을 선택하려고 하고, 특별히 다른 선택 사항은 없다고 여긴다.

　그러나 질병 이론은 우리가 생각하는 것만큼 이치에 잘 들어맞지 않는다. 중독의 핵심인 욕구와 욕망은 바이러스의 침투와 같은 것이 아니다. 바이러스에 걸리면, 당신에게 선택이란 없다. 당신은 이를 원치 않고 제거하려 들 것이다. 그러나 폭음은 이처럼 우리에게 단순히 발생하는 것이 아니다. 오히려 술꾼은 (비록 일시적일지라도) 술취함에 보상이 있다고 느낀다. (어떤 죄에도 반대급부적인 보상은 있다.) 그로 인해 중독자는 자신의 중독을 좇기로 선택한다.

오랫동안 술을 마신 사람이 자신의 상태를 "술을 마시고 싶은 욕구가 생길 때면, 마치 두 마리의 말들이 서로 반대 방향으로 나를 잡아당기는 것 같다"라고 묘사한다. "어느 쪽의 말이 이깁니까?"라고 물으면, "어느 쪽이든 내가 '이럇!' 하고 외치는 쪽"이라고 답하는 것이다.

심지어 많은 고통이 따름에도 불구하고, 음주가 주는 그 무엇인가가 있기 때문에 그들은 술을 마신다. 이들의 음주는 의도적이다. 그들은 아래의 목적으로 술을 찾는다.

- 망각하기 위해
- 응징하기 위해 (그 사람들을 향해 '지탄하기 위해')
- 자의식과 소심함을 극복하기 위해
- 고통을 피하기 위해
- 자기 이미지(self-image)에 대한 공허감을 채우기 위해
- 감정을 다스리기 위해
- 다른 사람들과 잘 어울리기 위해
- 자신이 원하는 일을 할 수 있다는 것을 자신에게 증명하기 위해(아무도 당신이 무엇을 해야 하는지 알려 줄 수는 없는 일이다.)
- 외로움을 달래기 위해

위와 같은 것은 중독자들이 중독 물질이나 행동에 노예 상태가 되어 있다는 현실이나 감정 자체를 부정하는 것은 아니다. 여기서

말하고자 하는 것은, 때로는 중독자가 중독 물질로부터 벗어나기
보다는 그 욕망에 매여 있기를 원한다는 것이다.

얼핏 보기에 이는 과학적인 결과와 상반되는 주장인 듯싶다. 예
를 들어, 가장 널리 인용되는 유전 연구 중 하나인 덴마크 입양아
연구에서는 술꾼의 생물학적 자녀들은 태어나자마자 비음주자 가
정으로 입양되었을지라도 술꾼이 될 가능성이 3-4배 더 높다고 주
장한다.[7] 이런 자료는 분명 질병 가설(disease hypothesis)을 뒷받침하며,
짐(이 책 1장에 나온)과 같은 사람들이 자신의 술 문제의 궁극적인 책
임자는 하나님이라고 비난할 때 사용되는 증거가 된다.

그러나 이런 자료는 해석하기에 달려 있다. 알코올 중독을 정의
하는 문제를 포함하여, 누가 문제의 술꾼이고 아닌지를 판명해야
하고, 입양 가정의 질을 살펴보아야 하는 등 연구에 많은 어려움이
따른다. 이런 기술적인 어려움을 제쳐놓고라도, 과학적인 자료는
여전히 질병적 접근을 뒷받침해 주지 못한다. 예를 들어, 같은 유전
자를 가진 일란성 쌍둥이 중 하나는 술꾼이고 나머지 하나가 그렇
지 않을 때, 이를 설명할 수 없다. 술꾼과 그렇지 않은 사람의 명백
한 생물학적 차이를 설명하는 증거도 없다. 폭음자와 술을 마시지
않는 사람들 사이에 명확한 생물학적 차이는 없고, 음주 자체로 발
생하는 생물학적 문제 이외에는 다른 문제들을 설명하지 못한다.[8]
사회적 경제적으로 수준이 낮은 계층의 사람들이 더 철저한 금주
를 하는 동시에 더 심각한 중독 문제를 안고 있다는 것을 설명하지

---

7   D. W. Goodwin et al., "Alcohol Problems in Adoptee Raised Apart from Alcoholic
     Biological Parents," *Archives of General Psychiatry*(1973), 28:238-243

8   D. J. Armor, J. M. Polich, and H. B. Stambul, *Alcoholism and Treatment* (New York:
     Wiley, 1978).

못한다. 명백하게 중독은 유전자 이상의 무엇이 작용한다.

대부분의 연구자들은 유전자적인 요소가 영향을 끼칠 수 있다는 생물학적 연구를 지적하지만, 이것에 대해서 성경은 반박하지 않는다. 어떤 사람들은 기질적으로 특정 약물, 음식, 활동, 혹은 신체적 경험에 빠져들기 쉬울 수 있다. 그러나 유전적 요소에 의해 영향을 받는 것(influenced)과 결정되는 것(determined)에는 분명한 차이가 있다. 그럴 수도 있는 기질적 성향이 자기 통제가 불가능하거나 또는 개인의 책임이 줄어든다는 것을 의미하는 것은 아니다. 단지 일부의 사람들은 죄가 좀 더 쉽게 발생될 수 있는 상황에서 좀 더 주의해야 한다는 뜻이다.

현재의 뇌의 차이와 중독 행동의 인과관계를 찾으려는 생리학적 연구들은 결론을 내리지 못했거나 기껏해야 중독은 생물학적 요소에 영향을 받을 수 있다고 제안하는 정도이다. 신중한 학자들은 이를 알고 있다. 그렇다면 질병 모델이 어떻게 이렇게까지 자리매김할 수 있었을까? 중독이 질병으로 가장 잘 설명된다는 주장은 과학적 주장이 아니다. 질병 이론이 제기되는 것은 절제할 수 없는 이유를 설명할 수 있는 다른 적합한 이론이 없기 때문이다.

수많은 폭음자들은 통제할 수 없는 갈망에 대해 이야기한다. 이들은 주체할 수 없는 갈망이 갑자기 어떤 냄새나 기억으로 인해 자극받기 전까지는 금주를 하려는 좋은 의도를 품고 아침에 집을 나선다. 이후에 이들이 기억하는 것은 동네 술집에 자신이 있었다는 것이다. 성경이 고통받는 중독자들과 연관이 있다면, 이런 경험에 대한 설명을 내놓아야 한다.

갈망

사람들이 갈망(cravings)을 경험하는 것에는 논란의 여지가 없다. 이것은 실재한다. 갈망은 긁어야만 하는 가려움과 같다. 그러나 갈망이나 중독 행위가 근본적으로 유전적 기질임을 반드시 의미하는 것은 아니다.

먼저, 갈망의 여러 유형을 살펴보자. 갈망은 세 가지 다른 시간대에 찾아올 수 있다.

(1) 술을 안 마셨거나 취하지 않았을 때
(2) 첫 잔을 마시고 더 마시고 싶을 때
(3) 육체적으로 물질에 의존되어 있을 때

맑은 정신일 때의 갈망

어떤 사람이 '정신이 말짱'하고 주변에 술이 없는데도 예상치 않게 알코올에 대한 갈망이 올라온다면 확실히 생물학적 원인이 문제인 듯하다. 여하간 여기에는 의식적인 의도가 없다. 갈망이 자동적으로 일어난다면, 도덕적인 책임을 어떻게 당사자에게 물을 수 있겠는가? 그러나 이런 종류의 갈망은 우리가 생각하는 것보다 자주 일어난다. 우리 모든 사람은 진정 어떤 것을 좋아한다면 그것을 원하게 될 것이며 육체적으로도 욕구를 느끼게 될 것이다. 때로는 잠복하고 있다가 분명한 이유 없이 꿈틀댈 것이다. 그러나 일반적으로는 그럴 만한 이유가 있다.

예를 들어, 사탕과 같은 특정 물질에 몹시 끌린다면 음식에 대한 욕구는 지루함, 행복, 좋은 대화, 부엌 찬장, 외로움 등 거의 모든 것에서 일어날 것이다. 과거에 음란물로 힘들었던 사람은 몇 달 동안 갈망하지 않고 억제해 오다가도, 이후 사업차 공항에 들릴 때 그 욕구에 압도된다. 왜 그런가? 왜냐하면 음란물을 부담없이 구입할 수 있기 때문이다.

담배 냄새, 부부 다툼, 병 따는 소리들은 약물이나 술 등 우리가 탐닉하는 물질에 대한 더욱 강한 욕구를 자극하기에 충분하다. 이런 상황에서 우리는 예전에 탐닉했던 물질들을 떠올리고, 친숙한 향수 냄새와 같은 단서들이 생생한 기억과 그리움, 그리고 욕구를 불러일으킨다. 이는 자발적으로 일어나는 유전적 경향들보다 더 강력하며, 파블로프의 개의 조건 반사와 유사하다. 실험 동물들은 실제 음식과 마주했을 때뿐만 아니라 음식과 관련된 다른 어떤 것을 만났을 때에도 침을 흘린다.

또한 이런 갈망은 기억이나 자극할 만한 것이 주변에 없어도 자신의 상상만으로도 일어날 수 있다. 이는 분명히 술을 끊은 사람들조차도 과거의 탐닉했던 그 물질을 여전히 사랑하고 있기 때문이다. 수년간 빠졌던 술, 약물, 음란물, 정부(illicit lover)나 또는 폭식으로부터 벗어났다 하더라도 여전히 지난 '관계'의 기억 속에서 편안한 행복을 즐기곤 한다. 그들은 일상의 억압에서 쉽게 벗어나거나 화학적으로 담력을 얻는 방법을 알고 있다. 이런 상상 뒤에는 "안 돼"라고 말하고 싶지 않은 욕망이 따른다.

물론 "안 돼"라고 말하는 것이 가능하지만 매우 어렵다. 부담 없이 빠져들 기회가 있다면 더욱 힘들 것이다. 이것이 갈망을 제어하기가 거의 불가능한 이유이다. 예를 들어, 음란물을 향한 욕구는 가족과 함께 있을 때보다 케이블 영화가 나오는 모텔 방에 혼자 있을 때 더욱 강해질 것이다. 이런 욕구는 사장을 만날 때보다 아무도 당신을 모르는 공항에서 더욱 강해진다. 술꾼의 술 취하고 싶은 욕구는 음주를 사랑하는 친구들을 만날 때보다 빌리 그래함 목사와 점심을 먹을 때에 훨씬 적을 것이다. 이런 욕구는 육체적인 것이며, 유전적 특성보다는 욕망으로 더 잘 설명된다.

첫 잔을 마시고 난 이후의 갈망

두 번째 종류의 갈망은 중독 행위 자체에 의해서 자극된다. 과도한 음주 문제는 "한 잔의 술이 한 명의 술꾼을 만든다"(One drink, one drunk)라는 글귀로 집약될 수 있다. 첫 잔을 일단 마시면, 다음 잔에 대한 욕망은 억누를 수 없다는 뜻이다. 이 문구는 많은 곳에서 복음과 같은 권위로 인정받아 왔지만, 이것은 생각보다 그렇게 간단하지 않다. 예를 들어, 과음으로 고통받는 모든 사람들도 첫 잔을 마셨던 순간은 기억할 수 있다. 첫 잔을 피하라는 말은 현명한 조언일 수 있지만, 첫 잔이 필연적이고 불가피하게 다음 잔을 부른다는 말은 분명 틀린 말이다. 사실, 일부 사람들은 이 문구가 술꾼들에게 오히려 역효과를 주어 한 잔을 마시면 계속 마셔야만 한다고 단정해 버리도록 한다고 주장한다. 취하기까지 마시기 위해서는 현실적으로 시간, 돈 그리고 술꾼들이 계속해서 마실 수 있는 상황이 반드시 마련되어야 한다. 술취함은 첫 잔 이후에 불가항력적인 것이 아니고, 첫 잔 이후에 항상 나타나는 갈망도 아니다.

육체적으로 의존적일 때의 갈망

세 번째 갈망은 매일 다량의 약물이나 술이 수반되며, 육체적으로 중독 물질에 의존되었기에 나타난다. 육체가 약물에 익숙해지면, 점차 육체가 최상으로 기능하기 위해서 약물을 요구하는 것이 정상적인 것으로 받아들인다. 이후 물질의 혈중 농도가 너무 낮아지면, 육체는 더욱 더 그 물질을 요구한다. 물질을 얻을 기회가 상실되면, 육체는 구토와 일시적 아픔을 통해 고통을 호소하고, 경우에 따라서는 뚜렷하게 심각한 금단현상을 보인다. 의심할 것도 없이 금단증상은 힘겨울 것이다. 비록 금단현상이 만성적인 질병은 아닐지라도 고통스럽고 때로는 위험하기까지 한 육체적인 실제 문제이다. 금단증상은 죄가 가져다주는 것들 중의 하나이다.

이런 상황에서는 우선 신체적 문제를 다루는 것이 시급하다. 여기에서 근원적인 영적 문제들에 집중하는 것은 칼로 자신의 손목을 그은 여자에게 성경을 낭독하고 있는 것과 같다. 하나님의 말씀이 희망 없는 사람에게 희망을 주는 것은 분명하지만, 누군가 피를 흘리고 있다면 일단 그의 상처를 싸매고 의학적 도움을 구해야 한다. 실제 육체적 중독에서의 영적 사역은 의학적으로 안정되거나 해독으로 인한 육체적인 고통이 지나간 이후에 시작된다.

중독에 관한 성경적인 접근은 육체가 중독 과정의 일부라는 것을 부정하지 않는다. 결국 우리는 육체로 구체화된 영혼들(embodied souls)이며, 우리가 하는 모든 것은 육체를 통해 하는 것이다. 성경은 위와 같은 사실을 우리에게 명확하게 가르치고 있는데, 이는 바로 육체가 우리를 죄짓게 할 수 없다는 것이다. 비록 육체가 우리 삶을 비참하게 만들고, 특정 유혹에 흔들리게도 하고, 때로는 우리의 관심이 되기도 하지만, 그것이 불가항력적으로 우리로 하여금 하나님의 명령을 거스르도록 만들 수는 없다.

왜 질병 모델에 대해 민감하게 반응하는가? 내가 마치 시시콜콜히 따지고, 과음에 대한 잘못된 분류와 다른 형태의 노예 상태에 대해 과잉으로 반응하는 것처럼 보일 것이다. 그러나 이런 분류는 집단의 의견에 중대한 영향력을 지닌다. 진실로 신학이 큰 차이를 낳는다. 알코올 중독, 치료, 증상, 질병, 처방, 더구나 중독과 같은 용어는 결국 궁극적인 원인이 우리의 마음보다는 육체에 있다는 말이 된다. 술취함을 육체의 연약함의 피해로 볼 것인지, 아니면 자기중심적 마음(self-focused heart)의 표현으로 볼 것인지 이 둘 사이에는 큰 차이가 있는 것이다.

- 육체의 연약함은 변화될 수 없는 것이며, 단지 우리는 인내하고 그것을 통제해야만 한다. 자기중심적인 우상숭배의 마음은 성령을 통한 성화의 은혜로 변화될 수 있으며, 싸움에서 이길 수 있는 영적 원천을 얻을 수 있다.
- 육체의 연약함은 우리가 영적전쟁을 하는 데 있어 동기부여가 되지 않는다. 우리가 자기중심적인 마음을 가졌다는 사실을 깨닫는 것이야말로, 우리 자신을 살피고 회개하도록 이끈다.
- 육체의 연약함은 예수 그리스도의 역할을 단지 도움을 주시는 분으로 제한한다. 자기중심적인 마음을 깨닫고, 그리스도가 주인, 구세주, 목자이고, 정복자이며 왕이심을 외쳐야 한다.

자발적인 노예 상태

성경적으로 반드시 살펴보아야 하는 중독 경험이 아직 더 남아 있다. 과음은 여전히 질병처럼 느껴진다. 이는 마치 어떤 유전자나 바이러스가 침투하여 더 이상 통제할 수 없는 상태인 것과 같아서, "안돼"라고 말하는 것은 무력하고 상관도 없어 보인다. "단순히 '안돼'라고 말하는 것"은 중독에 사로잡히지 않은 사람에게는 효과적

일 수 있지만, 이미 거기에 깊이 빠져있는 사람에게는 조롱에 불과
하다. 질병 모델은 우리를 신학적으로 최초 단계로 되돌려 놓는다.
질병이라고 느끼지만 사실은 더 심각한 이런 경험들에 대해 성경
은 어떻게 논의하고 있는가? 무엇에 의해 조정되고 지배당하는 노
예 상태에 대해 성경은 어떻게 언급하는가?

　죄를 단지 명확하고 고의적인 불순종으로만 생각한다면 우리는
성경에서 찾고자 하는 것을 발견하지 못할 것이다. 그러나 죄는 하
나님께 대적하는 자의적인 반항 이상의 것으로, 우리를 통제하고
구속하는 강력한 힘이 있다. 안타깝게도 교회는 50년이 넘도록 죄
의 이런 측면을 무시해 왔다. 그 결과, 교회는 의식적인 의도 없이
발생한 것 같아 보이는 경험들을 설명할 준비를 하지 못했고, 무의
식에 대한 프로이드 모델이나 중독의 질병 모델에 대하여 답할 수
없게 되었다.

　그러나 교회가 항상 이러했던 것만은 아니다. 1524년에 마틴 루
터는 "노예의지론"(*The Bondage of the Will*)을 집필했고, 이 책은 당대를
뒤흔들었다. 이것을 여전히 비판하는 사람들도 있지만 그럼에도 불
구하고 중독 주제를 이끄는 통찰력 있는 지침서이다. 여기에서 루
터는 우리의 의지는 우리에게 부어 주시는 하나님의 능력과 은혜
를 떠나서는 무력하다고 강조한다.

　죄는 의식적인 선택 이상의 것이다. 잔혹한 감독관처럼, 죄는 우
리를 피해자로 만들고, 통제하고(요 8:34), 사로잡고, 지배한다(갈
6:1). 사실상 우리가 원하는 한 가지를 행하려고 할 때, 죄는 원하지
않는 여러 가지를 하도록 만든다. 우리가 진정으로 변화하기를 원
할지라도 진정한 변화는 수행할 수 없는 무리한 과제처럼 보이기
도 하는데, 이는 바울이 말한 바와 같다. "내가 행하는 것은 내가

알지 못하노니 곧 내가 원하는 것은 행하지 아니하고 도리어 미워하는 것을 행함이라 … 이제는 그것을 행하는 자가 내가 아니요 내 속에 거하는 죄니라"(롬 7:15, 17). 다시 말해, **죄는 질병과 정확하게 같다고 느껴지며**, 이는 마치 우리 밖의 어떤 것이 우리를 통제하고 있는 것 같다. 또한 죄에 대한 성경의 이미지 중 하나는 질병인 것도 사실이다(사 1:5-6 참고).

이는 성경을 별개의 문서가 아닌 전체로 이해하는 신학자가 되기 위한 중요한 부분이다. 모든 사람이 어떤 식으로든 경험한 바 있는 죄의 종노릇(the slavery of sin)은 다방면에서 노예 상태와 질병에 유사하지만, 또 몇 가지 중요한 차이점이 있다. 대부분의 이미지나 은유가 가진 일반적인 특성처럼 그것을 얼마나 확장할 것인가에는 한계가 있다. 예를 들어, 어떤 이가 '바람처럼 달린다' 한다면 이 사람은 바람과 같지만 다른 면도 있다. 이와 같은 방식으로, 죄는 병과 같지만 같지 않은 부분이 있다.

죄의 노예가 되는 것은 우리에게 책임이 있고, 하나님의 은혜로 인해 우리는 이것에서 벗어날 수 있는 힘을 가질 수 있다는 것이 중요한 차이점이다. 루터는 다음과 같이 말하였다.

> 사람은 … 마치 뒷덜미가 잡혀 끌려가는, 자신의 의지와는 상관없이 벌을 받기 위해 끌려가는 도둑같이 강압적으로 자신의 의지에 반하는 악행을 저지르지 않는다. 오히려 그는 자발적이고 의지적으로 이를 행한다. 그리고 이런 의지나 결단은 그의 능력으로는 제거하거나 억제하거나 혹은 바꿀 수 없는 그 어떤 것이다.[9]

---

9 Martin Luther, *The Bondage of the Will*, trans. J. I. Packer and O. R. Johnston (Westwood, N.J.: Revell, 1957), 102.

우리의 노예 상태나 질병은 실제적인 신체 기능 장애를 포함하고 있지만, 그러나 이보다 더 깊은 의미로 인간 마음의 감염(infection)이라고 볼 수 있다. 비록 자발적이긴 하지만, 우리는 죄를 지으려는 경향이 있고 또한 그것을 원하며 우리 의지는 그쪽으로 향해 있다. 우리는 참으로 무기력한 존재이며 하나님을 떠나서는 우리의 성향과 욕구를 변화시킬 수 없다.

위와 같은 넓은 관점에서 살펴보면, 죄로 인하여 우리는 자신을 통제할 수 없는 절망스러운 존재이지만, 또한 동시에 영악스러울 정도로 교활한 존재라는 것을 알 수 있다. 다시 말해서 우리는 죄로 인하여 피해를 입었지만 또한 책임도 있는 것이다. 모든 죄는 불쌍한 노예화인 동시에 명백한 불순종이고 이기적인 것이다. 이는 분명히 상호모순 되는 것이지만, 모든 죄악 된 습관의 핵심이다. 일부 그리스도인이 그랬던 것처럼, 당신이 만일 모든 중독의 통제할 수 없는 특성을 부정한다면, 당신은 모든 사람이 스스로를 변화시킬 수 있는 힘을 가지고 있다고 믿는 것이 된다(그림 2-1). 변화는 쉬울 수 있다. 당신은 단순하게 "그만해. 네가 중독에 빠져든 거야. 이제 너는 빠져나올 수 있어"라고 말할 수 있다. 그러나 여기에는 나 자신의 존재에 대한 그 어떤 무력감이나 예수님을 통한 구원과 능

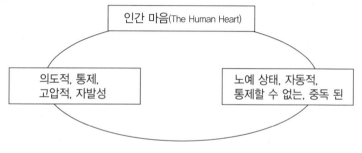

그림 2.1 죄의 양면성(The Dual Nature of Sin)

력에 대한 절실한 요구가 없다. 그러므로 이것은 우리의 입장이 될 수 없다.

중독이 통제하는 힘과 의도적인 본성을 포함하고 있다는 점을 무시하면 또 다른 문제가 발생한다. 희생자는 재빨리 외부로 책임을 돌리려고 할 것이며, 그들이 느끼고 있는 죄책감을 이해할 방법을 잃어 버리고 말 것이다. 용서하시는 은혜에 근거하지 않은 '치유'를 강조하는 것이 그리스도의 구속사역을 대체하게 될 것이다. 만일 개인의 책임을 간과한다면, 중독자들은 밝혀진 그들의 질병 앞에서 궁극적으로 무력해져 버린다. 이들이 보는 미래는 자녀에게 질병이 전수될 수 있다는 두려움으로 가득하다. 성경은 "너희 중에 우리와 같았던 자가 있더니"(고전 6:11)라고 두려움을 설명하고 있다. 죄가 있는 곳에 하나님은 항상 용서를 베푸시고 죄를 몰아낼 힘을 주신다.

이제 성경적인 새로운 관점으로 보다 정확하게 중독이라는 용어를 정의해야 한다. 중독은 어떤 물질, 활동, 또는 마음 상태의 종이(slavery)된 것이며, 나아가 그것이 삶의 중심이 되어 나쁜 결과를 회개하지 못하도록 진리로부터 멀어지게 하고, 하나님으로부터 소원해지게 하는 것이다. 중독을 신학적으로 고찰해 보면 죄에 종속된 상태이다. 좀 더 자세히 말하자면, 죄는 자의식적인 불순종과 희생적인 노예화를 포함하는 광범위한 범주 속에 있는데, 중독은 이 '노예화'를 강조하는 측면에서 살펴보아야 한다는 것이다.

이제 이미 언급했던 것과 교차되지만 부수적인 범주를 좀 더 살펴보자. 중독에 대한 온전한 그림을 그리기 위해 각 개인의 중독마다 독특하게 드러나는 점들을 결정하는 다양한 영향력 있는 요소들에 대해 살펴보자. 이 영역은 우리 삶의 모든 상황을 포함하며,

타인, 경제적 배경, 부모의 양육 방법, 형제와 자매, 유전적 특성과
일련의 다른 가능한 영향력 등이며, 우리는 이들에 반하여 죄를 짓
는다. 이 모든 것은 본성과 양육으로 요약할 수 있다. 세상적인 사
고로 보면, 이런 영향들은 결합적이기보다는 독립적이지만, 성경적
관점으로 보면 결국 우리에게 동일한 압력을 가한다고 볼 수 있다.
이는 유혹과 같이 우리의 마음이 무분별한 갈망에 대해 "좋아"라고
말하도록 이끄는 기능을 한다.

　이것이 중독적 경험을 진실로 이해하는 성경적 모델의 출발이
다. 술꾼들과 다른 중독자들은 실제로 제어할 수 없다고 느끼지만,
이들은 또한 자기중심성과 자만심에 근거한 선택을 하고 있다. 이
것은 명백한 모순으로, 우리는 한 쪽만을 강조하려는 경향이 있다.
그러나 신학은 우리가 균형 있는 관점을 가지도록 돕는다. 때때로
우리는 마음의 통제 가능한 본성을 강조하고, 다른 때에는 무력함
을 강조하거나 중독적 행위에 예속 됨을 강조할 것이다. 그러나 완
전하고 실제적인 신학은 보다 큰 대역죄를 염두에 두고 있다. 동시

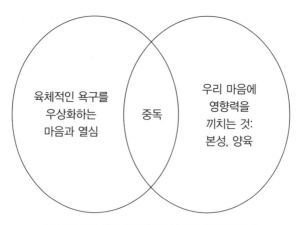

그림 2.2 죄와 삶의 다양한 영향의 교차점에서의 중독

에 신학은 죄가 중독과 관련된 유일한 성경적 가르침만은 아니라
는 사실을 인정한다.

죄가 질병으로 바뀌는가?

그리스도인들이 성경의 가르침과 씨름하면서, 이를 AA의 관점과
혼합하려 할 때, 중독은 죄악 된 선택으로 시작하여 질병으로 마무
리되는 변종(hybrid)이 된다. 이는 두 세계, 즉 성경의 세계관과 질병
접근을 통한 수년간의 경험의 장점들만 결합한 듯 보인다. 과연 이
러한 관점이 성경적으로 중독을 이해하는 데 적합한 방식일까?

　죄를 질병으로 바꾸는 이 접근법은 그럴 듯해 보인다. 제일 처음
술에 취해 일어난 일이 542번째 술에 취해서 일어난 일(다섯 번의 갱
생 교육과 술로 인한 세 번의 이혼)과 아주 다른 것은 당연하다. 분별력
있는 부모는 십대 자녀가 파티에서 술에 취해 돌아 왔을 때 염려할
테지만, 한 주가 지나기도 전에, 술에 취해 직업을 잃고 친구를 잃
게 될 아버지를 더 걱정하게 된다. 다시 말해, 우리는 직관적으로
중독의 초기 단계를 그 이후 단계와는 분류상 확연히 다른 것처럼
생각한다.

　성경은 이런 과정을 몇 개의 비유와 원칙을 사용하여 잘 설명하
고 있다. 이와 관련된 성경의 가르침을 다음 장에서 보다 자세히
살펴볼 것이지만, 그 대답은 매우 간단하다. 즉, 시작부터 끝까지
죄가 중요한 문제라는 것이다. 그러나 특정한 죄들은 초반과 이후
단계에서 차이점을 보인다. 그렇게 되는 이유 중 하나는 날이 갈수
록 복잡해지는 우리의 삶 때문이라고 할 수 있다.

- 거짓말과 약속의 파기는 인간관계에 나쁜 영향을 미친다.
- 중독 물질은 가족이나 친구처럼 느껴지고, 이것이 없는 삶은 상상하기 어렵다.
- 중독 행위는 하면 할수록 더 의도적인 것이 된다. 처음에 술을 마시는 목적은 동료들과 친해지기 위해서였다. 그 이후에는 자기위안, 고통 경감, 부모나 배우자나 자기 자신에게 벌주기 그리고 또 다른 수많은 이유로 술이 사용된다. 중독 행위에 더 많은 목적이 생겨날수록, 중독은 중독자의 삶 자체인 것처럼 보인다.
- 육체는 점차 병들고, 영양이 부족해지며 갈망은 더 심해진다.
- 절망과 죄는 다시 중독에 빠지면 사라질 것처럼 느껴진다.
- 우리는 자신의 거짓말을 믿기 시작한다. 다른 사람에게 거짓말하려고 시작된 것이 나 자신에게도 반감을 일으킨다. 자신의 사적인 중독을 다른 사람들이 발견하지 못하도록 노력한다. 중독을 중독으로 보지 못할 뿐 아니라, 일단 주변 사람들에게 자신은 문제가 없다고 설득하려고 한다. 그 다음은 자신

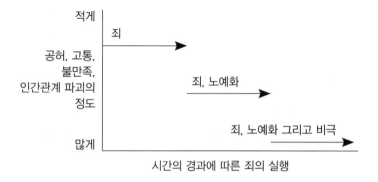

시간의 경과에 따른 죄의 실행

그림 2.3 죄와 그 결과

이 문제가 없다고 자기 자신을 설득한다. 자신의 문제를 보지 못하면, 변화해야 할 이유도 없다.

중독의 과정을 보다 잘 이해하는 방식은 처음에는 천진한 사람이 지은 죄처럼 시작하여, 고통스럽고 빠져나올 수 없는 사람의 죄로 발전되는 식으로 보는 것이다. 처음에는 거의 별로 결과가 없을 것 같은 죄에서 시작하여, 점점 고통스러운 결과를 가진 죄로 나아간다. 초기 죄의 결과는 지속적인 두통이나 얼마의 돈을 쓰는 일이었다. 그러나 지속되는 중독적 행위로 인해 점차 모든 것이 무너진다. 몸은 아프고, 영혼은 마비되고, 인간관계가 깨어진다. 반복되는 죄의 결과는 중독의 노예가 되는 것, 셀 수 없이 많은 고통이며, 하나님께서도 사람들이 자신의 욕망을 좇아 항상 '한 번만 더' 원하도록 내버려 두시는 것이다. 이는 엄청난 비극이라 말할 수밖에 없다.

어둠의 시대로 돌아간다?

특별히 중독과 연관하여 죄를 논의할 때, 우리의 사과가 필요하다는 생각이 든다. 우리가 이 분야에서 진보는커녕 퇴행을 일으키고 있는 듯한 느낌 때문이다. 마치 이것은 "모든 영혼은 구원할 가치가 있다. 그러나 … 선택을 해야 한다면, 술꾼들은 가장 마지막으로 구원받을 집단이 될 것이다"[10]라고 말하는 사람들의 메아리에서 온다. 죄의 교리는 중독자를 궁지로 모는 데에 사용되어 왔다. 그리고

---

10 J. E. Todd, *Drunkenness a Vice, Not a Disease* (1882).

여기에는 죄에 관해 조금만 언급해도 중독자가 도움을 찾는 것을 막게 될 것이라는 아주 실제적인 염려가 들어 있다.

안타깝게도 이러한 염려들은 현실로 나타난다. 그러나 문제는 죄의 교리 때문이 아니다. 죄는 현실이다. 문제는 인간의 마음이 본 성적으로 '나는 괜찮고, 당신은 안 괜찮아'라고 말하는 데 있다. 우 리는 정죄하고 비난한다. 자신은 괜찮다고 생각하면서 다른 사람 (이 경우에는 술과 약물로 고통받는 사람들이다)을 열등하게 판단하며 비판 한다. 이러한 경향은 인도의 신분 제도나 미국의 인종차별과 같은 성향을 드러내 놓고 표현하는 것과 같다.

성경말씀의 진리가 오용될 것이라는 염려 때문에 이를 외면해서 는 안 된다. 말씀을 무시하는 시스템이나 프로그램은 결국 결정적 인 결함을 갖게 될 것이다. 잘못된 신학은 언제나 나쁜 열매를 맺 는다. 위에 대한 해결책은 죄의 교리가 자신에 대한 관점과 공공의 논의 안에서 자연스러운 주제가 되도록 하는 것이다. 스콧 펙(Scott Peck)이 『거짓의 사람들』(People of the lie)에서[11] 강조한 바와 같이 자기 자신에 대해 너무 높게 평가하거나 이웃보다 더 도덕적이라는 생 각으로 자기 자신을 속일 때 문제가 일어난다. 무엇보다 가장 중요 한 기독교의 가르침은 겸손이어야 한다.

이런 겸손은 우리가 가혹하고 비판적이지 않도록 보호한다. 따 라서 어느 누구도 자신의 도덕적 힘으로 죄라는 진창에서 빠져나 올 수 없다는 것을 인정해야 한다. 또한 죄라고 진단하는 것이 결 코 종착점이 아니라는 사실을 기억하는 것도 도움이 된다. 종착점 은 예수님이다. 죄는 우리를 예수님께로 데려간다. 중독에서 벗어

---

11 M. Scott Peck, *People of the Lie: The Hope for Healing Human Evil*(New York: Simon & Schuster, 1985). 『거짓의 사람들』(비전과리더십, 2007 개정)

나는 길은 죄에 관해서 보다는 구세주이자 해방자이신 예수님에
대해 더 이야기하는 것이다.

우리가 죄에 대해 말하면 중독자가 죄책감에 빠질까 염려하는
가? 중독자는 이미 죄책감과 수치심에 빠져 있다. 친구의 역할은
용서와 자유, 사랑, 그리고 권능자인 한 존재를 가리키는 것이다.
누군가가 죄의 노예 신분에서 벗어났던 것같이, 좋은 친구는 중독
자에게 삶과 희망을 찾을 수 있는 곳을 알려 준다. 성경의 핵심은
자신의 죄를 한 번 볼 때 예수님을 열 번 바라보라는 것이다.

교리는 우리에게 실제적일 뿐만 아니라 자연스럽게 예수 그리스
도를 알려 준다.

실천신학

중독을 이해하는 방식으로써 죄를 말하는 것이 여전히 비판적으로 들리거나 너그럽지 않게 들리는가? 그렇다면, 성경이 아니라 나의 미숙한 글 솜씨를 비난하길 바란다. 하나님이 그의 백성을 사랑하는 하나의 방법은 "죄에 대하여 세상을 책망"하기 위해 성령을 보내시는 것이었다(요 16:8). 그러나 이것은 저주가 아니다. 이는 우리를 구원하시는 하나님의 방식이다. 죄는 비극과 절망으로 이끄는 길이다. 누군가 당신이 이와 같은 길에 서 있는 것을 보고 아무것도 하지 않는다면, 이는 사랑이 없는 것이다. 그러나 성령은 우리의 마음을 일깨워서 삶 가운데 죄의 실체를 보게 하시고, 이후 예수 그리스도로 인하여 죄를 용서받고 평안을 얻음을 우리가 확신할 수 있도록 한다. 가장 경계해야 하는 것은 우리가 죄에 대한 확신이 없음이다.

당신 자신의 중독에 직면할 때

1. 만일 이런 질병이나 죄에 대한 논의가 당신을 혼란스럽게 하고, 신체적 민감성에 대해서는 부족하게 다루었다고 느껴진다면, 부디 이 장의 목표가 중독의 신체적 영향을 최소화하는 데 있지 않았음을 알아 주길 바란다. 다만 죄에 대한 우리의 습성이 잘 나

타나는 핵심인 마음의 역할을 강조한 것이다.

중풍에 걸린 남자를 치료하신 예수님의 말을 참고하라(마 9:1-8). 이 남자가 고침을 받기 위해 예수님에게 왔을 때, 예수님은 "안심하라 네 죄 사함을 받았느니라"라고 말씀하셨다. 예수님은 남자의 신체적 증상을 무시하지 않았다. 대신 그는 보다 심각한 문제와 해결책을 강조하셨다.

2. 여전히 중독의 영적 핵심을 보는 것이 어려운가? 여기에 이를 드러내 줄 간단한 질문 몇 가지가 있다.

당신이 중독과 싸우고 있을 때 예수님을 경외하고 있다고 생각되는가? 당신이 중독과 싸울 때 하나님의 현존과 거룩함에 대한 예민한 감각을 가졌는가? 당신이 중독 상태일 때, 회개, 믿음, 순종을 통한 영적인 성숙을 경험한 적이 있는가?

우리가 병에 걸렸을 때는 예수님을 알아가는 데 영적으로 성숙해 질 수 있지만, 중독에 빠졌을 때는 그럴 수 없다.

3. 당신이 참여하는 중독 프로그램은 하나님께 죄의 고백을 하도록 돕는가? 그렇지 않다면 하루를 마감할 때 죄를 고백해 보라. 우리는 그리스도의 십자가로 인해 속히 용서하시는 하나님의 목전에 살고 있음을 명심해야 한다(요일 1:9). 고백을 독려하는 프로그램에 참여하고 있다면, 하나님의 말씀을 가지고 더욱 깊고 정교하게 죄를 고백하라. 단지 당신이 공공연히 행한 행동만 생각하지 말고 머릿속에서 이루어지는 생각들도 점검하라.

4. 당신은 때때로 무력감을 느끼는가? 지루한가? 만일 자신의 죄성

을 알게 됨으로 이런 상태가 더욱 강화되었다고 생각한다면, 성
경 저자들의 사례를 생각해 보라. 그들도 자신의 죄성을 직면하
는 것이 힘들고 때로는 고통스러웠지만, 죄의 고백이 죄의 용서
를 아는 것으로 나아갔고, 그럴 때 희망과 즐거움이 따라 왔다.
예를 들어, 시편 130편에서 시편 저자는 깊은 비참함에 빠져 있
었다. 그의 절망은 삶보다 극심한 죽음을 느끼는 것 같았다. 이
절망에서 그를 건져내기 위하여 하나님은 마음에 그분의 크나큰
용서를 심어 주었다.

> 여호와여 주께서 죄악을 지켜보실진대 주여 누가 서리이까
> 그러나 사유하심이 주께 있음은 주를 경외하게 하심이니이다
> (시 130:3-4).

사도 바울 역시 즐거움과 희망의 영원한 토대로서 죄의 용서를
받았다.

> 우리는 그리스도 안에서 그의 은혜의 충성함을 따라 그의 피로
> 말미암아 속량 곧 죄 사람을 받았느니라 이는 그가 모든 지혜
> 와 총명을 우리에게 넘치게 하사(엡 1:7-8).

당신은 고백과 용서를 생각할 때 이 둘을 구분하지 않도록 주의
하라. 당신은 당신의 어느 한 부분의 건강을 다루는 것이 아니
라, 영혼의 본질을 다루고 있다. 중독을 다루는 데 고백과 용서
는 운동이나 잘 먹는 것과 같은 보조 수단이 아니다. 이 둘은 치
료의 핵심이다.

당신이 다른 사람을 도울 때

1. 중독의 유형이 어떻게 나타나는지 살펴보라. 중독은 평범한 인
   간 경험의 일부이다. 문제 자체는 매우 심각하지만, 모든 사람들
   에게 공통된 문제이다. 당신은 당신이 돌보는 중독자를 보듯이
   자신을 바라볼 수 있는가? 중독자와 당신과의 차이보다는 유사
   성을 살피는 시간을 가지라.

2. 위선적이고 판단하는 태도로 혹은 악한 분노를 가지거나 인내심
   없이 중독자에게 다가간 적은 없는가? 당신이 현재 중독과 싸우
   는 사람을 사랑한다면, 그러한 행동은 그들에게 죄를 지은 것이
   다. 그들을 찾아가 용서를 구하라.

3장. 새로운 관점

주의 말씀을 열면 빛이 비치어

(시편 119:130)

중독 연구에는 새로운 관점이 필요하다. 중독은 하나의 특정 렌즈로 관찰되어 왔고, 그 렌즈는 중독 행위의 일부 특징만을 강조했기 때문에, 제한된 관점만으로 중독을 연구하는 것은 그 결과가 모호할 수밖에 없다. 모든 중독과 관련된 논의가 하나의 이미지로 축소되면, 유용한 의미와 이해를 제공하는 다른 관점들은 놓치게 된다. 성경에 제시된 다양한 '모델'은 우리로 하여금 예수님을 알도록 돕는다. 예를 들면 예수님은 왕, 통치자, 주인, 종, 목자, 양, 형제, 치유자, 구세주, 제사장, 선지자, 포도나무, 빛, 길 그리고 진리이다. 만약 우리가 배타적으로 하나의 상징에만 초점을 맞춘다면, 그분의 정체성과 사역의 폭과 깊이를 놓치고 말 것이다. 따라서 예수님을 조금씩 다른 관점으로 소개한 사복음서가 존재한다.

　중독에 있어 그 지배적인 관점은 질병 비유였으며, 이것은 자신의 영역을 철저히 고수해 왔다. 중독에 관한 이해를 넓히는 데 다른 관점이 허용되지 않았으며, 주요 개념을 질병 비유만으로 검토하도록 했다. 질병 비유가 유용하기는 하지만 그렇다고 해서 이것이 우리의 사고를 오랫동안 지배하지는 못할 것이다. 우리는 자신의 의지보다는 우리가 느끼는 다른 무엇에 의해 조종된다는 방식에 초점을 더 맞춘다. 하지만 이는 두 가지 중요한 신학적 가르침을 비추지 못하고 있다. 그 중 하나는 우리가 경험한 속박(bondage)이 아담으로부터 기원한다는 것이다. 그가 죄를 지었을 때, 우리 모두가 타락했다(롬 5:12-17). 보다 분명한 속박은 우리가 죄를 지음으로써 표면화 되었지만, 그것은 우리가 행한 결과 이상의 것이다. 속박은 우리의 모습이자 본성인 것이다. 다른 하나는 우리가 경험하는 속박이 의도적인 것이라는 것이다. 다시 말해 자발적인 노예화인 것이다. 죄인인 우리는 자기 자신을 욕망에게 넘겨주기를 좋아한다. 우리가 노예화를 선택하는 것이다.

중독 논의를 어렵게 만드는 것이 하나의 비유에 의존하는 배타성 때문만은 아니다. 더욱 심각한 문제는 중독의 비유가 점차 그 비유적 특성을 잃어간다는 데 있다. 그동안은 중독과 전통적인 질병 사이의 많은 유사성으로 인해 질병과 같다고 말하여 왔지만, 지금은 더 많은 사람들이 중독을 '단순히 질병'으로 간주한다.

질병이란 단어는 문자 그대로나 또는 비유적으로 쓰일 수 있다. 문자 그대로 또는 보다 전문적인 관점에서, 질병은 일차적인 육체적 증상으로 진단이 가능하다. 예를 들어, 당뇨는 유용한 인슐린의 부족으로 발생된 질병이다. 당뇨는 피검사와 특정 육체 증상을 점검함으로써 진단할 수 있다. 현재, 당뇨는 처치할 수는 있어도 치료할 수는 없다. 환자의 행동은 질병의 진행 과정에 상당한 영향을 미친다. 심장병 환자는 운동을 하고, 천식 환자는 환기공을 사용하고, 당뇨 환자는 다이어트 식단을 확인한다. 그러나 치료법이 있다면,

환자의 외부에 있다. 당뇨 환자는 자신을 스스로 치유할 수 없다.

질병을 이 방식으로 설명한다면, 중독은 이 정의에 들어맞지 않는다. 중독에서의 '치료'는 반드시 내부에서 일어나야 한다. 중독자는 반드시 중독을 거부하고, 이기고, 버리는 선택, 즉 유방암, 간질, 당뇨 치료에는 불필요할 수 있는 일련의 행동을 해야만 한다. 이를 언급한 이후에, 나는 더 깊이 들어가 우리는 모든 면에서 우리 밖의 존재인 하나님을 전적으로 의지해야 한다고 주장할 것이다. 그러나 하나님이나 다른 사람에게 의지하는 것이 우리가 신체적 질병을 가지고 있다는 의미는 아니다. AA에서는 "알코올 중독은 주로 영적 치유가 요구되는 영적 질병이다"라고 말한다.[12] 중독자들을 중독과 싸우지 않은 사람들과 비교해 볼 때 신체적인 차이를 보이지만, 이런 생물학적인 차이가 물질의 과용에서 초래된 결과 또는 중독의 영향 그 이상으로 작용한다고 믿게 할 이유는 없다. 그 하나의 영향으로 이런 차이들은 부모의 자녀양육, 친구, 또는 사회경제적인 상태의 결과와 비슷하다. 생물학적 차이는 우리를 화학적 의존이라는 어떤 부정적인 방향으로 당기거나 이끌 수 있지만, 억제될 수 있다. 이는 회복한 많은 중독자들이 증명하듯이 피할 수 없는 운명은 아니라는 것이다. 이와 같이, 가장 전문적인 관점에서 질병이라는 용어는 중독을 설명하는 가치 있는 방식은 아니다.

질병 비유는 현실을 더욱 어렵게 만들며, 질병 비유로 중독을 말하는 것에는 한계가 있다. 우리의 과제는 중독에 대한 신학을 성경에서 나타나는 다른 종류의 비유로 설명하는 것이다. 우리에게는 말씀의 더 많은 빛이 필요하다.

---

12 "A Member's Eye View of Alcoholics Anonymous" (New York: Alcoholics Anonymous World Services, 1970), 12.

우상숭배

'우상숭배'란 인간의 상태를 가장 일반적으로 묘사하는 말인 동시에 통제되거나 통제되지 않는 중독 경험을 모두 아우르는 말이라고 할 수 있다. 이런 관점으로 보면, 모든 중독의 본질은 우리가 하나님 나라를 떠나 우상의 땅에서 복을 찾는 데 있다. 우리 인간은 우상에게로 돌아서서, 창조주보다는 피조물 안에서 무언가를 바란다고 이야기하고 있는 것이다.

서구인들에게는 이상한 말처럼 들리겠지만, 우상숭배는 아마도 성경에서 가장 지배적인 이미지일 것이다. 감춰진 적용들이 가득하다. 얼마나 많은 성경의 이야기가 다음 질문들을 간추려 설명하고 있는지 아는가? 당신은 누구를 숭배할 것인가? 창조자인가 피조물인가? 하나님인가 혹은 사람인가? 신성한 왕인가 혹은 가치 없는 우상들인가? 구약의 기본 줄거리는 우상에게 저항하기보다 그것을 좇는 사람들에 관한 이야기이다. 그 결과 하나님은 궁극적으로 예수님을 통해 자기의 백성들을 노예화하는 모든 것들로부터 구하기 위해 찾아오셨다. 다시 말해 모든 죄는 우상숭배로 요약될 수 있다 (예: 신 4:23; 엡 5:5).

오늘날까지 거의 모든 사람들에게 현명한 가르침을 주는 십계명에서조차도 우상숭배를 금하였다. 처음 두 계명이 이에 해당되며 그것은 실제적이며 구체적인 것이다.

나 외에는 다른 신들을 네게 두지 말지니라.

너는 자기를 위하여 새긴 우상을 만들지 말고 위로 하늘에 있는 것이나 아래로 땅에 있는 것이나 땅 밑 물 속에 있는 것의 어떤 형상도 만들지 말며 그것들에게 절하지 말며 그것들을 섬기지 말라 나 네 하나님 여호와는 질투하는 하나님인 즉 나를 미워하는 자의 죄를 갚되 아버지로부터 아들에게로 삼사 대까지 이르게 하거니와 나를 사랑하고 내 계명을 지키는 자에게는 천 대까지 은혜를 베푸느니라(신 5:7-10).

우리 사회에 우상이 있는가? 집으로 가는 길에 수호신이나 개인 부적을 본 적이 있는가? 아마 그렇지 않을 것이다. 서구 문화에서는 눈에 띄는 신을 거의 만들지 않는다. 우상을 발견하기 위해서는 구약의 우상들이 인간 마음속에 정립된 새로운 충성과 헌신이 물질적으로 실제화 된 것임을 인식하는 데서 출발해야 한다. 우상숭배에 관한 명령은 궁극적으로 '마음의 우상'에 대한 것이다(겔 14:3).

이를 염두에 두고, 요한일서 후반부의 아비의 심정으로 하는 경고를 주목하라. "자녀들아, 너희 자신을 지켜 우상에게서 멀리하라"(요일 5:21). 자녀가 떠나기 전 부모가 마지막 지혜의 말을 건네는 것처럼, 요한은 분명히 우상숭배를 염려했다. 그러나 그의 서신은 눈에 보이는 물질적인 우상 대신 마음의 우상인 "육신의 정욕과 안목의 정욕과 이생의 자랑"(2:16)을 언급한다. 요한은 인간의 손이 아닌 마음으로 세워진, 사악하지만 보이지 않는 바알을 염려했다.

다르게 말하면, 성경은 우상숭배의 정의를 확장시킴으로써 애착으로 형성된 악한 집착에 빠진 모든 것을 우리가 볼 수 있도록 한다. 따라서 우리가 눈으로 볼 수 있는 우상, 예를 들어 술병과 같은 것은 문제가 되지 않는다. 우상숭배는 우리가 경배하는 것들을 의미한다. 음욕, 존경, 사랑, 힘, 통제 혹은 고통으로부터의 자유와 같은 것이다. 진정한 문제는 우리 밖, 곧 술집이나 인터넷에 있지 않

고 우리 안에 있다. 술과 약물은 우리 안에 있는 우상을 확실하게
만족시켜 주는 것들이다. 문제는 우상숭배적인 물질이 아니라 잘못
된 것을 향한 마음의 경배이다.

이런 우상의 구조 안에서 작용하는 마음의 본능적인 음모를 알
면 놀라지 않을 수 없다. 우리는 하나님을 닮아가도록 부름 받았음
을 알고 있다. 이는 자신이 아니라 하나님의 영광을 위해 살아야
함을 의미한다. 우리는 우리 자신이 아닌 하나님을 알려야 한다. 그
러나 우리는 그러기보다는 이런 숭고한 부르심을 버리거나 '바꾸
기'로, 또는 영광을 우상에게 건네기로 선택했다(롬 1장). 이는 놀라
운 전환이지만, 매우 의도적인 것이다. 당신은 하나님의 형상으로
창조된 존재가 자신의 죄성에 굴복하는 것을 보게 된다. 이는 궁극
적인 본연의 모습이 아니다. 우리는 스스로 영광을 얻을 수 없으며,
우리가 닮아가야 하는 존재에 전적으로 의지할 수밖에 없는 존재
이다. 이를 회피하기 위해서 우리는 닮아가기를 포기하고, 우리에
게 원하는 것을 줄 것이라고 생각되는 경배의 대상을 믿게 된다.

그렇다면 우상숭배를 통해 얻고자 하는 것은 무엇인가? 모든 우
상숭배의 목적은 결국 우리 자신의 이익을 위해 우상을 조종하는 것
이다. 이는 우리가 우상에 의해 지배되는 것을 원치 않는다는 것을
의미한다. 대신, 우리는 이들을 사용하기를 원한다. 예를 들어, 엘
리야가 갈멜 산에서 바알 숭배자들과 대면했을 때(왕상 18장), 바알
의 선지자들은 바알이 자신들의 뜻대로 행하도록 조종하고자 자
신을 해하면서까지 그들이 할 수 있는 모든 일을 했다. 숭배자들은
자신이 믿는 우상을 포함하여 그 어떤 것도 자기 자신의 위에 두기
를 원하지 않았다. 이들의 날조된 신들은 진정한 꼭두각시 왕이며,
결국 수단일 뿐이다.

오늘날의 우상숭배에 있어서도 마찬가지다. 우리는 술, 약물, 성, 도박, 음식이나 다른 어떤 것에 의해 지배당하기를 원치 않는다. 오히려 이런 물질이나 활동들을 통해 우리가 원하는 것을 얻기를 바란다. 즉 우상을 이용하여 좋은 느낌, 좀 더 나은 자아의 이미지, 권력 혹은 마음에서 갈망하는 그 어떤 것들을 제공받기를 원한다.

그러나 우상은 우리의 바람대로 되도록 협조하지 않는다. 우리는 우상을 지배하기보다는, 오히려 그것에 점차 노예화되고, 그들처럼 보이기 시작한다. 우상들은 귀 먹고, 벙어리에, 눈도 어둡고, 감각이 전혀 없으며, 비이성적이기 때문에 그것을 숭배하는 자들 또한 그렇게 된다. "우상들을 만드는 자들과 그것을 의지하는 자들이 다 그와 같으리로다"(시 115:8). 우상숭배자들은 자신들이 의지하는 영적 정박장을 잃고 바다에서 길을 잃는다. 그리고 그들은 음욕의 소리를 따라 움직인다. "이 길은 좋고, 쾌락적이고, 친밀하며, 더 나은 자아 이미지를 제공한다." 그러나 그들은 결국 암초에 파손될 운명이다.

생명력 없는 우상들이 어떻게 이와 같은 힘을 발휘할 수 있을까? 그들의 지배적인 힘은 모든 우상들 뒤에 숨겨진 힘, 은밀한 사탄의 존재에서 비롯된다. 하나님께 대한 순종은 우리의 헌신을 그분에게 나타내는 것으로, 만일 우리가 애정을 피조물에게 둔다면 그것은 우리의 사랑이 사탄을 향함을 입증하는 것이다. 그러므로 성경은 우리에게 "우리의 씨름은 혈과 육을 상대하는 것이 아니요 통치자들과 권세들과 이 어둠의 세상 주관자들과 하늘에 있는 악의 영들을 상대함이라"(엡 6:12)라고 말씀한다.

지금까지의 이런 논의들은 모든 인간에게 적용된다. 우리는 애정을 우리 자신에게 두고, (우리가 바라는) 자신을 만족시킬 우상을 선택하며, 하나님을 진정으로 경배하기를 피한다. 그러나 다른 종류의 중독에 대해서는 어떠한가? 술에 중독 된 사람과 일에 중독된 사람을 어떻게 구별할 것인가? 명백한 차이에도 불구하고 모든 중독 행위의 공통점을 강조해야만 하는가? 어찌되었든지 모든 사람이 외견상 모든 것을 희생해야 하는 은밀한 생활 양식을 가지는 것은 아니다. 높은 보수, 동료들의 존경 혹은 배우자의 사랑으로 만족되는 우상과 향정신작용적 감각이나 육체적 자극으로 만족되는 우상의 차이는 무엇일까?

이 질문에 대한 대답은 매우 중요한 의미를 지닌다. 일부 우상들은 육체적인 갈망과 욕구를 왜곡한다. 관련 중독으로는 약물(합법과 불법), 술, 음란 그리고 음식이 포함된다. 이러한 우상숭배는 육체적 쾌락을 제공하고, 육체적 긴장을 완화하며, 육체적 욕구를 달래 준다(그림 3.1). 이런 보상들을 억제하기는 어려울 수 있다.

사탄은 이런 극적인 상황에 들어오는데, 그것은 육체의 본질적 요구와 욕망을 착취하는 데 특별한 관심을 지니고 있기 때문이다. 어떤 것이 육체적으로 좋게 느껴진다면, 당신이 분명히 이것을 이용하려고 할 것이다. 늘 그렇듯이, 사탄의 의도는 하나님과는 정반대 방향이다. 하나님은 우리를 육체적 필요와 욕구를 지닌 존재로 창조하였으며, 믿음에 의해 적절히 제한된 범위 안에 머물 때 즐거움을 누릴 수 있도록 하셨다. 그러나 사탄은 하나님의 질서를 무너

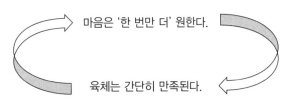

마음은 '한 번만 더' 원한다.

육체는 간단히 만족된다.

〈그림 3.1〉 중독의 초기 단계 : 반역

뜨리기를 원하고, 육체적 욕망이 그 사람을 지배하도록 만든다. 음식, 성, 혹은 휴식이 하나님이 주신 즐거움이 되는 대신 그 사람을 노예로 만드는 지배적인 욕망이 되도록 부추긴다. 그러면 즐거움은 온데간데없이 사라진다. 기껏해야 환각 시간 정도 지속될 뿐이다.

육체 자극이 누군가의 삶에 습관적으로 자리를 잡을 때, 또 다른 사이클이 더해진다(그림 3.2). 마음은 우상 만드는 공장 그 이상이 된다. 끊임없는 우상의 생산과 만족을 요구하는 가운데 마음은 몸의 물질적 욕구의 노예가 되고 마는 것이다.

육체적 욕망이 우리 영혼으로 쏟아지는 집중 공격에 얼마나 쉽게 사로잡힐 수 있는지를 고려할 때, 사도 바울이 방심하지 말 것을 우리에게 경고했다는 사실이 결코 놀랍지 않다. "싸우기를 허공을 치는 것 같이 아니하며 내가 내 몸을 쳐 복종하게 하라"(고전 9:26-27). 여기에서 사도 바울은 끊임없이 전쟁을 선포함으로 우리가 선호하는 우상들을 척결할 수 있음을 재차 강조하고 있다.

이제 이것을 좀 더 개인적으로 살펴보자. 먼저 육체적 욕망으로 표현되는 몇 가지 당신의 우상들을 생각해 보자. 그중 섹스, 약물 그리고 음식은 가장 분명한 우상이다. 단 것을 향한 갈망같이 덜 심각해 보이는 욕구를 하나 생각해 보라. 당신은 단 것이 필요하지 않다는 것을 알고 있으며 음식으로 충분히 배가 부르지만, 단 것이

우상숭배적인 마음은
'더 많이' 원한다.

육체적 욕망은 만족함 없이,
'더 많이' 요구한다.

〈그림 3.2〉 중독의 후기 단계 : 노예

가까이 있다면 이를 향한 강한 욕망을 경험할 것이다. 그로 인해 당신은 합리화하거나 당신 자신과 거래할 것이다. "나는 지금 아이스크림을 먹고, 저녁에 디저트를 먹지 않을 거야." 혹은 "M&M 초콜릿 한 줌이 뭐 대수라고. 내가 율법 아래 살고 있는 건 아니잖아." 이런 전략은 물질 남용자의 전략과도 같다. 흥미롭게도, 대부분의 약물이나 알코올 중독자의 경우와 같이, 단 것을 확실히 접할 수 없다면 욕구는 줄어든다.[13] 당신은 다이어트를 해 본 경험이 있는가? 이는 가장 힘든 영적 훈련 중 하나이다. 얼마나 자주 다이어트를 시도하고 며칠 못 가서 포기했는가? 죄책감을 느끼며, 다이어트를 다시 시작하고, 또 시작한다. 이는 물질 남용자의 경험과 같다.

당신은 성적 환상을 통해 성적 유혹에 빠져 본 적이 있는가? 음란물의 유혹에 사로잡혔던 적은 없는가? 하나님이 당신을 거룩케 하려고 부르셨다(살전 4:3)는 것을 알면서도 성적 부도덕에 빠진 경험은 없는가? 우상숭배적인 우리의 마음이 선호하는 다른 육체적 쾌락의 예는 얼마든지 있다. 우리는 거룩하지 않은 일시적인 육체적 쾌락으로부터 도망치거나 또는 하나님의 선물인 육체적 즐거움(그러나 지배받지 않는)을 단순히 즐기는 대신에, 재빨리 눈을 돌려 아무것도 보지 않고 오로지 "한 번 더"를 외친다. 육체의 욕망을 제압하는 자아 조절은 믿음 안에서 죽을 때까지 훈련되어야 한다. '재발'(relapses)은 결코 드문 일이 아니다.

우상숭배라는 성경적 주제가 어떻게 오늘날의 중독문제에 적용될 수 있을까? 약물과 성은 하나님으로부터 떨어져 나간 의미, 힘,

---

13 어떤 특정한 마약에 분명한 신체적 중독이 있을 때는 예외이다. 이 경우에는 신체적인 중독에서 벗어날 때까지 마약이 결여되면 신체적 갈급이 더욱 심해진다.

혹은 즐거움을 찾기 위해 중독자들이 세운 오늘날의 금송아지이다. 중독자는 종종 자신의 삶을 찾았다고 믿지만, 그들이 체험한 것들은 일시적이고 기만적인 것이다. 그들은 무덤 안에서 향연을 펼치고 있다는 사실을 알지 못한다. 실제로 통제할 수 없는 음욕의 희생자들인 것이다.

중독자에게 있어 약물은 하나님이다. 약물은 마약 중독자의 삶에서 최고의 존재이자 가장 큰 힘이다. 그는 약물의 의지하에 지배되고 있으며 약물의 계명을 따르고 있다. 약물은 곧 행복이며, 사랑의 의미를 제공해 주는 것이다. 그의 혈관으로 들어가는 마약은 중독자로 하여금 신성한 사랑으로, 하나님의 은혜로 빛나고 있다고 느끼게 한다.[14]

타일러는 열세 살 때 마리화나를 피기 시작했다. 또래의 압력은 표면상의 이유였다. 그는 이미 다른 우상을 숭배하고 있었음을 알지 못했다. 그가 비록 하나님을 알고는 있었지만, 그는 '다른 사람들의 의견'과 '동료들은 내가 괜찮은 녀석이라고 느껴야만 한다'라는 생각을 우상으로 섬기고 있었다. 약물은 이런 지배 욕구를 만족시키는 듯 보였다. 비록 처음에는 정도가 심하지 않았다고 해도 (심지어 좋지 않았다고 해도), 그는 수용되었다고 느꼈다. 그는 마리화나를 피우는 것을 다른 사람이 안다는 것이 자랑스러웠기에 멈추지 않고 계속했다. 물론, 그가 마리화나를 숭배하기를 원했던 것은 아니다. 단지 자신의 목적을 위해 마리화나를 이용하는 것이었다.

---

14 B. Meehan, *Beyond the Yellow Brick Road*(Chicago: Contemporary Books, 1984), 175.

점차 약물은 그의 마음 안에 있는 우상숭배를 드러내기 시작했
다. 그에게 마리화나는 숭배의 대상이 되었다. 늘 마리화나를 생각
하였고, 어떻게 얻을지 계획을 세웠으며, 심지어는 숭배 의식을 거
행하기 위해 친구를 피하기도 했다. 결국 테일러는 열다섯 살에 약
물에 빠져 통제할 수 없게 되었고, 약물 재활 치료소에 들어가게
되었다. 그의 우상은 그를 배신한 것이다.

타일러는 상대 왕국으로부터 기만당했다(표 3.1).

중독 뒤에는 감춰진 영적 세계들이 있다. 두 세계가 처음에는 매
우 역동적으로 보일 수 있지만, 인간의 눈으로는 이 두 세계를 명
확하게 볼 수 없다. 이 세계는 육안이 말씀의 도움을 얻고, 성령을
통해 밝아질 때 비로소 보이기 시작한다.

진실은 이렇다. 우상숭배의 관점을 사용하는 것은 중독자들이
자기 자신의 욕망에 눈이 멀었기 때문이다. 그들은 자신을 하나님
께 의지하는 존재로 바라보기를 거부한다. 그들은 하나님의 영광과
명성을 위해 살지 않는다. 그들은 자기탐닉이나 이기심으로 거짓
신들 앞에서 경배하고 굴복한다. 중독자들은 살아 계시는 하나님을
떠나 버렸다. 그들은 하나님의 성전에서 경배하는 대신에 좀 더 지

삼위일체의 하나님	사탄과 우상들
빛	어둠
진실	거짓
예배, 신뢰, 순종 그리고 하나님 사랑	예배, 신뢰, 순종 그리고 우리의 욕구 사랑
자유	노예화
생명	죽음
진정한 즐거움과 기쁨	일시적인 쾌락과 영원한 고통

〈표 3.1〉 두 개의 왕국

각되는 힘, 쾌감이나 존재감을 주는 중독적 의식들을 거행한다. 그들은 마술의 형태로 중독을 본다(신 18:10-14). 그러나 우상의 약속들은 다 거짓이다. 정체성과 힘 그리고 우상이 주는 평안은 거짓되고 일시적이다. 여기에는 두 가지 선택밖에 없다. 당신의 믿음을 사랑의 하나님께 드림으로 자유를 얻거나, 아니면 당신의 믿음을 우상(사탄)에게 주어 그것의 노예 상태가 되는 것이다. 이상하게도 우리의 이기적인 자만심은 노예 상태를 선호한다.

짐, 눈치를 챘는지 모르겠지만, 당신에게 술은 성경의 우상들과 매우 흡사해요. 이런 우상들은 처음에는 조력자의 역할로 시작하지요. 사람들은 하나님께서 자신들이 원하는 것을 준다고 전적으로 신뢰하지 않기 때문에 다른 신들이 주는 복을 찾게 돼요. 구약에서는 이런 거짓된 신들이 비나 다산을 약속했어요. 오늘날, 우리는 비나 다산보다는 고통에서의 해방이나 정체성, 혹은 자아의 가치를 크게 염려하죠. 나는 술이 당신의 정체성의 결여를 채울 수 있을지 의심스럽고, 하나님을 떠나 있든 함께하든 술이 능력이나 즐거움 같은 '축복'을 발견하는 길이 될 지 잘 모르겠네요.
그러나 우상숭배에 관한 놀라운 일이 있어요. 우상은 결국 우리를 통제하지요. 삶의 기본적인 질문으로부터 벗어날 수는 없을 것 같네요. 당신은 누굴 숭배하려고 하나요? 누구를 왕으로 삼을 건가요? 누가 통치권을 가질까요?

대부분의 중독자들은 이런 우상숭배적인 결단을 자기 의식적으로 내리지 않는다. 우리는 지금 눈으로 보이는 것 너머의 것을 살피고 있다는 것을 명심하라. 죄는 은밀한 본성을 갖고 있다. 중독자를 돕기 원하는 사람으로서, 우리에게는 우상의 지배력을 부술 만한 매우 힘 있는 무언가가 필요하다. 호소, 눈물, 논쟁 혹은 위협과 같은 것으로 이것을 뚫을 수 없다. 원인은 소용없다. 단순히 "마약을 그만해, 자제력을 가져, 우상숭배를 멈춰"라고 말할 수도 없다. 약물 숭배자들이 매우 명석하다고 해도, 영적인 억압 때문에 약물 남용과 관련된 파멸과 노예화 상태를 인식하지 못할 수 있다. 그들에게는 하나님의 능력인 예수님의 십자가 죽음과 부활의 메시지(고전 1:18)가 필요하다. 다른 전문가들은 술을 끊으라고 제안할 수도 있겠지만, 오직 복음만이 억압된 영혼을 해방시킬 수 있는 힘이 있다.

간음

우상숭배는 중독 문제에 새로운 빛을 조명한다는 점에서 성경에서 특히 중요한 주제이다. 그러나 또 다른 주제들도 있다. 우상숭배의 본질적인 파트너 중 하나는 성적 음욕과 간음이다. 이는 우상숭배가 궁극적으로 사적인 관계를 갖고 있기 때문이다. 간음은 우상숭배에 있어 보다 사적인 친밀성을 강조한다. 그러나 그 대상은 타인, 거짓 그리고 집착에 의해 조정되고 지배되는 모든 것, 사람(혹은 사람과 같은 기능들)을 포함한다.

AA 모임에 가서 중독에 빠진 사람들의 이야기를 들어보라. 당신은 그들이 불륜을 저질렀다는 느낌을 받을 것이다. 그들은 자신이 사랑하는 어떤 것에 대해 말하고 있다. 그들은 그 대상 외에는 아무것도 생각하지 않으며, 그것과 함께 있을 때 완전함을 느낀다.

아내는 내게 자신 아니면 코카인 중 하나를 선택하라고 했습니다.
아내는 제가 자신의 말이 끝나기도 전에 무엇을 할 줄 알았기 때
문에, 신중하게 생각하고 말하라고 했습니다. 나에게는 선택의 여
지가 없었습니다. 아내를 사랑하지만, 나는 코카인 이외에 다른
것도 선택하지 않을 것입니다. 괴롭지만 어쩔 수 없습니다. 그 무
엇도, 그 누구도 코카인보다 중요할 순 없으니까요.[15]

이 상황은 창녀촌으로 유혹되는 어리석은 청년을 연상시킨다(잠
7장). 이런 부정한 음욕적인 이야기는 터무니없이 많다. 청년은 거
리를 따라 방황하지만 그의 발걸음에는 의도가 실려 있다. 이는 마
치 바나나 껍질을 떨어뜨려 넘어지게 한 것과 같다. 해질녘 그는
특정 가게를 향해 걸어가고, 거기에는 성적으로 도발적인 여성이
있다는 것을 이미 알고 있다. 여인이 그를 보고는 유혹적인 말을
퍼붓는다. 곧 그의 유혹이 이어지고, 다소 희망찼던 그의 걸음은 그
가 상상했던 것보다 더욱 강렬하게 끝맺는다. 그렇다, 여기에는 순
간의 쾌락이 있었다. 그 청년에게는 쾌락을 좇는 의도가 있었다. 그
러나 이는 치명적인 덫에 걸린 고기를 먹는 동물이 느끼는 쾌감이
다. 그는 성적 쾌감을 지나 돌아올 수 없는 '죽음의 방'으로 가는 티
켓을 사버렸다는 사실을 거의 인식하지 못했다. 사실상 그의 관능
적인 축제는 '무덤 속의 향연'이었다.

삼손의 이야기 또한 이와 마찬가지로 강렬하다(삿 13-16장). 어느
작가도 이렇게까지 확실하게 죄의 분별없는 본성을 묘사할 수는
없을 것이다. 삼손이 들릴라와 짝을 이룰 때, 그는 이미 어리석은

---

15 R. Weiss and S. Mirin, *Cocaine* (Washington: American Psychiatric Association,
1987), 55.

관계에 관한 한 전문가였다. 그러나 들릴라를 향한 그의 음욕은 모든 이성을 저버렸다. 그녀가 배신자로 밝혀지는 상황임에도 불구하고 삼손은 그녀에게 중독 되었다. 그녀의 음모를 알고 있었지만 욕망은 여전히 그를 눈멀게 했다. 이는 아주 책임감이 있으면서도 속절없이 통제를 벗어났던 한 남성의 전형적인 예다.

이를 고군분투하는 중독자에게 어떻게 적용할 수 있을까? 간음은 중독자에 대한 보다 사적인 용어이다. 그들은 당장 혹은 먼 훗날에 결국 밝혀질 은밀한 삶에 빠져 있다. 속임은 흔하다. 사람들은 배우자에게 불성실하고 애인과 관계를 가진다. 그들은 왜, 특히 자기 자신과 타인에게 아주 고통스러운 결과를 가져올 때도 그 행위를 하는 것일까? 이는 쾌락과 다른 사람들의 알랑거리는 관심을 사랑하기 때문이다. 다른 모든 것 위에 군림하는 자신의 욕망을 사랑하기 때문이다. 자신에게 이것이 필요하다고 느끼기 때문이다. 이런 관계는 그들의 삶이 된다.

그러나 우리는 여전히 그들에게 "당신은 왜 불륜을 위해 당신이 가진 모든 것을 버렸는가?"라고 묻고 싶을 것이다. 그들이 너무나 미련해 보이기 때문이다. 그러나 그들에게 만족할 만한 대답을 듣지는 못할 것이다. 죄는 합리적이지 않고 이치에 맞지 않기 때문이다. 죄는 앞을 내다보지 못한다. 죄는 결과를 고려하지 않으며, 특히 결과가 즉각적이지 않으면 말할 것도 없다. 죄가 아는 것이라고는 "나는 원한다. 나는 더 원한다"이다.

짐, 술이 당신의 애인이 된 것처럼 들리네요. 당신의 정체성은 그녀와의 관계와 깊은 관련이 있어요. 그녀는 당신에게 모든 좋은 것을 주었지요. 당신이 느끼는 정체성의 부족함을 그녀로 채웠어

요. 당신은 그녀를 그리워하고, 만나고자 하고, 상상하고, 사랑스
럽게 기억하고자 하겠지요. 당신은 그녀를 연상케 하는 많은 것들
로 인해 놀랄 거예요. 그러나 사실상 그녀는 배신자요, 독사였고,
당신이 즐긴 시간은 '무덤 속의 향연'이었음을 명심해야 해요. 그
녀의 목적은 당신의 죽음이라구요.

당신의 사랑의 대상은 당신의 욕구를 때맞춰 채워 주는 술병이었
어요. 우리는 분명 당신에게 어디가 잘못되었는지 말할 테지만,
예수님 즉 당신의 첫 번째 사랑이 되어 주시는 그분에 대해 가장
중요하게 말해야 해요. 그리고 예수님 사랑하기를 배우는 유일한
길은 성경을 통해 그분을 아는 것이에요.

명심해야 할 한 가지가 더 있어요. 간음은 복잡한 것이죠. 우리는
자신의 이기적인 욕구 때문에 간음으로 향하지만, 결국에는 그 애
인이 우리를 조종하게 되죠. 따라서 어떤 의미에서는 술이 적일
수도 있지만, 진짜 적은 우리 마음에 있는 이기적인 욕구라고 할
수 있어요. 우리는 술같은 보이는 것들과 싸워야 하고, 마음의 욕
구같은 보이지 않는 것들과도 싸워야만 합니다.

물론 우리가 이 이야기를 짐에게 말하거나 이것에 대해 그저 생
각할 때에도, 하나님의 말씀은 우리 모두를 향한 것임을 기억하라.
산상수훈에서 예수님은 "음욕을 품고 여자를 보는 자마다 마음에
이미 간음하였느니라"(마 5:28)고 말씀하셨다. 더욱이 야고보서 4장
은 논쟁에 가담하고 있는 우리 중 일부는 짐과 근원이 같은 문제를
겪고 있을 가능성이 있음을 지적한다. 우리는 "나는 원한다"고 자
신의 욕망에게 말한다. 중독 체험은 어느 누구에게나 가까이 있다.

어리석음

우상숭배, 간음과 함께 공통되는 또 다른 주제는 어리석음이다. 이를 위해서 지혜와 어리석음을 다룬 잠언 전체의 말씀을 반드시 읽어야 한다. 잠언의 가르침과 말씀은 기억할 만한 것이며, 일상의 갈등 속에 있는 마음을 바르게 한다. 기본 개념은 두 개의 다른 길이 있다는 것이다. 즉 지혜의 길과 어리석은 길이다. 어리석음의 특징은 잠시 쾌락을 주지만 궁극적으로는 고통을 주는 길을 좇아가는 분별없는 결정이라는 점이다. 잠언에 따르면 인간의 본능적인 성향은 이 길을 따른다.

어리석은 사람과 현명한 사람을 비교하는 말씀을 살펴보면, 어리석은 사람은 자기 눈에는 현명해 보이지만 아주 우스꽝스러운 방식으로 행동한다는 것을 곧 알 수 있다. 신학자들은 '죄의 인식적 영향'에 대해 종종 이야기한다. '인식적'이라 함은 죄가 생각하는 방식에 영향을 끼친다는 뜻이다. 그러나 단도직입적으로 말해서 죄는 지성적인 면이 아니라 도덕적인 면에서 우리를 어리석게 만든다.

> 그들(우상숭배자들)이 알지도 못하고 깨닫지도 못함은 그들의 눈이 가려서 보지 못하며 그들의 마음이 어두워져서 깨닫지 못함이니라 … 그는 재를 먹고 허탄한 마음에 미혹되어(사 44:18, 20).

미련한 자는 눈을 땅 끝에 둔다(잠 17:24). 그는 모든 결과를 무시한다(잠 9장). 그는 자신의 길이 옳은 길이고 따라서 다른 사람의 말을 들을 이유가 없다고 말한다(잠 14:12; 28:26). 그는 항상 교묘하게 피해 간다고 생각하지만 결국 드러날 것이다(잠 15:3). 그는 느낌대로 행동하며, 느낌이 잘못 이끌 수 있다는 것을 깨닫지 못한다(잠 14:8). 물론 미련한 자도 가끔 자신의 행동의 결과를 감지하고, 자신이 어떻게 다른 사람에게 고통을 주는지 어렴풋이 알 수는 있다(잠 17:25). 그러나 그 결과를 벗어나지 못한다(잠 27:22). 그는 미련함을 즐기기 때문에, 이러한 파괴적인 행동 방식은 반복된다(잠 26:11).

성경은 우상숭배에 대해 적나라한 그림을 그리면서 우리가 정신 차리기를 바란다. 성경은 또한 하나님께서 은혜를 원하는 사람들에게 은혜를 주시며 지혜의 길로 이끄신다고 말씀한다. 삼위일체 하나님은 구하는 자에게 지혜를 기꺼이 아낌없이 주신다.

맹수로부터 공격당하다

지금까지 중독에 관해 도출한 정의는 의도성과 피해의 양면성을 나타내는, 자발적인 노예 상태였다. 특히 우상숭배의 피해적인 성격을 강조한 하나의 비유는 야생동물에게 사로잡히는 모습이다. 사탄과 죄는 모두 야수와 같다. "마귀가 우는 사자 같이 두루 다니며 삼킬 자를 찾는다"(벧전 5:8). 이와 같이 죄는 문 앞에 엎드려서 우리를 다스리고자 한다(창 4:7).

여기에는 정교함도 없다. 구애하는 매력적인 여인들도 없다. 우상이 지키지 못할 약속을 내놓는 것도 아니다. 이것은 단지 수수한 모습으로 우리를 교란시키는 전쟁이다. 죄와 사탄은 우리를 희생시킨다. 그것들은 우리를 노예 상태로 만들기 때문에, 그들의 의도를 더 빨리 알아챌수록 우리는 준비할 수 있는 기회를 더 많이 얻을 수 있다.

짐, 당신이 영적으로 점점 게을러지고 있다는 것을 알고 있나요? 타성에 젖지는 않았나요? 표면상으로는 여기서 벗어날 수 있지만 당신을 향한 하나님의 선하심에 지속적으로 주의를 기울이고 있어야 합니다. 이는 마치 당신의 경각심이 줄어들기를 기다리는 맹수를 두고 있는 것과 같지요. 정말 당신을 기다리고 있는 맹수가 있어요. 맹수는 언제 어디서든 공격할 수 있어요. 맹수가 가버렸다고 생각할 때 오히려 당할 수도 있어요.

얼른 보면 그 맹수가 '술'이 될 수도 있지만, 좀 더 자세히 살펴보면 진짜 적이 포착되고, 그 적은 바로 우리 자신이죠. 이는 우리 마음 안의 죄이며 특히 우리 마음이 사탄에게 영향 받을 때이죠. 이제 우리는 싸움을 준비할 때입니다. 감히 지금 당장 이 적을 무찌를 수 있다고 느끼지 않을지라도(때로는 심지어 그것을 느끼려 하지도 않죠), 술에 취하지 않는 것이 당신을 향한 하나님의 계획이에요. 하나님께서 당신을 술 취하지 않도록 부르셨다면, 우리 싸움에 필요한 모든 것을 제공해 주실 거예요. 또한 대단하지는 않겠지만 나 역시 당신 옆에서 계속 싸울 거예요.

질병 또는 병

성경에서 영적 상태에 대한 상징으로 '병'(illness)이라는 말을 쓰는 것은 놀라운 일이 아니다. 사실상, 성경에서 가장 잘 알려진 구절 중의 하나가 병과 치유의 비유적 표현이다.

온 머리는 병들었고

　　온 마음은 피곤하였으며

발바닥에서 머리까지 성한 곳이 없이

　　상한 것과 터진 것과 새로 맞은 흔적뿐이거늘

그것을 짜며 싸매며

　　기름으로 부드럽게 함을 받지 못하였도다(사 1:5-6).

그의 찔림은 우리의 허물 때문이요

　　그가 상함은 우리의 죄악 때문이라

그가 징계를 받으므로 우리는 평화를 누리고

　　그가 채찍에 맞으므로 우리는 나음을 받았도다(사 53:5).

　혹시 당신(혹은 당신이 알고 있는 누군가)은 질병 모델에 사로잡혀 있는가? 여기에 그 접점(point of contact)이 있다. 성경은 죄가 질병과 많은 공통된 부분을 지니고 있다고 분명히 강조한다. 예를 들어 죄는 우리 전 인격에 영향을 주고, 고통스럽게 하고, 죽음으로 몰아가며 절대적으로 비참하게 만든다. 그러나 질병과 다른 점도 갖고 있다. 죄는 '걸리는 것'이라기보다 '짓는 것'이다. 이 죄의 질병은 육체에 있기보다는 마음에 있으므로 그것을 다루기보다는 고백해야 하며, 완전한 치유는 오로지 위대한 치료자 예수님의 보혈 안에서 발견된 용서와 정화에 의해서만 가능하다.

실천신학

간단하게 성경의 유용한 몇 가지 비유들만 개관해 보았지만, 여기에는 분명한 메시지가 있다. 중독이 우리 모두에게 영향을 끼치는 우상숭배의 예시이기 때문에, 중독을 변화시키는 원칙이 다른 죄의 문제를 다루는 원칙과 매우 유사할 수 있다고 생각해도 된다.

- 변명하지 말라. 그것은 죄의 자기기만적인 결론들을 단순히 지지할 뿐이다.
- 중독을 하나님을 대적한 죄로 고백하라.
- 예수님을 우상숭배자에게 은혜와 자비를 베푸시는 분으로 바라보라.
- 성경을 통해 자신을 드러내시는 하나님을 아는 데 믿음으로 자라 가라.
- 순종의 기쁨을 배우라. 성경에서 순종할 수 있는 방법을 찾으라.
- 자신을 의지하지 말고 조력자와 함께하며, 지혜로운 사람에게 책임을 지우라.
- 하나님을 경외함에서 나오는 거룩한 삶의 기술인 지혜를 좇으라. 이를 적극적으로 좇으라. 죄를 그냥 피하기만 하지 말고 죄를 미워하라.
- 모든 죄가 그렇듯이 상상 안에서 죄의 씨를 품으려고 하지 않는다면, 중독은 우리에게 강요하지 않는다는 것을 인식하라.

그러므로 진정한 변화는 겉으로 드러나는 행동보다 더 심층적인 데서 일어나야 한다. 우리는 우리 마음을 표적으로 삼고 있는 것이다.

당신 자신의 중독에 직면할 때

1. 변화의 단계를 검토하라. 당신은 어디에 강한가? 그리고 어느 부분에 약한가? 다른 사람과 이런 부분들을 논의하라. 당신의 연약한 부분의 성장을 위한 계획을 세워라.

2. 성경이 보다 실제적으로 그리고 생생하게 당신과 관련된 것처럼 들리는가? 하나님의 말씀을 중독자들에게 선포하라.

   삶의 현시점에서 당신은 자신이 인식하는 것보다 더 많은 훈련을 받고 있다. 당신은 중독 관련 자료를 읽었고, 중독 치료 모임의 정회원이 되었을 수도 있다. 한 가지 훈련을 더 고려하라. 중독과 관련된 성경의 관점에서, 다음 한 달 동안 매일 하나님의 말씀을 읽으라. 어디서부터 시작할지 모른다면 요한복음과 같은 복음서나 에베소서와 같은 서신서부터 시작하라.

3. 무언가 껄끄럽거나 못마땅한 것이 있는가? 만약 그렇다면, 당신은 여전히 죄에 대한 논의에 자동반사적인 반응을 보이는 문제가 있을 수 있다. 당신은 여전히 죄가 몽둥이로 사용될 거라고 생각할 것이다. 그러나 당신이 살펴보려는 것은 '복음'으로 불린다. 즉 하나님의 왕국이 예수 그리스도라는 한 사람을 통해 우리 안에 들어왔고, 그분은 죄에 사로잡힌 자들을 풀어 주었다. 이것이 축하할 이유이다! 복음은 아름답다. 이것이 바로 당신이 가

장 원하는 것이다. 이는 생명 자체로 이끄는 길이다. 이 길은 은혜와 자비를 확장하는 데 결코 지치지 않으시는 하나님께 있다. "너희에게 은혜를 베풀려 하심이요 일어나시리니 이는 너희를 긍휼히 여기려 하심이라"(사 30:18).

당신이 다른 사람을 도울 때

1. 성경은 예수 그리스도라는 하나의 해답을 가지고 있다. 그러나 우리에게는 그분에게 다가갈 많은 길이 주어졌다. 어떤 길이 당신이 돕고자 하는 사람에게 최상일까? 우상숭배? 간음? 맹수의 공격? 하나하나 적용해 보자. 각 비유는 특정한 진실을 집중 조명해 준다.
2. 중독자는 자신에게 선물이 주어진 것을 깨달아야 하고, 중독자를 돕는 사람들은 선물의 가치와 장점을 반영하여 이를 어떻게 건넬지를 알아야만 한다. 값진 선물은 가능한 한 가장 매력적인 방식으로 전해져야만 한다. 그 사람에게 "우리가 말하는 것이 저주처럼 들리는가? 아니면 값진 선물처럼 들리는가?"를 물어 보라. 당신과 함께 걷는 성경적 길은 비록 힘든 길이지만, 사망이 아닌 생명으로, 절망이 아닌 희망으로 느껴져야만 한다.

4장 . 중독으로 추락

미련한 여인이 떠들며

　　어리석어서 아무것도 알지 못하고

자기 집 문에 앉으며

　　성읍 높은 곳에 있는 자리에 앉아서

자기 길을 바로 가는 행인들을 불러 이르되

　　··· 오직 그 어리석은 자는 죽은 자들이 거기 있는 것과

그의 객들이 스올 깊은 곳에 있는 것을 알지 못하느니라

(잠언 9:13-15, 18)

성경이 다루는 주제들 중 한 가지를 살펴보도록 하자. 성경 속 어떤 주제라도 선택할 수 있겠지만, 그중 우상숭배는 성경에서 매우 두드러진 주제이며, 특별히 풍부한 연관성과 적용성을 가지고 있다. 사실상 여러 적용 사항들이 있기 때문에, 나는 여기서 우상숭배라는 것이 처음 그냥 시도해 보았던 사람을 어떻게 중독자로 점차 추락시키는지에 대해 집중적으로 분석할 것이다.

중독 되기 쉬운 사람들은 자신이 갈망하는 물질을 시도하는 순간에 중독자가 된다고 생각했다.[16] 어떤 사람들은 우상과 쉽게 사랑에 빠지기도 하지만, 대부분의 사람들에게 우상숭배는 서서히 발전해 가는 교제와 같다. 우상숭배는 첫 술잔, 인터넷 검색, 대마초 한 대 혹은 폭식 이전부터 시작되는 점진적인 여정이다.

---

16 중독이 점진적으로 발전되어 간다는 관찰은 광범위하게 받아들여지고 있다. 예를 들면, M. D. Glantz and C. R. Hartel, eds., *Drug Abuse: Origins and Interventions* (Washington, D. C.: The American Psychological Association, 2000).

우리는 모두 본성적으로 '중독에 빠진다'

중독에 관하여 우리는 인간을 두 부류로 나누려는 경향이 있다. 즉 중독에 빠지기 쉬운 사람들과 그렇지 않은 사람들이다. 하지만 사실은 이와 다르다. 모든 인간은 이미 죄로 인해 타락했다. 우리는 처음부터 죄 가운데서 태어났다. 그리고 아담의 기여 없이도, 우리는 스스로 점점 타락했다. 우리는 경건하지 않은 욕망을 모두 경험했고, 자발적인 노예 상태에 대해서도 잘 알고 있다. 유일한 차이가 있다면 어떤 사람들은 보다 눈에 띄고 비극적인 결과를 초래하는 중독에 걸려 있고, 또 다른 사람들은 예수 그리스도에게 의지하여 노예 상태에서 벗어나 다시 기어오를 힘을 얻고 나아가 날아오를 힘까지 얻는다는 것이다.

따라서 중독에는 '우리' 그리고 '그들'이라는 말은 없다. 중독에 빠져드는 것은 우리 모두에게 익숙한 것이다. 그러나 이 익숙함이 다른 사람을 돕는 것과 무관하다고 생각해서는 안 된다. 오히려 정반대이다. 자발적인 노예 상태를 알면, 우리는 덫에 걸린 사람들에게 더 잘 인내할 수 있다. 우리는 그들의 동반자가 되어 주고, 그들

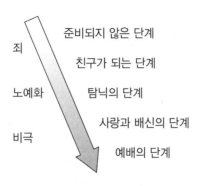

〈그림 4.1〉 우상숭배로 빠져드는 단계

을 해방시키고 구렁텅이에서 구해 주시는 예수 그리스도 앞으로
인도하는 데 더욱 열심을 내야 한다.

준비되지 않거나 무관심한 단계

실제로 중독에 빠져드는 것은 대대적인 광고 없이 시작된다. 그랜
드캐년을 보면, 첫 내리막은 대수롭지 않아 보인다. 중독은 심각하
고 눈에 띄는 불순종이라기보다는, 아주 작은 영적인 무심함이나
무관심 그리고 옳고 그름에 대한 판단력의 부족에서 비롯된다. 영
적인 무관심과 무감각의 단계는 우리의 시선을 끌지 못한다. 결국
모든 사람들은 거침없이 나아가고, 그 후에 생각한다. 우리가 하는
일이 사실 그렇게 나쁘지는 않다. 그래서 마치 철도 선로가 매끄러
워 보여서 사방에 있음직한 경고들을 무시하는 것과 같다. "너희는
말씀을 행하는 자가 되고 듣기만 하여 자신을 속이는 자가 되지 말
라"(약 1:22).

　이스라엘은 이런 과정으로 쇠퇴하기 시작했다. 하나님께서는
"너희는 스스로 삼가라 두렵건대 마음에 미혹하여 돌이켜 다른 신
들을 섬기며 그것에게 절하므로"(신 11:16), "너는 그들과 그들의 신
들과 언약하지 말라 그들이 네 땅에 머무르지 못할 것은 그들이 너
를 내게 범죄하게 할까 두려움이라 네가 그 신들을 섬기면 그것이
너의 올무가 되리라"(출 23:32-33)라고 말씀하셨다.

　그러나 이스라엘 백성들은 하나님을 두려워하지도 않고 이러한
명령을 무심히 들었다. 이들은 '그저 듣는 데' 만족했다. 준비되지
않고 방심한 상태 그리고 그들의 무관심은 빠르게 주변 국가들과

의 협약과 혼인이라는 결과를 가져왔다. 하나님께서 그들이 원하는 것을 해 주었지만 결국 그들은 노예 생활을 반복했고 애굽은 비극으로 끝났다. 그리고 하나님은 그들이 우상 가득한 앗수르와 바벨론에 의해 정복되고 동화되도록 내버려 두셨다.

십대의 약물 남용자에게도 이런 점진적인 첫 시도가 있다. 십대들이 약물 복용을 계획하는 일은 거의 없다. '그저 일어난 것이다.'

> 제 친구들 중 몇몇은 대마초를 가지고 있었어요. 저는 대마초를 본 적이 없었지만, 이를 시도해 봤다는 몇몇 친구들을 알고 있었어요. 제 친구들은 한 번도 대마초로 문제를 일으키지 않았기 때문에 저도 피우게 됐죠. (10학년의 한 여학생)

다른 사람들도 호기심이 생기거나 특정 단체의 일원이 되기를 원했을 것이다. 그들이 애초에 반항적인 약물 중독자가 되려고 계획을 세운 것은 아니었다. 이건 단지 사교적인 일, 즉 조그만 실험에 불과한 것이었다.

> 저는 9학년 때 대마초를 시작했습니다. 그것을 피우는 사람들을 알고 있었지만, 저는 결코 그들의 모임에 초대받지 못했습니다. 제가 처음 피운 건 친구 집에서였죠. 저는 그가 대마초가 든 주머니와 종이를 가져올 때까지 그가 피우고 있었다는 것을 전혀 몰랐습니다. 그는 담배를 말았고, 우리는 함께 그것을 피웠습니다. 기분이 매우 좋았어요. 큰 모험은 없었죠. 조금 어른이 되고 뭔가를 아는 듯한 기분 그리고 그들 그룹의 일원이 된 듯한 기분이 들었습니다. (현재 대마초를 끊으려고 노력하는 25세 남성)

짐의 경우, 단지 하나의 '실험'을 하듯이 술을 처음 마셨다.

처음 술을 마신 그 순간을 결코 잊을 수 없을 거예요. 대학 1학년
을 마친 여름방학 때였어요. 나는 열아홉 살(술을 마시지 못하는 나이)
이었고 도시에 있는 회사에서 아르바이트를 했어요. 지금 생각해
보니 알코올 남용자였던 한 여직원과 가끔 점심을 함께하곤 했었
죠. 그녀는 항상 점심을 먹기 전에 마티니를 두세 잔씩 마셨어요.
그녀와 함께 점심식사를 하던 어느 날 '왜 안돼?'라는 생각이 들어
서 나도 마셨어요. 술이 주는 느낌이 참 좋았어요. 그러나 멈출 수
있었고 그것이 끝이었어요.
대학으로 돌아간 후, 1년에 두세 번 정도 술을 마시곤 했어요. 만
약 다른 학교에 다녔더라면 더 많은 술을 마셨을 테지만, 내가 다
니는 학교에서는 술을 즐겨 마시지 않았어요. 바로 술을 구할 수
도 없었고, 게다가 돈도 많지 않았기 때문이죠. 그러나 몇몇 친구
들과 나흘 밤낮으로 엄청나게 술을 마셨던 날은 특별히 기억나요.

확장된 실험은 대개 크고 분명한 불순종이라기보다는 눈에 띄지
않는 작은 것이다. 예를 들어 이스라엘 민족은 지속적인 경고가 있
는 가운데 우상숭배의 첫 발을 내디뎠다(신 13:12-16). 소리 없는 불
순종이 이들의 집단 도덕 관념을 넘어섰다. 이는 기브온과 인접한
'매우 먼 나라'에서 온 사람들을 동맹국으로 대우하는 데서 시작되
었다(수 9장). 그리고 이것은 므낫세 지파가 가나안인들을 쫓아내기
에 실패하는 것으로 이어진다(삿 1:27). 이 과정은 경미하고 악의가
없어 보이지만, 한 세대 내에 이스라엘 민족은 바알을 섬기는 주변
민족들과 아주 친밀하게 되었다(삿 2:1-12).

이것이 죄가 기만하는 방식이다. 우리의 양심을 속이기 위해서는 작은 단계의 불순종에서부터 시작한다. 이스라엘 민족은 우상숭배를 향한 자신의 행보를 인식하고 있었을까? 아마도 아니었을 것이다. 우상숭배는 자동적인 것이다. 마음의 파수꾼이 방심할 때 우상숭배는 본능과 같이 자연스럽게 일어난다. 만약 당신이 시작 단계에 있는 이스라엘 민족에게 경고했다면, 아마 그들은 우상숭배의 시작을 부정했을 것이다. 그들의 관점에서는 분명 확실한 반항으로 느끼지 않았을 것이다. 그러나 분명한 반항이었다.

중독의 마음을 설명하는 몇 가지 방식이 앞으로도 나오겠지만, 각 단계에는 긴급한 논의가 필요한 주제들이 있다.

자녀들을 어떻게 약물 중독으로부터 지켜 낼 것인가?

자녀를 가진 부모들의 가장 공통된 두려움은 딸이 임신을 하거나 자녀들이 약물을 사용하는 것이다. 십대들이 그런 것에 첫 발을 내딛지 않도록 돕는 방법이 있는가? 이와 관련하여 고려해 볼 만한 좋은 책들이 몇 권 있다.[17] 그러나 마술적인 공식은 없다. 중독에 빠지는 것은 경배의 문제이기 때문에, 당신이 할 수 있는 가장 중요한 것은 "우리 주 예수 그리스도의 하나님, 영광의 아버지께서 지혜와 계시의 영을 너희에게 주사 하나님을 알게"(엡 1:17) 하는 것이다. 당신은 하나님의 거룩함에 놀라는가? 당신은 홀로 찬양 받으시는 하나님을 알아가는 중인가? 그렇다면, 이를 당신 주변의 사람들에게 선포하라. 하나님에 대해 더 말하라.

---

17 예를 들면, *Drug-Proofing Your Kids*, by Steve Arterburn and Jim Burns, 그리고, 직접적으로 약물에 대해서 말하고 있지는 않지만 *Age of Opportunity*, by Paul David Tripp, 『위기의 십대, 기회의 십대』(디모데, 2004)를 보라.

또한 하나님께서 당신이 다른 사람과의 관계에서 무엇을 하기 원하시는지를 생각해 보라. 당신은 그분이 원하시는 일들을 하고 있는가? 죄를 고백하는가? 자신의 영적 무기력에 대해 솔직하게 알리고 있는가? 무모하고 거룩하지 않는 공상을 경계하는가? 곧바로 도움을 구하는가? 친구의 충고를 축복으로 귀하게 여기는가?

그리고 당신은 화를 내거나 비판 혹은 잔소리 없이, 자녀들이 당신에게 솔직하게 말할 수 있는 분위기를 형성해 주었는가? 가족들에게 물어 보라. 당신과 가까운 사람이 당신을 겸손하고 참을성 있는 사람이라고 생각하는가? 당신은 쉽게 분노하는가? 그렇다면, 당신에게 솔직하게 말하고 싶어할 사람은 아마도 없을 것이다. 당신은 자녀들에게 말을 걸고 대화하는 편인가?

자신이나 혹은 다른 사람이 중독적 행동을 시작했는지 어떻게 알 수 있는가?

흔히 듣는 질문은 아니지만, 분명 중요한 질문이다. 자신에게 이 질문을 던진다면, 우리 또한 중독으로 빠져들기보다 빠져 나오고 있다고 자신 있게 말할 것이다. 이런 질문을 하는 사람들조차도 자기 마음을 의심한다. 그들은 자신의 마음을 속이고 합리화하며, 진실로부터 자신을 방어한다.

기쁜 소식이 있다. 그것은 중독이 단순하게 시작되지 않는다는 것이다. 중독은 욕망 위에 상상과 애착을 세우는 마음을 필요로 한다. 따라서 단지 가시적인 행동만을 보지 말라. 당신은 어디에 애착을 두는가? 당신은 무엇에 흥미를 느끼는가? 우울한가? 두려운가? 화가 나는가? 절망하는가? 이런 감정들은 당신이 숭배하거나 사랑하는 것에 대해 뭐라고 말하는가? 이런 질문들은 그리스도가 아닌 다른 어떤 것이 당신을 지배하는지를 밝혀 준다.

"내 친구는 약물 남용에 급격하게 빠져들었다. 이것이 가능한가?"

점진적인 중독에는 예외가 있다. 어떤 중독자들은 약물, 술 혹은 성 탐닉에 의도적으로 빠져드는 듯하다. 이런 경우는 항상 존재하는 "나는 좀 더 원해"보다는 의도성에 주의한다. 예를 들어, 적극적으로 약물, 술 혹은 음식을 사용하는 의식적 결단은 어려운 가정에서 도망치거나 감정적 고통에서 벗어나기 위한 것이거나, 화를 표현하고 절망과 억압을 저지하거나 자기파괴에서 벗어나는 길일 수도 있다. 현명한 친구나 정신적 스승은 우상숭배적 물질사용에 대해 듣고자 한다. 그리고 그들은 진리와 사랑을 가지고 심각한 문제를 가진 사람에게 다가갈 수 있다.

친구가 되는 단계

중독자의 이야기를 듣다 보면 경험과 진리가 분리되는 지점을 알 수 있다. 중독자 자신은 모든 것이 좋고 통제 아래 있는 듯 느낄지라도, 그들은 우상숭배적인 물질이 말하는 대로 행동하기 시작한다. 그리고 착한 친구들을 떠나 우상화하는 물질에 헌신하려는 친구들과 시간을 함께 보낸다. 그들은 자신이 실제 가지고 있지 않은 돈을 쓰기 시작하고, 우상을 더 자주 생각한다. 모든 것이 괜찮다고 생각하지만, 충분히 판단할 만큼 분명히 보지 못한다. 대상들은 점차 어두워진다. 이는 마치 해질녘에 밖에서 해지는 순간을 보려는 것과 같다. 과정이 인식되지 않는다. 그리고 눈은 적응되지만 갑자기 어두워진다.

아마도 십대 소녀는 약물에 대해 "아니오"라고 말하는 것에 넌더리가 났을 것이다. "한번 해 보는 게 왜 안 되는데?"라고 생각한다. "그냥 한번 해 보는 거야." 몇 모금을 빨아본 이후에는 모든 소동과 관련하여 의구심을 갖는다. "별 것 아니네"는 중독자들이 보이는 일반적인 반응이다. 그러나 그녀는 방금 커다란 경계를 넘었다. 자신이 나쁘다고 알고 있던 불법적인 약물에 마음의 문을 열었다. 약물은 그녀 마음의 도덕적 감시관을 지나쳐 보다 손쉽게 약물을 다시 사용하도록 할 수 있다. 그녀가 다시 약물을 사용하지 않을 수도 있지만, 기회가 생긴다면 "아니오"라고 말할 이유가 없고, 약물이 주는 '은총'에 감사하는 법을 배울 것이다. 또 다른 가능성 있다. 그 것은 그녀의 많은 욕망들을 충족시켜 줄 수 있는 은밀한 것들로 인해 결국 넘어지고 만다는 것이다.

> 코카인을 시도했던 처음 몇 번, 저는 모든 것을 더 잘 인식하는 듯했어요. 밖으로 나갔을 때, 나무들은 녹색의 새로운 음영을 입은 듯했고, 태양은 더 강렬했지요. 보다 강렬한 인식은 저를 불사조처럼 느끼게 했어요. 세상 맨 꼭대기에 있는 듯 느껴졌고, 모든 것이 예전과 다르게 느껴졌죠. (한 고등학생)

미숙한 중독은 이 단계에서 즐거움이 될 것이며, 중독은 그들에게 더 좋은 것이 올 것을 약속한다. 사람들은 무엇이든 매우 잘 할 수 있다고 느낀다. 그들은 보다 살아 있는 느낌을 가질 것이다. 그러나 결국 어리석음의 길로 내려갈 것이고, 아마도 돌아오기 위해 아주 강력한 가르침이 요구될 것이다(잠 19:25).

존은 기독교 신앙을 해병대 훈련과 같이 엄격하게 교육하는 가정에서 자랐다. 그는 겉으로 보았을 때 별 문제가 없으면, 원하는 것은 무엇이든 할 수 있다는 것을 알았다. 그래서 열두 살이 되었을 때 본드를 하기 시작했다. 다음은 대마초, 다음은 술이었고, 코카인이 그 뒤를 이었다. 열네 살이 되자 약물 사용을 숨길 수 없었고, 아버지의 어떤 훈육 방법으로도 그의 약물 사용을 멈추게 할 수는 없었다. 이후 열여섯 살에 그의 가장 친한 친구가 약물 과다로 세상을 떠나자 존은 약물 사용을 멈추고, 그 이후 3년 동안 손도 대지 않았다.

약물을 계속하는 사람들에게 싹트기 시작한 그들과 그들이 선택한 물질 사이의 친구 관계가 주는 일시적인 즐거움은 그들 마음의 욕망을 만족시키기 시작한다. 예를 들어, 이런 욕망들 또는 정욕이 대중성을 요구한다면 약물남용자 집단이 그 필요를 충족시킨다. 그들이 고통으로부터의 해방을 원한다면 약물이 해결해 준다. 힘? 코카인이 만족시켜 준다. 쾌락? 당신이 원할 때마다 얻을 수 있다.

"나는 조절할 수 있다"라는 말은 이 단계에서 항상 나오게 되어 있다. 약물 사용자는 자신이 인정을 받았다고 느끼며, 마음이 편안해지고, 인간관계의 문제를 더 잘 다루게 되며(즉 회피) 정신적으로 말짱하다고 느낀다. 마치 그들은 하나님을 전적으로 의지하지 않고도 신비한 능력을 발견한 것처럼 느낀다. 그러나 그런 조짐들은 거짓된 것이다. 어느 때든지 우리가 창조주로부터 분리되어 삶, 의미 또는 기쁨을 찾는다면, 그분으로부터 점차 소외되어 결국 불행으로 인도될 뿐이다.

더 나쁜 약물로 빠지도록 이끄는 관문 역할을 하는 약물이 있는가?

우리는 특히 위험한 약물과 그보다 덜한 약물로 생각하려고 한다. 대마초는 나쁘지 않고, 헤로인은 끔찍하게 여긴다. 그러나 마약 중독에 이르게 하는 초기 약물(그러나 그 자체로도 매우 위험한)은 담배와 술이라고 할 수 있다. 이 두 가지는 21세 이상이면 사용해도 적법하기 때문에, 이 둘의 매우 심각한 결과에 대해서는 별로 염두에 두지 않는다.

당신은 담배 혹은 술과의 우정을 발전시켰는가? 당신이 적법한 나이가 아니라면, 이미 자신이 인식하는 것보다 더 깊이 빠져 있는 것이고 만일 당신이 적법한 나이라면, 향정신성 경험의 맛을 키워가고 있는 것이다.

탐닉의 단계

실제 성적 간음의 경우, 다음 단계에서 관계가 더욱 친밀해진다. 말로 표현하는 것은 한계가 있다. 아마 두 사람은 얼마나 자신의 결혼생활이 불만족스러운지에 대해 이야기를 나눴을 것이다. 그들은 혼자 있을 수 있는 방법과 중독을 선택하는 이유를 찾을 것이다. 더구나 아직까지 성적 관계가 없었다면, 남자와 여자는 각자의 생활을 잘하면서 기회만을 엿볼 것이다. 그들은 왜 이런 행동을 하는가? 그 이유는 그들이 이런 행동을 좋아하고 좋게 느끼기 때문이다. 그러나 이러한 관계는 좋은 감정 이상으로 더 중요한 의미를 지닌다. 또한 이는 다른 많은 우상들을 만족시킨다. 소속감과 사랑받는 느낌, 금지된 연애의 흥분이 있으며, 몇 명만 아는 비밀을 가졌다는 짜릿함이 있다. 불륜의 원인은 단순한 개인의 매력이라기보다 훨씬 복잡한 것이다.

이 시점에서 보통 은밀한 관계는 대가를 치른다. 그것은 일, 재정, 결혼에 영향을 주지만, 또 다시 찾는 이유는 그 대가가 그리 지배적이지 못하고 나쁜 결과도 많지 않기 때문이다. 보다 더 심각한 단계의 사람들은 아마 나쁜 결과를 인식조차 못할 것이다. 비록 어떤 일들은 그렇게 잘 되어 가지는 않지만, 모든 나쁜 일들은 다른 사람들의 잘못이라고 생각한다. 직장에서의 문제는 무능하거나 시기심 많은 상사의 탓이라고 근거 없이 책임을 돌린다. 배우자에 대한 불만은 배우자의 부족한 사랑 때문이라고 생각한다. 친구 관계의 변화에 대한 책임을 '관계가 소원해진' 그 사람이나 다른 사람의 문제로 돌리며 비난은 최고조에 달한다.

약물이나 술 남용에 있어서 약물을 더 정기적으로 사용한다. 초기 단계에서, 약물 남용은 가격이나 사회적 혹은 가족의 불허 등의 요인으로 인해 통제될 수 있다. 그러나 그 이후, 접근성과 흥미가 허용되면, 사용이 급증한다. 아마 우발적이고 사교적인 사건에서 시작했던 것이 지금은 보다 상습적인 체험이 되었다. 한 달에 몇 번에서 일주일에 두세 번, 만약 약물을 구할 수 있다면 언제나 가능해졌다.

짐의 이야기를 계속 듣다 보면, '감시가 없는' 순간들이 아주 좋은 기회가 되어 왔다는 것을 알 수 있다. 대학에서, 군대에서, 업무 출장 중에 불순종의 작은 움직임은 탄력을 받은 것이다.

군대를 제대한 후, 난 매번 술을 살 여유가 없었기 때문에 거의 술을 마실 수가 없었어요. 그때 죽음이 나에게 입맞춤을 했지요. 시외 출장 업무가 잦고 경비를 지출할 수 있는 계좌를 주는 직업을 갖게 되었어요. (짐은 대학을 졸업하고 군대에 들어가기 전에 결혼했다.) 출장에서 술과 다시 친해지게 되었고 머지않아 술집에 앉아 식사를 거르곤 했어요. 결국 술을 많이 마신 후에는 어떤 음식의 맛도 느낄 수가 없었고, 영수증은 술값인지 음식 값인지 구분도 되지 않을 지경이었죠.

난 어떤 경고의 신호도 보지 못했어요. 나는 무분별하게 폭음을 하는 술꾼이 아니었기 때문에 술 마시는 것을 심각하게 생각하지 않았어요. 그러나 정기적으로 술을 마셨지요. 사교 모임 이후에 어떻게 집에 왔는지 모를 때도 있었지만 그때 내 나이는 스물아홉 살이었고, 내가 불사조처럼 느껴졌어요.

술꾼들은 술을 숨기기 시작한다. 그들이 보통 선호하는 곳은 변기 탱크 안인데, 짐은 지하실에 숨기는 것을 좋아했다.

첫 아이가 태어날 때까지, 난 저녁 먹기 전에 술을 마셨어요. 딱 한 잔이었죠. 그러나 곧 한 잔을 꽉 채우기 시작했어요. 이후에 더 큰 잔을 사용했지요. 마침내 난 집에서 가장 큰 잔을 찾았고, 절대 얼음을 넣지 않았어요. 그러나 여전히 딱 한 잔이었어요. 또한 술병을 숨기기 시작했어요. 주로 지하실에 숨겼는데, 내가 왜 그렇게 많은 시간을 지하에서 보내는지 어느 누구도 몰랐지요.

중독자들은 중독의 문제가 발각되었을 때 능수능란하게 변명을 한다. 그들의 변명은 주저함 없이 즉시 나타난다. 눈 돌림이나 '방금 변명을 만들어 냈다'는 낌새 없이 대담하다. 그들은 분명히 친구들과 사랑하는 사람들로 하여금 죄책감을 느끼도록 만들 것이다.

> 배우자: 여보, 당신 사무실 책 뒤에 숨겨 놓은 위스키 한 병을 찾았어요. 나는….
>
> 중독자: 이것이 바로 문제야. 당신은 게슈타포처럼 주변을 서성이고 있잖아! 결혼은 신뢰가 바탕이 되어야 하는데, 당신이 그 신뢰를 깨고 있어. 그 술병은 내가 몇 달 전에 거기에 둔거야. 왜 거기에 두었는지 기억조차 못하고 있어. 하지만 그게 문제가 아니라 당신이 나를 어떻게 공격할지 알 수 없다는 게 문제라고!

중독 물질에 심취되어 있는 동안, 술꾼들은 술을 마실 기회를 만들고, 마실 수 없는 곳은 피하게 된다. 흔히 기억상실이 일어나는데, 이것이 술 마시는 목적 중의 하나일 것이다. 일부 술꾼들은 잊기 위해 마시고, 알코올 남용으로 인한 일시적인 기억상실을 그냥 허용한다. 필름이 끊긴 동안, 술꾼들은 정신이 멀쩡하고 민첩하고 통제하에 있는 듯 보이지만, 일부 사건에 대해서는 거의 혹은 전혀 기억하지 못한다.

성을 탐닉하는 사람들은 성인잡지 가게를 지나기 위해 우회하는 길을 선택한다. 그들은 성인잡지 가게가 인터넷 음란물보다 더 공개적인 것을 알지만, 거기엔 그 위험성을 감수할 만한 가치가 있다.

이 단계에서 나타나는 보편적인 특징은 쉽게 하고 빨리 깨버리는 약속이다. 만약 가족의 개입이 심화되는 중독을 방해한다면, "예"가 금방 "아니오"로 바뀐다.

가족이나 친구들이 무엇을 할 수 있는가?

이 단계는 가족과 친구들이 무엇인가 잘못되고 있다는 것을 감지하는 시점이다. 그들은 아직 무슨 문제인지는 말할 수 없지만, 도처에 혼란이 있음을 느낀다. 그러나 좀 더 유심히 보면, 그 혼란은 중독에 빠진 사람이 있을 때만 일어나는 것을 알 수 있다.

이 단계에서의 일반적인 반응은 삶을 조금 편하게 만드는 데 있다. 가족들은 그 사람을 돌보며 중독자를 벼랑으로 몰지 않기 위해 그를 자극하지 않는다. 만일 당신이 그의 배우자이고 자녀가 있다면, 당신은 가족들에게 가능한 한 가장 평범한 상태를 유지하려 할 것이다. 당신은 아이들에게 더 많이 그들의 일상을 물을 것이다. 맛있는 식사를 위해 당신이 할 수 있는 모든 것을 할 것이며, 대화를 주도하여 그들이 불쾌하지 않도록 할 것이다. 당신은 이 혼란스러운 문제들이 해결되기를 바랄 것이다. 그러나 조심하라. 중독 사이클을 잘 아는 사람들은 이를 바로 격려자(enablers)라고 한다. 격려자는 가장 친절한 사람이지만, 그들은 그 문제를 직접적으로 다루려고 애쓰지 않고 자연스럽게 넘기려고 노력한다.

문제를 덮기 위해 노력하지 말라. 그리스도인의 삶은 개방된 상태로 사는 것이다. 당신이 만약 문제를 보고 무엇을 해야 할지 모른다면 도움을 청하라. 인생의 문제를 다루는 기본 전략은 우리가 먼저 문제를 상대하는 것이다. 우리가 여전히 우리 속에 갇혀 있다면, 반경을 확대하여 다른 사람에게 도움을 청한다. 하나님은 가장 중요한 자원으로서 그분의 말씀과 그분의 사람을 우리에게 주신다.

빌, 난 최근에 무슨 일이 일어나고 있는지 잘 모르겠어요. 당신 눈에 나는 항상 틀렸죠. 당신은 언제나 짜증을 내요. 떨어져 보내는 시간이 점점 더 많아지고 있고요. 그리고 어느 때보다 술을 더 많이 마시고 있지요. 나는 도움을 받으려고 해요. 당신이 함께하길 원한다면 나야 기쁘지만, 그러나 현재 상태에서는 나는 도움이 필요해요.

중독에 심취된 사람은 이러한 말에 다양한 반응을 보일 것이다. 더 강한 분노와 위협 또는 좋은 행실을 보이거나 "나에게는 지금이 가장 힘든 시간이야. 모든 것이 괜찮아질거야. 약속할게"라고 호소하기도 한다. 그러나 어떤 경우라도 도움을 얻어야 한다. 지혜의 조언을 할 수 있는 목사님과 친구들 혹은 비슷한 경험을 가진 누군가에게 말해라. AA 모임에 참석할 수도 있다. 소외된 상태로 있지 말고, 당신 스스로 혼란을 해결할 수 있다고 생각하지 말라.

항상 내 잘못이라고 느껴지는 감정을 어떻게 다룰 것인가?

누군가 당신을 어떤 일로 비난할 때, 당신은 먼저 그 비난을 고려하는 것으로 반응해야 한다. 그 비난의 말을 들어라. 만일 그 안에 진실이 발견되면, 심지어 핵심이 되는 문제를 지적한다면, 우리는 이를 인정해야 한다. 그리스도가 우리 죄로 인해 심판을 짊어지셨기 때문에, 다른 사람에게 우리의 죄를 고백하는 것은 쉬운 일이 되어야 한다. 십자가 위에서의 예수님의 죽음은 우리 마음을 진지하게 바라볼 수 있게 한다.

마태복음 7장 3-5절은 우리 자신의 잘못을 인정하는 것이 우리가 다른 사람을 사랑으로 직면할 자격이 없음을 의미하는 것이 아니라고 말씀하고 있다. 오히려 성경은 우리 자신의 죄를 고백하는 것이 우리가 다른 사람에게 그들의 죄를 말하도록 하는 권한을 부여한다고 알려 준다. 우리가 정죄하지 않고 말할 수 있는 길인 것이다.

> 내가 절망으로 반응하고 있었음을 깨달았어요. 정말 미안하고, 용서를 구해요. 이 문제에 대해 도움을 청할 거예요. 하지만 우리 문제를 여기에서 덮을 수는 없어요. 당신 삶에 대해 이야기하려 하는데, 괜찮을까요?

모든 일에 대비하라. 자신에 대한 비난을 피하면서 다른 사람을 비난하는 사람과 마주하고 있다. 상대방의 마음에 부응하기 위한 당신의 그 어떤 시도들도 놀라움 속에 끝나고 말 것이다. "방금 무슨 일이 있었지?" 혼란과 비난은 새로운 단계로 나아갈 것이다. 그러나 이것이 침묵하라는 의미는 아니다. 단지 당신이 어떻게 살고 어떻게 말할지에 대해 창의적으로 생각할 수 있도록 도움이 좀 더 필요하다는 뜻이다.

사랑과 배신의 단계

중독은 지금 그 세력권을 확장하고 있다. 개인의 전반적인 삶이 되었을 뿐만 아니라 만병통치약이 되었다. 감정이 어찌되었든 간에, 해답은 중독적 행위에서 발견된다. 화를 발산하고, 우울증을 완화하며, 상실이나 실패의 공허감을 일시적으로 진정시키고, 행복한 상황을 경축하고, 죄책감을 희석시킬 수 있다. 위의 모든 것은 술(또는 약물, 음식, 성관계)에 녹는다.

만일 가족들이 문제를 인식한다면, 그 문제에 사로잡힐 것이다. 중독이 그들을 장악한다. 그들은 차 열쇠를 숨기고, 음주자의 차를 찾아 동네를 돌아다니고, 집 주변에 있는 술병을 치운다. 그러나 그들은 문제를 직접적이고 효율적으로 직면하지는 못한다. 때로는 아무 말도 하지 않으려고 한다. 사실, 상당 부분에 있어 가족들에게는 안전한 대화 주제가 없다. 모든 것이 혼란을 증폭시키거나 화를 불러일으키는 듯하다.

이 단계에서, 물질 남용자들이 지닌 독창적인 전술은 집에서 문제를 만드는 것이다. 그들은 때때로 약물에 취하기 전, 며칠 혹은 몇 주 동안 결혼관계나 집안에 긴장을 불러일으킨다. 이것이 늘 확실하게 수행되는 건 아니지만, 약물 사용자가 다음 약물을 사용하기 위해 변명거리를 만드는 계산된 시도이다. 약물 사용자는 자신을 기만하며 생각한다. 집에서는 그저 감당하기 힘든 압력뿐이다. 아내는 절대 관대하지 않다. 그녀가 변하지 않으면, 더 이상 나는 어쩔 수 없다. 약물을 사용하는 것 이외에는 다른 선택이 없다.

약물 사용자들이 자신은 결코 하지 않을 것이라고 생각해 오던 일이었던 약물 판매가 지금은 다반사가 되었고, 부모님의 물건을 훔치는 일이 일상의 공식이 되었다. 한 여인은 친구들과 파티를 지속하기 위해 주말마다 보석을 팔았다. 또 다른 여성은 그녀 자신을 팔았다. 거짓말은 현재 삶의 방식이 되었다. 자신의 양심을 다루기 위해서, 중독자의 변명은 점점 더 괴상해지고, 거의 기가 막힐 수준이 된다. 그들은 모든 문제가 항상 누군가의 잘못이라고 진심으로 믿는다.

더 두려운 것은, 중독적 행위들이 남용자로 하여금 살아가는 방식을 배우지 못하도록 하는 데 있다. 그들은 관계나 직장에서 갈등을 해결하는 방식을 배우는 대신에, 일시적인 안정을 얻기 위해 그들만의 우상을 찾는다. 그리고 매번 물질을 사용함에 따라 살아가는 기술을 잃고, 지혜를 얻을 기회를 얻지 못한다. 어쩌면 그들이 점점 더 어리석은 아이와 같이 되는 것은 당연한 일이다.

중독자들은 자신이 선택한 우상들이 더 이상 자신에게 우호적이지 않다는 증거를 보면서도, 불쾌한 결과들은 빨리 잊어버린다. 사용자들은 여전히 약물은 불쾌한 결과들을 '가지고' 있지 않다고 믿는다. 심지어 약물이 도움이 되거나 적어도 자신들을 정상적으로 만들어 준다고 생각한다. 또한 약물이 자아 이미지를 견고한 토대 위에 세운다고 믿으며 좀 더 심오한 현실과 진실을 알고 있다고 믿는다. 그러나 그들의 우상숭배는 보다 더 분명해진다. 그들 자신도 엄청난 대가를 치러야 한다는 것을 알지만, 별로 신경을 쓰지 않는다. 인식되는 장점이 단점보다 크기 때문이다. 물질 남용은 그들에게 "모든 것이 아직까지 괜찮다"는 느낌을 억지로 제공한다.

이 단계에서 친구들과 가족들은 무엇을 경험하게 되는가?

만약 중독적 행동이 아직 밝혀지지 않았다면, 가족과 친구들은 사람이 가질 수 있는 모든 감정을 거의 다 경험할 것이다. 때때로 그들은 미칠 것 같다. "결국 나의 문제인 것 같다." 때로는 모든 것이 괜찮다는 생각이 든다. 그들은 화, 두려움, 조종 당함, 위협, 배신, 질투 그리고 절망을 느낄 수 있다. 삶을 예측할 수 없고 다음에 무슨 일이 일어날지 전혀 확신할 수 없다. 그들이 재빨리 하나님께로 돌아서고 부르짖는 방법을 배우지 않으면, 중독적 행위를 억제하는 방법들에 대해 골머리를 앓게 될 것이다.

경배의 단계

마침내 중독자들은 물질의 숭배자가 된다. "너희가 너희 지체를 부정과 불법에 내주어 불법에 이른 것 같다"(롬 6:19). 우상을 숭배하는 것은 결과적으로 노예 상태에 이르게 한다. 우상은 처음에 자유를 약속했다. 우상들은 당신의 명령을 따르며, 당신 마음대로 할 수 있었으며 삶, 동료애, 쾌감을 주었다. 그러나 결국에는 노예 상태를 선물한다. "누구든지 진 자는 이긴 자의 종이 됨이라"(벧후 2:19).

우상숭배자들은 집착하게 된다. 그들은 자신이 모르는 상대방의 시간에 대해 피해망상에 젖게 되고, 이유 없이 질투를 한다. 흥미롭게도 그들은 성적 파트너를 가진 것처럼 생각하지만, 현실적으로는 자신의 욕망의 노예가 되어 있다. 그들은 연인의 매순간의 태도, 말 혹은 상투적인 행동에 영향을 받는다. 그러므로 우상숭배적인 관계가 깨진다면, 우울, 분노 그리고 자살이라는 결과가 있을 수 있다. 삶은 단지 관계 속에서만 발견된다.

이 단계에서는 술과 약물을 거의 매일 사용하거나 의존한다. 약물이나 약물에 대한 집착적인 생각은 끊이지 않는다. 이는 사람들이 항상 흥분해 있거나 취해 있다는 의미가 아니다. 오히려 이 단계의 일반적인 특징은 절제나 단주 기간 이후의 폭음이다. 그러나 중독자들은 항상 물질을 생각하고 폭음을 하는 동안 자주 육체적인 의존 현상을 보이는데, 이는 약물 사용을 멈추게 될 경우 육체적인 금단 현상을 보인다는 의미이다.

모닝 커피를 마시듯이, 폴은 매일 대마초를 피기 시작했다. 피우지 않을 때는 신경질적이고 비판적인 사람이 되는 반면, 대마초를

피우면 안정을 찾고, 다음 날의 힘든 결혼생활과 재미없는 일에
대한 준비가 갖춰진다.

이 단계에서 약물보다 더 중요한 것은 없다. 가까운 친구들끼리
는 약물의 힘이 확실히 발휘된다. 의존적인 사람들에게는 거부가
작동한다. 때로는 거부하는 것이 겉으로 거짓말하는 것일 수도 있
지만, 이 거짓말은 항상 더 깊은 자기기만으로 발전한다. 중독자는
약물과 그 결과의 상호 관계를 통찰하지 못하는 미련한 자가 된다.
약물 남용자는 여전히 자신들에게 문제가 있다고 생각하지 않는
다! 믿기지 않는 소리일 테지만, 자신의 경험을 한 번 생각해 보라.
우리는 종종 자신의 죄에 매우 어둡다. 예를 들어 결혼생활에 있어,
일부 사람들은 뻔뻔스러운 이기심과 자만심을 어렴풋이 느끼는 데
도 몇 년이 걸린다고 한다. 이 기간 동안에 그들은 "단지 사람들이
나를 이해하지 못한다"라거나 "그녀(그)가 좀 더 사랑해 준다면…"
하고 변명하는 것으로 반응한다.

보다 더 심각한 단계에서 중독자는 우상을 숭배하고, 그 과정에
서 사랑하는 많은 사람들에게 상처를 주지만, 죄책감은 대개 느끼
지 않는 듯하다. 과연 그것이 정말일까? 그들은 자신의 양심을 없
애는 데 성공한 것일까? 몇 가지 사례를 보면, 어떤 경우에는 그렇
다고 할 수 있다. 일부 약물 중독자, 우상숭배자 그리고 다른 종류
의 중독자들은 많은 약물 시행과 마음의 강퍅함으로 인해 도덕적
불감증을 갖게 되고 양심은 말라버렸다. 그러나 중독자들은 당신이
처음 생각했던 것보다 더 많은 죄책감을 느끼는 것을 알게 될 것이
다. 그들은 다른 사람에게 상처를 준 것에 대한 죄책감, 거짓말한
것에 대한 죄책감, 깨진 관계의 죄책감, 거룩하신 하나님께 반항한

것에 대한 죄책감을 느낀다. 그리고 그들이 약물이나 술을 사용한다면, 죄책감을 다루는 유일한 방법은 향정신성 물질을 더 복용하는 것이 될 것이다. 그들은 벗어날 다른 길이 없다고 본다.

짐은 그의 가족들이 그의 음주에 대해 알기 전에 의료적인 문제들을 경험했다. 그는 알코올 유도성 발작이 있었는데 안타깝게도 발병 원인을 알았음에도 불구하고 그 발작 경험이 음주를 멈출 충분한 동기가 되지 못했다. 다른 건강상의 문제는 없었다. 그는 술과 음식을 조절할 수 없었기 때문에, 매일 저녁식사 이후에는 위가 아팠다. 그러나 그는 토하고 다시 술을 마시곤 했다.

결국 일이 터졌다. 그가 직장에서 빈 집으로 일찍 돌아온 그날 몇 잔 마신 후 위층으로 올라가는 사이에 의식을 잃은 것이었다. 아내가 돌아왔을 때, 그는 계단에서 떨어져 기절한 상태였다. 아내는 그가 다른 발작으로 고통받고 있다고 생각하고는 즉시 구급차를 불렀다. 병원에서 응급실 의사가 짐의 혈중 알코올 농도가 보통 사람 기준으로 볼 때 치사량이라고 그녀에게 말했다. 짐은 알코올을 해독하고는 곧바로 입원치료 프로그램으로 보내졌다.

알코올 중독에 깊이 빠진 사람을 사랑하는 사람들의 슬픔은 말로 형용할 수가 없다. 중독자가 자신의 우상을 다른 그 무엇보다 사랑한 후부터는 그들과 교제 없이 지내왔고, 그들은 중독자가 자기를 파괴하는 것을 지켜봐야 했다. 만일 당신이 너무 많이 화가 나 있지 않거나 당신을 괴롭히거나 또는 주의를 요하는 수많은 질문들이 없었다면, 당신은 슬픔으로 마비되고 말았을 것이다.

- 나는 무엇을 잘못했는가?
- 내가 무언가를 하면 상황이 더 나빠지겠지만, 아무것도 안하

면 내가 지속할 수 있는 방법을 알지 못한다. 나는 무엇을 해야만 하는가?

■ 나는 가만히 순종적으로 있어야 하는가?(벧전 3:1)

■ 중독자가 집을 떠나거나 나를 떠나게 하는 것이 성경적으로 합당한 것인가?

■ 나는 자녀에게 뭐라고 말해야 하는가?

■ 나는 친구들에게 뭐라고 말해야 하는가?

■ 만약 그 사람이 용서를 구한다면, 일어난 일을 논의하는 기회를 차단하는 것인가?

■ 만약 내가 다른 사람에게 말했다면, 그(그녀)는 배신감을 느낄까?

■ 나는 이혼을 할 수 있을까?

■ 내가 위험에 빠졌다고 느껴지면, 무엇을 해야 할까?

우리는 중독이 발견되면 무엇을 해야 하는지에 대해 다음 장에서 보다 구체적으로 살펴볼 것이다.

실천신학

이 장에서는 살펴봐야 할 몇 가지 신학적인 특성들이 있다.

당신 자신의 중독에 직면할 때

당신이 중독에 빠져드는 과정은 여기에서 언급한 것과 다르며, 당신이 그것과 싸우는 방식도 다르다고 생각할 수도 있다. 아마도 당신의 경험은 여기서 말한 방식과 확실히 달랐을 것이다. 그러나 정확하게 들어맞는 반복되는 주제들이 있다. 다른 사람을 비난하고, 거짓말을 하고, 눈가림이 심해지고, 자신의 통찰이 부족한 것이 그것이다(그림 4.2). 이 모두는 물론 하나님으로부터 독립하고자 하는 갈망과 하나님에 대한 부정확한 이해로 인한 것이다. 하나님은 빛이시기 때문에 그분을 떠나서 살고자 하는 순간, 우리는 어둠에 머물게 된다.

〈그림 4.2〉 모든 중독의 기본적 특징

당신이 다른 사람을 도울 때

만일 당신이 다른 사람을 돕고 있다면, 그에게 도움을 청하라. 혼자서 이 일을 하지 말라. 현명한 사람은 충고를 구하고(잠 20:18), 조언을 듣는다(잠 19:20). 하나님은 많은 재능을 그분의 백성에게 주셨고 이를 통해 그리스도의 교회는 완성되어갈 것이다(고전 12장). 당신은 다른 사람을 섬기기 위한 재능을 받았고, 다른 사람에게 섬김을 받아야 할 필요가 있다. 당신이 받아야 할 마지막 조언의 말은 "사랑하라"는 것이다(고전 13장). 이 도전은 자애(lovingkindness)가 어떤 모습을 띨 것인지를 결정하게 될 것이다.

본질적인
신학적 주제

ADDICTIONS: A BANQUET IN THE GRAVE
FINDING HOPE IN THE POWER OF THE GOSPEL

5장. 사랑으로 진실 말하기

형제들아 사람이 만일 무슨 범죄한 일이 드러나거든 신령한 너희는 온유한 심령으로 그러한 자를 바로 잡고 너 자신을 살펴보아 너도 시험을 받을까 두려워하라

(갈라디아서 6:1)

죄인을 미혹한 길에서 돌아서게 하는 자가 그의 영혼을 사망에서 구원할 것이며, 허다한 죄를 덮을 것임이라

(야고보서 5:20)

다음과 같은 일이 일어날 가능성이 얼마나 될까? 당신은 누군가의 전화를 받고, 다음과 같은 말을 듣게 된다.

> 나는 그냥 당신에게 전화를 걸 수밖에 없었어요. 나는 알코올 의존(음란물, 과식, 약물 의존 처방전, 게으름)과 힘들게 싸워 왔어요. 이런 일이 가족들을 힘들게 하고, 하나님께 반항하고 있다는 것도 알아요. 나는 도움이 필요해요.

이런 일은 아주 드물게 일어날 것이다. 하지만 만약 이런 일이 일어난다면, 당신은 성령님이 역사하시는 놀라운 일을 목격하게 될 것이다.

우울증으로 고통받는 사람은 당신에게 전화할 수 있지만, 중독과 싸우는 사람은 아마 그렇지 않을 것이다. 중독자들은 희망이 없거나 엄청난 고통을 받을 때조차도 자신들의 문제를 여전히 덮으려고 한다. 왜 그럴까? 그것은 바로 수치심과 중독적인 물질을 끊어야 한다는 점 그리고 중독 없이 어떻게 살아야 할지 모르는 두려움 등 여러 가지 이유들 때문이다. 짐의 중독은 한바탕 토하고 기절하기 전까지 밝혀지지 않았다. 그는 은밀한 죄를 들추시는 하나님의 축복을 받았고, 하나님의 은혜로 그의 삶을 점검해 볼 기회를 얻은 축복받은 사람이었다.

이 책의 목적은 성경에 있는 신학적인 풍성함이 어떻게 중독의 문제를 실제적이고 의미 있게 다루는지 보여 주는 데 있다. 마지막 장에서는 중독의 과정을 밝혀내기 위해 중독의 단계를 시간 순으로 나열했으며, 관련된 몇 가지 실제적인 문제들을 함께 고려했다. 이번 장에서는 특별히 당사자가 진심으로 문제를 해결하려고 하기 전에, 우리가 도울 수 있는 것에 보다 집중하고자 한다.

우상숭배는 여전히 신학적으로 중심이 되는 주제이지만, 음욕과 율법주의 같은 다른 성경적 주제들 또한 다루고자 한다. 우리는 이와 관련된 모든 성경적 가르침을 명심해야 한다. 즉, 우리는 겸손과 사랑으로 반드시 진실을 말해야만 한다. 하지만 최상의 상황에서 수행하기는 어렵다. 중독자들의 죄가 당신을 향해 표출되기 시작하면 그것은 거의 불가능한 것처럼 보일 것이다. 그때 당신은 하나님께서 우리에게 원하시는 변화를 위해 하나님의 은혜를 구하게 될 것이다.

중독의 발견

거짓말이 늘어나듯 중독이 점점 공공연해지고 계속되어 마침내 그

정체가 드러날 때, 대부분의 사람들은 중독을 일찍 발견하지 못한 것에 대해 스스로를 어리석다고 느낀다.

나는 덕이 열다섯 시간 이상의 긴 잠에서 깬 후 가끔씩 엄청나게 폭발적인 에너지를 뿜어내는 것을 알았어요. 그럴 때면, 그가 약물을 사용하고 있을지도 모른다는 생각을 했었어요. 그 시간 동안 그의 감정은 행복에서 슬픔, 짜증, 그리고 분노로 오가곤 했었죠. 나는 물려받은 비싼 은그릇 세트의 일부가 없어진 것을 알았을 때, 덕의 방에서 약을 사용하고 있다는 증거를 찾기로 했어요. 그의 속옷에서 하얀 가루가 든 작은 비닐 봉지, 면도날 세 개, 작은 빨대, 그리고 손거울이 담긴 담배 상자를 발견했어요. 아들이 코카인을 사용한다는 것을 알게 된 거죠. (15세 코카인 사용자의 엄마)

습관적인 죄의 행동에 빠진 누군가를 돕기 전, 당신은 우선 이것을 알아야 한다. 가족과 친구들은 술, 약물, 음식 그리고 섹스에 중독 된 것을 빨리 알아차리기가 어려울 수 있다. 모두가 약물과 술의 남용, 폭식증과 거식증, 그리고 위험스러운 집착들의 신호를 무시한다. 당신도 역시 그럴 것이다. 사실상, 은밀한 중독은 당신 앞에서 종종 벌어지며, 중독자들은 이를 부인할 것이다. 이것은 죄의 본성이며, 죄는 가능한 한 시야 밖에 머물고자 한다.

그렇다면 우리는 무엇을 해야 하는가? 사랑은 언제나 믿는 것이므로(고전 13:7), 속고 있는지 알면서도 그들이 말하는 모든 것을 믿어야만 하는가? 아니면, 모든 사람들을 끊임없이 의심해야 하는가? 여느 때처럼, 성경은 이치에 맞는 제3의 방법을 알려 준다. 성경은 우리가 모든 것을 알 수 없다는 것을 상기시킨다. 자신감은 거짓말과 중독을 밝혀내는 능력에서 오지 않는다. 오히려 우리의 자신감은 하나님께서 우리를 사랑하고 우리 죄를 드러내어, 다른 사람들이 우리가 빠져 있는 위험을 보고 안전함으로 옮기도록 돕는다는 사실에서 온다. 또한 사람은 거짓말을 할 수 있다는 것과 거짓말한 적이 있는 사람을 어느 정도 의심하는 것이 현명하고 사랑하는 것임을 우리에게 알려 준다.

우리는 무엇을 경계해야 하는가? 우상숭배는 속에 담고 있기가 어렵기 때문에, 결국 그에 따른 결과는 다른 부분에서 드러나게 될 것이다. 당신이 주목할 만한 몇 가지 변화들이 있다. 일부는 술이나 약물에 해당되고 다른 것은 성, 음식, 그리고 우리를 사로잡는 다양한 활동이나 대상들과 관련되어 있다. 나는 이런 변화들에 대해서 아주 간단히 다루고자 한다. 이 같은 내용들은 중독을 다룬 거의 모든 책에서 접할 수 있기 때문이다. 질병 모델을 다루는 일반 서적에서 각각의 질병에 대한 일반적인 증상과 행동의 설명(description)에 관한 도움을 얻을 수 있을 것이다.

일 일하는 습관이 바뀌었는가? 직장에 지각하는가? 점심시간에 늘어지는 경향이 있는가? 가정에 생활비를 덜 갖다 주는가? 그들이 학교에 다닌다면, 출석률이 저조한가? 성적이 눈에 띄게 떨어졌는가? 집중력이 약한가? 당신은 "날 좀 내버려둬" 또는 "나는 일, 이 동네, 모든 일이 지겹다"라는 말을 들을 것이다. 직장과 학교 문제는 물질 남용자의 가장 큰 징후다. 물질 남용자가 문제 없이 직장이나 학교를 떠나는 경우는 거의 없다. 문제가 중독과 관련이 없을지라도, 이런 변화들에는 보다 적극적인 개입이 필요하다.

당신은 직장이나 학교에서의 변화들이 쉽게 발견될 것이라고 생각할 수 있다. 그러나 저조한 성적에는 항상 변명이 따르고(선생님이 나를 미워한다 등), 동료들은 동료의 중독 문제를 빠르게 은폐한다. 만약 학교에서 문제가 있다면, 교사와 함께 이를 확인하라. 만일 직장과 관련된 문제가 있다면 상사나 동료에게 물어 보라. 그러면 당신이 다른 사람에게 말한다는 것을 당사자에게 알려야만 할까? 당신이 잘 모르겠다면, 그렇게 하라. 당신은 개방성과 정직함이 중시되는 과정을 만들어야 한다. 만약 이런 솔직함이 더 불필요하게 많은 갈등을 야기할 것 같다면 조언을 얻으라.

관계 동료 집단이 바뀌었는가? 더 비밀스러워졌는가? 더 많은 시간을 자신의 방에서 혼자 보내는가? 만약 미성년자라면, 담배를 피우고 술을 마시는 집단과 시간을 보내고 있는가?

영적인 삶 영적인 삶에 어떤 분명한 변화가 있었는가? 진리에 더 무감각해진 것 같은가? 거짓말하는 것이 드러났는가? 약속을 저버렸는가? 규율과 관련하여 최근에 어떤 문제를 일으켰는가?
여기에서의 모순은 많은 사랑하는 사람들이 이와 같은 정보에 매우 밝지 않다는 것이다. 법을 어겨 체포되는 일처럼 분명한 문제들이 있는 반면, 우리는 마음의 상태에 대해서는 덜 인식할 수 있다. 많은 사람들이 공동체 기준에 준하는 외부 행위가 하나님과의 관계와 비례한다고 생각한다. 부모나 친구들은 상대방의 영적 삶을 이해하기 위한 시간을 거의 갖지 않는다. 당신은 그 사람의 마음에 무엇이 있는지 알기 위해 시간을 할애하는가? 무엇이 그를 움직이는가? 그녀는 무엇을 사랑하는가?

육체의 건강, 감정의 변화, 인식의 변화 살이 빠졌는가? 감기나 코에 잦은 문제가 있는가? 가끔 평소와 달리 많이 피곤해 하는가? 평소와는 달리 가끔 불안해 하는가? 또래집단이 평소와 달리 많거나 적어졌는가? 눈꺼풀이 유난히 처져 보이는가? 방과 후나 친구를 만난 후에 눈이 충혈되었는가? 술 냄새가 나는가?

때때로 그들의 생각이 이상하거나 비논리적인가? 평소와는 다른 분위기가 오가는가? 그들 인격에 뚜렷한 변화가 있는가? 우울해 보이는가? 자살에 대해 이야기한 적이 있는가?

이런 질문들에 "그렇다"라는 대답을 했다고 해서 그것이 당사자가 약물이나 술에 연관되었다는 증거는 아니다. 이것은 신호라기보다는 단서이다. 하지만 이는 건강검진을 요구한다.

미성년자의 허가받은 약물 사용 4장에서 살펴본 바와 같이, 불법 약물 사용의 가장 믿을 만한 지표 중 하나는 미성년자의 흡연이나 음주이다. 확실히 문제는 그 자체에 있고, 틀림없이 불법 물질의 남용보다 더 심각할 것이다. 니코틴은 어떤 약물보다도 가장 중독적이며, 술은 이 나라의 가장 큰 사망 원인 중 하나이다. 또한 담배와 술은 불법 약물을 사용하기 위한 통로이기도 하다. 미성년자가 음주나 흡연을 한 증거가 있다면, 불법 약물을 사용할 가능성 또한 있을 수 있다. 그러므로 어떤 청소년이 음주나 흡연을 한다면, 당신은 그들이 불법 약물에 더 가까이 접근할 가능성이 있음을 알려 주어야 한다. 그리고 불법 약물을 사용하는 청소년이 있다면, 당신이 이와 관련된 진실을 말할 수 있는 기회를 주고자 하는 것을 그들로 하여금 알도록 해야 한다.

음주가 허용되는 연령에 이른 사람들의 폭음은 어떠한가? 만약 본인의 종교적 믿음이 절제 있는 음주를 허용한다면, 질문은 조금 달라진다. 공공연히 술에 취하는가? 음주 운전은? 기억하지 못하는가? 아침에 늘 술을 마시는가? 술을 마시면 사람이 달라지는가? 술이 어떤 문제를 일으키는가? 다른 사람들이 술 마신 것을 덮어 주려고 한 적이 있는가? 절제 있는 음주에 있어 제일 지혜로운 규범은 24시간 내에 두 잔 이상 마시지 않고, 음주는 한 주에 5일을 넘지 않는 것이다.

약물이나 약물 장비 불법 약물을 하는 가족이 있었는가? 만약 그렇다면, 그는 십중팔구 이 약은 어떤 이름을 모르는 사람의 것인데, '허브'(herbs)라고 했다고 말할 것이다. 그러나 실제로 당신 가족이 약물을 사용하고 있다. 말아 피우는 담배용 종이를 발견한 적이 있는가? 알루미늄 호일이나 비닐 봉지 안에 들어 있는 정체 모를 물질은 무엇인가? 파이프나 빨대(코카인을 들여 마시기 위한) 같은 물건 그리고 작은 숟가락과 주사기는 어떤가? 당신은 집에서 점점 커지는 화학 실험실을 발견했는가? 이것들은 약물 준비나 주입을 위해 사용되는 장비의 일부이다.

만약 약물 장비에 대해 전혀 알지 못한다면, 삽화가 담긴 약물 관련 책을 보거나 지역 경찰에게 문의하거나 혹은 경험 있는 부모들을 저녁에 초대할 수 있다.[18]

---

18 만약에 마약이나 알코올 중독이 의심스럽다면, 금지된 약물에 의해 변화된 눈의 상태를 눈여겨보는 비기제적인(nontechnical) 방법들을 생각해 볼 수 있다. 일반적으로 동공이 확장 혹은 수축되었는지를 살펴볼 필요가 있고, 눈동자가 붉거나, 젖었는지 또는 희미한지, 눈꺼풀이 부은 상태인지를 확인할 필요가 있다. 또한 알코올 중독과 관련해서는 침을 검사하는 QED Saliva Alcohol Test라는 기제를 집에서 사용할 수 있다.

소변검사는 약물 사용을 검사하는 가장 믿을 만한 방법이다. 만약 어떤 사람이 약물 남용과 거짓말의 경험이 있다면, 소변검사가 좋을 것이다. 대부분의 단체는 일정 요금을 내면 관련 검사를 실시하는 실험실이 있고, 지역사회 정신건강센터는 자가 테스트 장비를 구할 수 있는 곳을 알려줄 수 있을 것이다. 약물은 소변에 최소 24시간에서 최대 48시간까지 머문다.

약물 사용 사실이 드러나기 전에 고백한다면? 다른 사람에게 들키기 전에 약물 사용(혹은 술 남용, 성적인 죄, 폭식)을 고백하는 경우는 극히 드물다. 그러한 고백이 더 심각한 문제를 숨기기 위한 것이 아니라면, 당신은 성령님의 일하심을 찬양할 것이다. 여전히 끝내야 할 일은 있지만, 진실을 말하고 열린 자세로 사는 것은 중독자 안에서 일하시는 하나님의 자유와 은혜의 증거이다. 일반적으로, 그가 무엇을 하든지 간에 진리를 말하는 것은 가치 있는 일이다.

직면을 위한 준비

만일 중독의 증거가 있지만 그것을 인정하지 않는다면, 이제 중독 당사자와 대화를 나눌 시간이다. 이 시점에서 우리는 가장 분명한 성경적 원리 중 하나를 대하게 된다. 즉 직면에 앞서 친구, 부모 그리고 상담자는 반드시 자신들의 마음을 살펴야 한다는 것이다. 직면을 할 때 그들은 자유의 길을 가리키며, 중독자의 입장에서 그를 대해야 한다. 이것이 약물 남용자의 근본은 우리와 같음을 기억해야 하는 중요한 이유이다. 우리 모두가 취하는 물질에 중독 되어

있지는 않지만, 자신만의 개인 우상들을 가지고 있다. 이러한 준비
는 "부드러운 혀"(잠 25:15)와 동정심으로 이끈다. 이는 상대방을 대
적하는 전쟁에서 논의와 직면을 지속하도록 하며, "구주 하나님의
교훈을 빛나게"(딛 2:10) 만든다. 만약 전쟁이 있다면, 그것은 그 사
람과 당신이 아닌 그 사람과 하나님 사이에 있기를 원해야 한다.

> 경건한 체하는 단체는 어느 누구도 죄인이 되는 것을 허락하지
> 않는다. 따라서 모든 사람들은 자신의 죄를 자기 자신과 공동체로
> 부터 숨긴다. 우리는 뻔뻔스럽게도 죄인이 아닌 척한다. 많은 그
> 리스도인들은 실제로 의인들 사이에서 죄인이 발견될 때 상상할
> 수 없는 공포를 느낀다. 따라서 우리는 자신의 죄를 지니고 홀로
> 남겨진 채 거짓말과 위선 속에 살아간다. 그러나 진실은 우리 모
> 두 죄인이라는 것이다![19]

대부분의 경우, 어떻게 직면해야 하는지에 관한 조언을 듣고 준
비해야 한다. 성경적 지혜와 직면의 경험이 있는 사람들과 이야기
를 나누라. 대부분의 상황에서 당신이 직면해야 할 사람의 이름을
밝히지 않고 조언을 구하는 것이 가장 좋을 것이다.

기도, 개인의 회개 그리고 조언을 구하는 것과 함께, 개인적인
준비에 있어 또 하나의 예비 단계가 있다. 속임은 약물 남용과 함
께 가기 때문에, 가능한 한 손쉽게 진실을 말할 수 있는 상황을 만
들어야 한다. 당연한 소리로 들리겠지만 많은 사람들, 특히 부모들
은 언제나 진실을 알기 원치 않으며 그들의 자녀들도 그것을 안다.

---

19 D. Bonhoeffer, *Life Together* (San Francisco: Harper & Row, 1954), 112.

그들이 생각하기에 진실은 완전한 가족의 신화를 깨뜨릴 수 있다. 그리고 교회나 공동체 안에서 그들의 명성을 더럽힐 수 있다. 또 다른 부모들은 진실을 알기 원하지만, 그것에 분노로 반응할 것이며 그들의 자녀 역시 그 사실을 잘 알고 있다.

당신은 진실에 어떻게 반응할 것인가? 상황이 상당히 심각하다면? 당신은 다가갈 수 있겠는가? 사람들은 당신이 잘 처리할 것이라고 믿고 진실을 편하게 말하는가?

> 부모님은 내가 술을 마셨다고 말했을 때 경청해 주었다. 그리고 그런 사실을 이해해 주었다. 그러나 내가 다른 약물에 대해 호기심이 생긴다고 말하려고 할 때, 부모님은 과잉반응을 보여서 그것에 대해 말하는 것이 죄송스러웠다. 나는 이 문제를 두 번 다시는 꺼내지 않았다. (11학년 남학생)

만약 당신이 진정으로 정직함의 기반을 만들기 원한다면, 자신의 죄를 먼저 인식하고, 가까운 사람들의 죄에 과잉반응하지 않아야 한다. 과잉반응을 보이지 않기 위해서, 당신은 반드시 문제가 본질적으로 하나님 앞에 있음을 확신해야 한다. 시편 기자가 말했듯이, 그의 죄가 나라 전체에 무서운 결과를 가져온다 해도, "내가 주께만 범죄하여 주의 목전에 악을 행하였다"(시 51:4)라고 고백할 수 있어야 한다. 위반한 것은 우리의 법이 아니라 하나님의 법이다. 더군다나 만일 누군가가 중독을 고집한다면, 그는 하나님의 심판 아래 있는 것이고 하나님과 소원해지고 멀어지는 위험에 처해 있는 것이다. 그러므로 중독자가 당신에게 거짓말을 하고 중독을 행하기 위해 무엇이든 훔친다 할지라도, 분노보다는 눈물로 반응해야 한다.

직면

과거에 보편적으로 받아들여졌던 교훈이 있다. 그것은 바로 중독자를 돕기에 앞서, 그가 바닥을 칠 때까지 기다려야 한다는 것이다. 그러나 이것은 수정이 필요한 방법이다. 상담자와 친구들은 많은 중독자들에게 '바닥'은 없다는 것을 알게 되었다. 열악한 환경만으로는 물질 사용을 멈추게 할 수 없다. 따라서 친구들은 더욱 적극적으로 개입해야 한다. 하나님은 "너는 사망으로 끌려가는 자를 건져주며 살육을 당하게 된 자를 구원하지 아니하려고 하지 말라"(잠 24:11)고 말씀하신다. 당신이 구원의 임무를 행할 때, 도울 수 있는 모든 것을 하고자 노력해야 한다.

중독 된 사람들을 직면하기 위한 기본적인 방법은 잘 알려져 있다. 마태복음 18장 15-17절에 말씀하고 계시며, 일반적으로 교회권징(church discipline)으로 불린다. 당신은 혼자 중독자에게 간다. 그러나 만약 그가 듣지 않는다면, 당신은 한두 명을 더 데리고 간다. 그래도 여전히 반응이 없다면, 교회가 관여해야 하고, 교회는 중독자가 끝내 세상에 드러날 때까지 이를 수행해야 한다. 이것이 엄격하게 들리는가? 그렇지 않다. 이는 겸손과 사랑으로 수행되며 언제나 구원과 회복을 목적으로 하기 때문이다.

교회로서 구별되는 특징 중의 하나인 권징은 오늘날 인기 있는 주제가 아니다. 대부분의 현대 교회들은 권징을 간과한다. 이런 측면에서, 일반 학문이 직면 접근을 수용해 왔다는 것이 흥미롭다. 전문적으로 이를 개입(intervention)이라고 부르며,[20] 이는 본질적으로 우

---

20 V. Johnson, *I'll Quit Tomorrow* (San Francisco: Harper & Row, 1980); *Intervention* (Minneapolis: The Johnson Institute, 1986).

리는 더 이상 사람들이 자기 자신과 타인을 파괴하도록 보고만 있지 않겠다는 말이다. 그들은 자신의 문제에 대한 사실을 들어야 한다. 그들은 현실을 인식하지 못하기 때문에, 다른 사람이 그들에게 그것을 보여 줄 필요가 있다. 그런 의미에서 물질 남용자를 깊이 사랑하는 사람들에 의해 개입이 이루어지는 것이 가장 바람직하다. 신기하게도, 이러한 개입은 약물 치료에 있어 가장 중요한 진보의 하나로 열렬한 지지를 받고 있지만 본래 원형은 권징이며, 개입은 그것을 모방한 것이다.

자녀들과의 직면

일대일 직면은 다음과 같이 시작될 수 있다.

> 아들아, 요즘 들어 네가 많이 걱정된단다. 나는 너와 얘기하고 싶지만, 솔직히 네가 화를 낼까봐 두려웠단다. 이건 내 문제라는 것을 알고 있어. 그러나 만약 지금도 내가 침묵한다면, 너에게 잘못하는 것이라는 것을 알았어. 너는 코카인을 하지 않는다고 말하지만, 나는 지난 주에 너의 방에서 파이프를 발견했단다. 은접시도 찬장에서 없어졌지. 그리고 가끔 네가 갑자기 화를 냈다가도 바로 침착해지는 것을 보고 너답지 않다고 생각했단다.

이런 경우, 자녀가 약물을 사용하고 있다는 것을 실제로 보지 않았지만, 목격자는 약물 장비를 보았다고 말하고 분노의 발작에 대해 언급한다. 이것들은 반드시 말해야 하는 것들이다. 하지만 대부분의 사람들은 화를 내거나 책임을 부정하는 것으로 맞선다.

엄마/아빠, 지금 무슨 말씀을 하고 계시는 거예요? 어떻게 저를 모함할 수 있죠? 제가 어떻게 그런 일을 할 거라고 생각하세요? 이 물건은 누가 몇 달 전에 저에게 준 거예요. 별일 아니라구요.

만약 이렇게 반응한다면 어떻게 하겠는가? 당신은 이 사람이 거짓말을 하고 있다고 말할 것인가? 만약 좋은 증거를 가지고 있다면 그렇게 하라. 그러나 여기서 매우 신중해야 한다. 당신에게 중요한 순간이다. 서로의 관계에 집중하라. 당신은 그를 사랑하기 때문에 이 문제를 드러낸 것이다. 당신은 자신이 아닌 그의 유익을 위해서 이 사람과 직면하고 있다. 이 사람이 비난하거나 방어하지 못하게 하라. 이러한 과정에서 당신 자신이 불안이나 두려움에 빠지지 않게 하라. 자녀의 방어나 규칙 위반에 놀아나지 말라. 모욕이나 무례를 개인적으로 받아들여 기분 나빠하지 말라. 이 사람은 위험에 빠진 것과 거의 같음을 명심하라. 당신이 그의 말과 행동으로 상처받은 사실이 지금 이 순간에 가장 중요한 문제가 아닐 수 있다. 당신이 당한 무례가 무엇이든지 궁극적으로는 하나님을 향한 불경이다. 당신은 철저한 독립을 원하는 한 사람을 목격하고 있으며, 그리스도에 근거한 믿음과 의존이 아닌 다른 어떠한 삶도 실패할 운명임을 안다.

만약 당신이 무엇을 말해야 할지 모른다면, 아무 말도 하지 말라. 그저 서로 간의 교제를 통해 생각하고, 당신이 죄 지었던 방식들을 기억하며, 이 사람을 어떻게 사랑할지 기도하며, 조언을 구하라. 처음부터 모든 것을 말할 필요는 없다. 만약 당신이 교제를 지속하기 위한 영적인 준비가 되었다고 느끼면 명확한 것, 특히 그와의 관계에 초점을 맞추라.

네가 은그릇을 손대지 않았다고 말했기 때문에 나는 오늘 경찰서에 가서 분실 신고를 할 거야. 어쨌든 나에겐 은그릇은 중요하지 않아. 그런데 네가 지금 하는 말들이 너무 공격적이고, 방어적이며, 무례하다는 것을 알고 있니? 나는 너를 깊이 사랑하지만, 이런 문제들을 꺼내는 것이 두려웠어. 왜냐하면 이런 대화는 화를 내며 끝날 것이라고 생각했거든. 나는 우리의 관계가 더 이상 나빠지는 것을 원치 않아.

네가 약물을 사용하는지 안하는지, 나는 확실히 모르지만, 네가 비밀스러운 것을 하고 있다는 생각이 든다. 내가 지금 이것에 대해 할 수 있는 단 하나의 일은 너와의 관계가 어색해질 때 너에게 계속해서 말을 걸려고 노력하는 거란다. 그 후에 내가 어떻게 해야 할지 생각할 수 있도록 도움을 얻어야만 할 것 같아.

만약 당신의 대화가 여기까지 왔다면, 직면하는 사람이나 직면을 받는 사람 모두 복이 있는 것이다. 혹시 당신이 이와 같이 직면을 당했다면, 누군가가 진심으로 당신을 사랑하고 있다는 증거이다. 만약 당신이 이와 같이 누군가를 직면했다면, 다른 사람을 돕기 위해 기꺼이 당신의 관계가 위험에 처하도록 한 것이다. 당신은 지혜와 사랑으로 은혜를 입었다. 그러나 당신도 알고 있듯이 이것은 단지 시작에 불과하다. 당신 앞에 있는 이런 상황과 시간 속에서 당신 자신의 죄를 고백하고, 울고, 하나님께 더 많은 지혜와 사랑을 구하기 위해 부르짖어야 한다. 그와 동시에 당신에게 지혜를 나누고 기도해 줄 수 있는 몇몇의 사람들과 지속적으로 교제해야 한다.

그러나 많은 질문들이 떠오를 것이다. 만약 당신이 분실물을 경찰서에 신고할 때, 경찰이 내부 소행임을 확신한다면? 아니면 경찰이 식구 중 특정 한 인물을 지목한다면 당신은 식구를 고발할 것인가? 아마 선택의 여지가 없기 때문에, 고발하는 것이 당신의 가장 좋은 선택일 수도 있다. 다른 선택으로는 이 사건을 손해배상을 청구하거나 입원 프로그램에 보내기 위한 수단으로 사용하는 것이다.

당신은 약물 장비를 어떻게 할 것인가? 당신이 이것을 가지고 있을 것인가? 버릴 것인가? 신고할 것인가? 대부분의 사람들은 당신이 이것을 취하게 하지만, 당신은 최소한 사유재산을 침해한다는 비난을 받을 준비는 해야 한다. 당신은 그에게 당신이 회수한 것을 어떻게 할지 조언을 구할 것이라고 말하라.

우리 집에서 십대, 특히 속이고 불법적인 행동을 해 온 십대나 청년들의 사유재산이라고 할 수 있는 것이 있는가? 여기에는 다양한 선택권이 있다. 일부 부모는 십대에게 사생활을 존중해 주는 것을 선호하는데, 이는 부모가 자녀를 신뢰할 때 서로 간에 의사소통이 될 것이라고 믿기 때문이다. 그들은 이렇게 함으로써 더 나은 관계로 나아가기를 바란다. 만일 당신이 이 입장을 선택한다면, 이것은 성경말씀이 아닌 사생활의 권리에 대해 말하는 규례를 선택했다는 것을 알라. 하나님의 말씀이 분명 사유재산과 타인의 재산을 훔치고 훼손함을 벌하는 법을 가르치고 있지만, 이런 지침들은 부모와 자녀간의 관계에서는 정확하게 적용되지 않는다.

성경은 부모와 자녀와의 관계에 있어 사생활의 개념을 반대하는 경향이 있는 것 같다. 비록 자녀들이 나이가 들어감에 따라 자녀들만의 공간을 제공하는 것이 그들을 축복하는 방식일 수도 있고, 닫힌 문을 노크하는 것이 기본이 되어야 하겠지만, 어리석게 행동해 온 자녀들이라면 더 주의 깊은 관리를 받아야 한다는 것이 성경적 관점이다. 만약 그에 대해 십대 자녀가 더 화를 내고 자신의 자유가 침범되는 것으로 생각한다면, 이것은 부모의 지혜가 부족했다기 보다는 자녀 자신의 마음이 어떤 상태인지를 드러내는 것이다. 우리 삶은 공개적이다. 우리는 하나님의 목전에 살고 있다. 어떤 의미에서 우리의 영적 삶(순종으로 그리스도를 따르는 우리의 믿음과 의지)은 전체 교회의 과업이다.

다른 질문들이 여전히 남아 있다. 예를 들어, 당신의 요동치는 감정을 어떻게 할 것인가? 분노와 평온 사이를 오가는 불안정은? 지혜롭고 경험이 많은 자의 조언을 구하라. 만약 상대가 당신과 함께 살고 있지 않다면, 당신이 지금 하고 있는 것 이상으로 할 수 있는 것은 많지 않을 것이다. 당신은 그 사람에게 목사, 의사, AA나 다른 경험이 풍부한 친구들로부터 조언을 구할 것이라고 다시 한 번 말할 수 있다. 당신은 최소한 그 사람의 감정 변화가 당신에게 영향을 미치는 방식에 신경 쓰고자 할 것이다. 만약 당신이 분노로 반응한다면, 좀 더 주의하여 이들을 온유하게 대해야 할 것이다. 만일 당신이 두렵다면, 담대함으로 말하는 방식을 배우거나 누군가와 함께 가야 할 것이다. 만약 당신이 모든 것을 강하게 비난한다면, 언제 요점을 말하고 말하지 않아야 하는지를 배워야 할 것이다. 만일 당신이 침묵한다면, 하나님은 변화를 위한 하나님의 대리자로 말을 사용하기로 결정하셨음을 기억해야 할 것이다.

이와 같은 특정 순간이 발생하지 않을 수 있지만, 만약 이런 사람이 당신과 같은 집에 살고 있다면, 가정 수칙을 점검해 보아야 한다. 이 사람이 어떤 일을 할 때 집에서 쫓겨날까? 다시 한번 조언을 구하라. 통제가 안 되는 가족 구성원을 향한 당신의 수치심이 지혜 있고 사랑으로 행동하려는 당신의 욕구보다 앞서지 않도록 하라.

당신의 목적은 논란의 여지가 없고, 결과들이 예측 가능한 명확한 규칙을 만드는 것이다. 예를 들어, "네 형제들에게 잘해야 해"라고 말하는 것보다 "우리 집에서는 누구에게나 상처를 주는 말을 하면 안 돼. 만일 누군가 다른 사람에게 무례하게 말한다면, 그는 용서를 구하고 관계 개선을 위해 노력해야 할 거야. 그리고 우리는 이 문제를 논의하기 위해서 매주 함께 모일 거란다"라고 말하는 것이 좋다.

이러한 말에도 사실 여전히 모호한 부분들이 있고, 그 결과를 아직 명확하게 제시하고 있지 않다. 만약 당신이 가장 지혜로운 결과가 무엇인지 확신할 수 없다면, 그것을 생각할 시간을 가지라. 당신이 생각하는 것보다 더 많은 선택의 가능성이 있을 것이다. 예를 들어, 자동차보험료 지급을 중단할 수 있고, 중독자가 직업을 가질 수 있도록 돕거나, 현명한 상담자를 만나게 하거나, 그가 머무를 장소를 찾을 때까지 그의 물품들을 창고에 두도록 할 수 있다.

그러나 안타깝게도, 효과적인 결과를 찾기에 어려운 일부 상황들이 있다. 매정한 자녀는 그의 부모들의 노력에도 불구하고 자신이 원하는 것을 하려고 든다. 만일 자녀가 미성년자이고 법을 어겨 잡혀본 적이 없다면, 부모가 여전히 자녀에 대한 법적인 책임이 있으므로 그를 집 밖으로 쫓아내기는 힘들다. 일부 부모들은 십대 자녀가 성인이 될 때까지 법적인 보호 의무를 다하겠다는 데 동의를 한다. 그 결과 많은 부모들이 수년 동안 어려움을 견뎌야 된다.

더 심각한 결과들(예를 들어 자녀를 내쫓거나, 보호 의무를 양도하거나, 자녀를 경찰에 신고하는 등)은 특히 특정 규율을 심각하게 위반했을 때를 위해 마련되어야 한다. 여기에는 집에서 발견되거나 사용된 약물, 가정에 있는 다른 형제들에게 해로운 영향을 끼치는 행동, 신체 폭력이나 위협 그리고 도둑질 등이 포함될 수 있다. 이런 상황은 자녀

가 분명하게 자신은 가족의 구성원이 되는 것을 원치 않으며, 기본
적으로 가족이 제공하는 보호를 받지 않겠다는 표현이다.

물론 이런 결정들은 여러 조언자들의 조언을 통해 결정되고, 그
후 당신은 자녀에게 명확한 선을 제시하게 된다. 그렇지 않으면, 자
녀를 쫓아내는 고통이 이런 어려운 결정을 내리는 데 방해가 될 수
있다. 당신은 자녀를 너무 사랑하고, 그가 이미 겪고 있는 고통을
더 이상을 원치 않기 때문에 이런 결정을 내리기 힘들 것이다. 당
신의 결정이 너무 위험할 수 있고(예를 들어 그가 자살하려고 하거나, 다른
왕성한 약물 사용자와 함께 살 수 있음), 자녀에게 심각한 해를 입힌다면
자신을 용납할 수 없을 것이라는 사실에 두려워한다. 또한 당신은
'지난날 아이에게 다르게 반응했더라면 어땠을까?'라는 생각을 반
복하며 미리 죄책감을 가진다. 이러한 이유들 때문에 일관된 조언
이 중요한 것이다. 이런 결정을 내리는 것은 당신에게 가장 어려운
일일 것이다. 그러나 흥미롭게도 기본적인 예의범절을 지키지 않아
자녀들을 내쫓은 많은 부모들이 자신이 내린 결정의 선한 열매들
을 종종 목격하며, 왜 더 빨리 결단하지 않았는지 의아해한다.

당신은 권징을 이행하고 있다는 것을 명심하라. 그 목적은 사랑
과 회복이다. 그리고 그 방법은 그들에게 독립의 요구에 대한 당연
한 결과들을 경험하게 하는 것이다.

배우자와의 직면

중독에 빠진 사람이 배우자일 때, 중독이 가져오는 혼란은 괴로움
이상일 것이다. 만일 중독자가 자녀라면, 그 고통을 함께 나눌 수
있는 배우자나 옛 배우자가 있고, 좀 더 수월하게 자녀의 행동을

정확하게 보고 현명한 결정을 내릴 수 있다. 그러나 중독자가 배우자일 경우에는 당신은 아마도 고립감과 인생을 위협하는 큰 소용돌이에 갇혀 있는 기분이 들고, 마치 당신 스스로 문제를 가진 사람으로 느끼며, 선택에 있어 무기력해질 수 있다.

자녀일 경우, 그들의 행동을 개인적으로 받아들이지 않는 것이 수월하지만 배우자일 경우, 모든 것이 매우 개인적으로 그리고 개인적인 일로 느껴진다. 중독 된 배우자는 중독을 '위해' 그리고 배우자에 '반하여' 결정을 내린다. 그렇기 때문에 중독자의 배우자들은 지속적인 목회적 돌봄이 필요하다.

중독자의 배우자들을 위한 일상적인 질문이 하나 있다. 당신을 지배하려는 그 무엇에 의해서 어떻게 지배받지 않을 수 있는가? 하루 사이에 무슨 일이 일어날지 전혀 예측할 수 없는 것은 무엇인지 생각해 보라. 내일도 당신의 배우자가 오늘밤과 같은 모습일까? 화를 내고 분노할까? 뉘우치며 울까? 방어하며 비난할까? 그리고 당신과 지키지 않은 약속은 어떻게 할 것인가? 때로는 그는 말한 것을 지키겠지만, 지키지 않을 때도 있을 것이다. 만약 그가 자신의 말을 전혀 지키지 않는다면, 좀 더 수월할 것이다. 적어도 예측할 수 있고, 희망을 유지하고자 노력할 수 있기 때문이다. 그리스도인 배우자들에게 중요한 것은 더 큰 목적과 타당한 동기를 늘 기억하는 것이다.

보다 큰 목적이란, 당연히 하나님의 영광이다(고전 10:31). 우리가 다른 사람의 삶이 변화되는 것을 보고자 하는 이유는 이런 변화를 통해 하나님께 영광을 돌릴 수 있다고 믿기 때문이다.

삶은 하나님에 관한 것이다. 이는 그분을 경배하고 신뢰하며, 알고 사랑하는 것에 관한 것이다. 중독자들의 보다 심각한 문제는 진리인 하나님을 경배하지도 신뢰하지도 않는 것이다. 또한 하나님을 알거나 사랑하지도 않는다는 것이다. 대신, 그들은 하나님으로부터 도망쳐 숨어 있거나 그분을 대적한다. 만약 그들이 도덕률을 어긴다면, 그것은 우리의 법이 아닌 하나님의 법을 어긴 것이다. 이런 사실을 명심하고, 배우자와 가족들은 하나님과 중독자의 관계가 더 심각하고도 중요한 문제임을 알아야 한다.

실천적 단계에서 하나님께 영광을 돌리는 방법은 그리스도가 우리를 사랑했듯이 다른 사람을 사랑하는 것이다. 이것이 중독 상태의 배우자로부터 지배를 덜 받는 길이다. 이는 우리의 우상으로부터 그를 보호한다. 만일 당신이 하나님의 영광을 위하여 누군가를 사랑한다면, 그의 변덕스럽거나 거룩하지 못한 행동의 지배를 덜 받을 것이다. 여기에서 도전이 되는 것은 성경적 사랑에는 여러 가지가 있다는 것이다. 그것은 범죄를 덮어 주고 문제를 제기하지 않거나, 죄가 드러날 때 범죄자로 하여금 피하게 해주고, 부드럽게 영적 거울을 대주어서 당사자가 자기 분석을 하거나, 담대함으로 직면을 하게 하거나 또는 경찰을 스스로 부르는 기회를 갖도록 하는 것이다. 이것이 배우자와 가족들에게 도움이 필요한 이유이다. 우리는 항상 감시할 필요도 없고, 사랑을 표현할 지혜로운 방법을 생각할 필요도 없다. 사랑의 모습이 꼭 적극적으로 맞서는 형태를 취해야만 하는지에 대해 늘 고민할 필요도 없다. 중독자의 가족들은 성경 전체에 나타나는 사랑을 보여 주도록 부름을 받은 것이다.

그들의 가족이 예수님을 바라보도록 지지받고(히 12:2), 사랑에 헌신된 마음을 가지려 할 때, 도움이 될 만한 관례적인 지침들이 있다(특히 약물과 술에 있어).

- "지금 나의 삶에서 하나님의 부르심은 무엇입니까?"라는 질문을 자주하라. 하나님께서는 당신을 버리지 않았다. 오히려 그분은 죄를 짓고, 무시되거나 버려진 사람들에게 특별한 관심이 있다(렘 23:1-8 참고). 그분은 당신 삶에 어떤 목적을 가지고 있다. 당신은 하나님의 대사이다. 그러므로 알코올 중독자가 술을 얼마나 많이 마셨는지 확인하는 것이 아닌 하나님의 말씀에 집중하는 것이 당신의 임무이다. 가족 이외의 누군가가 책임을 갖도록 하는 것이 낫다. 당신은 숨겨진 술을 찾기 위해 무리하지 말라. 만약 당신이 중독자의 계획을 추적하고자 한다면, 당신은 늘 몇 걸음 뒤에 있을 것이다.
- 당신 배우자가 아닌, 당신 자신의 마음을 분석하는 데 주력하라. 이는 몇 가지 성과를 안겨 준다 1) 당신은 죄 사함이라는 큰 은혜를 입었다는 것을 기억하게 될 것이다. 2) 당신은 다른 사람들을 용서해야 하는 지점이 어디인지 알게 될 것이다. 3) 당신은 중독자 스스로가 위선적이지 않은 방식으로 그의 죄를 볼 수 있도록 도울 수 있을 것이다. 4) 만약 당신의 자기 탐구가 성경의 안내를 받는다면, 당신을 정확히 볼 수 있도록 도울 것이다. 당신은 미치거나 자기 회의로 가득 찬 느낌을 받지 않게 될 것이다.
- 잔소리와 직면 간의 차이를 분별하라(잔소리는 우리 자신과 욕구불만에 더 초점이 맞춰져 있다).
- 술에 취해 있을 때에는 논쟁하지 말라. 어리석은 사람이 바보짓을 할 때는 그를 피하라.
- 양심을 건드릴 방법을 찾으라. 이는 설교하지 말고, 중독자 앞에 진리의 거울을 잡고 있으라는 뜻이다. 예를 들어, 당신은

일부 그가 기억하지 못하는 죄의 결과를 그와 나눌 수 있다. 빌, 술이 당신 행동의 결과들을 보지 못하도록 하기 때문에, 내가 지난밤에 있었던 일을 말해 주려고 해요.

당신은 어제 아이들에게 했던 말을 지키지 못했어요. 당신은 깜빡 잊었다고 말했지만 아이들은 잊지 않고 있었어요.

■ 비밀을 지키라는 말에 현혹되지 말라. 비록 당신이 다른 사람에게 자신이 심각한 문제를 가지고 있는 사람과 함께 살고 있는 사실을 말하는 것이 힘들지라도 (이는 당신의 배우자가 간음자라고 밝혀지는 것같이 당혹스러울 수 있다), 당신은 다른 사람의 도움이 필요하다. 만일 가족 구성원이 돕기를 거절한다면, 적어도 당신은 다른 사람의 도움을 구할 수 있다. 일부 도움은 몇몇 사람들이 개입(intervention)이라고 부르는 권징(church discipline)의 진보된 형태를 포함할 수 있다.

개입

당신은 이미 죄악 된 행동을 보아왔고 개인적으로 중독자와 직면해왔다. 당신은 이미 이런 일을 여러 차례 했을 수도 있다.

마이크, 논의하기가 좀 힘들지만 당신과 얘기했으면 하는 일이 있어요. 우선 내가 당신을 걱정하기 때문에 이런 문제들을 꺼낸다는 것을 알아 주었으면 해요. 나는 당신을 친형제처럼 사랑하거든요.

당신과 함께 술 마실 기회가 몇 차례 있었는데, 그때마다 당신은 항상 술을 너무 많이 마셨어요. 당신은 자기조절 없이 술을 마시며 다른 사람에게 무례하게 처신했고, 여자들과 시시덕거렸지요. 당신은 심지어 집에 가는 것조차 기억하지 못했지요. 마이클, 내가 당신을 사랑하고 진심으로 염려하고 있기 때문에 이런 말을 하는 것임을 알아 줘요. 당신이 하는 행동은 잘못되었어요. 이 문제를 해결하는 데 지체해서는 안돼요.

내가 가장 염려하는 것은 하나님과 당신과의 관계에 문제가 있다는 거예요. 당신은 하나님을 알고 사랑하며 경배하기보다는 하나님으로부터 도망치려 하고 그분을 무시하고 있어요. 하지만 우리가 하나님을 멀리하게 되면, 우리 삶은 더 나빠질 수밖에 없어요.

만약 당사자가 이 말을 듣기를 거부한다면, 다음 단계는 한 두 사람을 더 데려오는 것이다. 그래도 그가 계속해서 도움을 거부한다면, '교회'의 범주로 넓히는데(마 18:17), 여기에는 목사와 같은 권위가 있는 사람이 포함된다.

성공적인 개입을 위한 몇 가지 실제적인 제안이 있다. 개입은 보통 중독행위나 그것이 주는 영향을 목격한 가까운 친구들이나 사랑하는 사람들의 소모임(5-8명)으로 한다. 사람들은 사랑으로 중독자와 직면할 것을 약속한다. 개입 팀은 목사, 배우자, 아들이나 딸, 고용인, 친척 혹은 동료들로 구성하는 것이 좋다. 그들은 죄의 패턴을 관찰해 왔고, 관계의 위험을 감수할 만큼 그 중독자를 사랑하는 사람들이다.

개입을 해 본 사람이 꼭 필요한 것은 아니지만, 그런 사람들은 조언자로서 유용한 역할을 한다. 그들은 당신이 듣고자 하는 말을 먼저 해 줄 것이다. 예를 들어, 폭음자는 상대방의 죄책감을 자극하고, 사랑하는 사람들이 주제를 꺼내지 못하게 하는 능력이 탁월하다. 그들과 함께한 경험이 있는 사람은 개입 팀이 옆으로 빗나가지 않고, 그들의 목적에 집중할 수 있도록 여러 조치 사항들을 제시할 수 있다.

다음 단계는 개입 팀이 함께 개입 계획을 세우는 것이다. 모임의 안건은 다음과 같다.

1. 누가 개입에 참여하기에 가장 적합한지 깊이 생각한다.

2. 물질 남용자와 당신과의 차이는 매우 적다는 것을 기억하며, 개인 회개와 기도의 시간을 가진다.

3. 각 사람은 자신이 목격한 중독의 명백한 증상들과 결과들을 솔직하게 설명한다. 그것은 매우 구체적이어야 하며, 날짜와 행동을 언급해야 한다. 그렇지 않으면, 중독자들은 자신이 물질을 오용하지 않았던 특정한 시간을 가지고 맞서려 한다. 각 참여자는 다른 사람들로부터 명료하고 간결한 관련 피드백을 받은 후, 실제 개입 시간에 이런 의견들을 쓸 수 있도록 적어 둔다.

엄마, 사랑해요. 저는 항상 엄마를 존경했고, 엄마의 도움 없이는 대학을 마치지 못했을 거예요. 저는 엄마의 음주에 대해 얼마나 걱정하는지 말하기 위해 여기 왔어요. 엄마는 항상 손자들과 함께 하는 시간이 충분치 않다고 말씀하시지만, 우리는 때로 엄마에게서 아이들을 멀리 떼어 놓을 수밖에 없었어요. 엄마가 7월에 우리 집에 머물 때였죠. 술에 취해 있었던 엄마는 손자들을 돌보지 않거나 아주 잠깐만 놀아 주었어요. 조니가 엄마에게 게임을 함께 하자고 했을 때, 엄마의 말투로 인해 조니가 울기까지 했죠. 엄마, 우리는 엄마에게 우리 아이들을 맡길 수 없어요. 만약 엄마가 술을 계속 마신다면, 우리는 엄마로부터 우리 아이들을 지킬 수밖에 없어요.

일부 개입은 특별히 사랑을 받거나 존경을 받는 사람이 참여할 때 더욱 성공적이다. 그 사람은 자기 편지를 제일 마지막에 읽는다.

4. 후속작업 선택 준비하기 직접적인 개입 전에, 만약 중독 당사자가 조언에 주의하고 잘 따르면 그를 지도하고, 그렇지 않으면 그 결과에 대해 선택할 수 있는 몇 가지 사항들을 준비해야 한다. 예를 들면 다음과 같은 것들이 있다.

- 모든 자금 끊기
- 만약 귀가 시간까지 집에 들어오지 않으면 문 잠그기
- 음란물을 접할 수 있는 모든 것에 안전 비밀번호 걸기
- 그에게 집을 떠날 것을 요청하기
- 자녀들이 자주 약에 취하거나 만취한 사람과 드라이브하는 것을 허락하지 않기
- 자녀들이 중독 된 사람들과 함께 있는 것을 허락하지 않기
- 집에서 약물이 발견되면 언제든지 경찰서에 신고하기
- 권징의 발전된 단계로 나아가기

만약 중독자가 도움의 필요성을 인식한다면, 후속작업의 선택은
그 사람이 경배하는 특정 우상에 따라 좌우된다. 약물과 술의 경우
라면 다음과 같은 것들이 있다.

- 상담
- AA나 지역 기독교 단체들과의 만남(Addictions Victorious는 많은 지
  역 모임이 있는 국가기관이다.)
- 병원의 해독 치료
- 장기 프로그램
- 교회 친구들과의 일상적인 만남
- 소변 샘플
- 그가 더 이상 중독과 관련된 친구들을 만나고 싶지 않다고 말
  할 때 지지해 주기
- 신뢰할 만한 친구에게 모든 돈을 넘기기

일부 후속작업의 선택은 연구가 필요하다. 예를 들어, 중독자가
신체적으로 물질에 의존되어 있을 가능성이 있다면, 당신은 금단
현상에 대한 지식을 갖춘 사람과 상의해야 한다.[21] 해독이 필요하지
않을 수도 있지만, 시험 삼아 해 볼 일도 아니다. 환자 해독 프로그
램은 도움이 될 것이며, 아마도 필요할 것이다. 약물과 떨어져 보호
받는 안전한 곳에서 해독하는 것은 또 하나의 선택이다.

만약 의사가 입원을 강력히 제안한다면, 당신은 또 다른 결정을

---

21 중독자가 물질 없이 며칠을 버틸 수 있고 심각한 신체적 증상이 없다면 입원치
    료는 필요하지 않다. 만약에 이전의 해독 과정에서 경기가 있었다면 의료적 감
    독이 필요하다.

5章. 사랑으로 진실 말하기

내려야만 한다. 그는 병원의 해독 병실(입원은 아마 1주가 넘지 않을 것이다)로 갈 것인가 아니면 약물재활 병원(좀 더 길게 머물 수 있을 것이다)으로 가야만 하는가? 약물재활 상담요법은 가장 긴 프로그램으로 운용되지만, 장기 프로그램이 필수적이거나 유용한 것은 아니다. 이 말로 인해 비난을 받을 수도 있겠지만, 실제로 장기 입원은 가치가 없을 수도 있다. 일반적으로, 입원 프로그램(in-patient program)은 금주를 하는 비율에 있어 거의 혹은 전혀 효과가 없다.

그럼에도 불구하고 장기 입원이 상황에 따라 유익을 줄 수 있다.

- 약물과 술 남용자는 눈을 피하는 방법의 달인이기 때문에, 장기 입원은 몇 주 동안 좋은 감시관을 가질 수 있다.
- 일부 약물이나 술 남용자는 그들이 선호하는 물질로 인해 야기되는 정신적 몽롱함을 벗어나는 데 시간이 걸린다고 생각한다. 프로그램이 길어질수록 정신적 몽롱함이 사라지고 정상적이라고 생각하는 데까지 더 많은 시간이 소요된다.
- 일부 중독자들은 나쁜 영향을 멀리할 시간을 갖거나, 집단 모임에서 직면을 경험하고, 프로그램을 통해 다른 중독자의 끔찍한 이야기를 듣는 것이 도움이 된다는 것을 알게 된다.

단점은 그리스도인과 비그리스도인을 포함해 재활 프로그램에 속한 대부분의 사람들이 AA의 프로그램을 엄격하게 따른다는 것이다.[22] 이런 경우 만약 당신이 그래도 입원 프로그램이 유용할 거라고 믿는다면, 해당 프로그램은 당연히 그리스도 중심이 아님은 미

---

22 기독교 관련 입원 치료 프로그램 정보는 인터넷을 통해 찾을 수 있다.

리 감안해야 한다. 그리고 금주는 성경적 세계관이 아닌 세뇌를 통해 이뤄질 수 있다는 것을 의미한다. 그리고 만약 중독자가 AA 가 그들 삶을 구했다고 한정한다면, 그들은 프로그램에 대한 어떤 비평도 거부하려고 할 것이다. 이것은 일반 프로그램을 이용하지 말라는 의미가 아니다. 주로 이용할 만한 것이 거의 없다는 것이다. 단지 강력한 영적인 일은 중독자가 프로그램을 벗어났을 때 일어난다는 것을 의미한다.

대부분의 입원 프로그램은 비슷한 철학을 가지고 있기 때문에 당신은 아마도 성경적 정통성보다는 실제적인 질문의 견지에서 프로그램들은 평가할 것이다.

- 프로그램 기간은?
- 총 비용은?
- 보험으로 어떤 혜택을 받을 수 있고, 어떤 조합이 좋을까?
- 대기자 명단은?
- 프로그램의 연령은? 등록하려는 사람과 조화를 이룰 수 있을까?

만약 병원 밖에서 해독 치료를 하려고 한다면 의학적 자문이 선행되어야 하고, 도움을 줄 수 있는 동료나 팀이 반드시 있어야만 한다. 금단 현상은 적어도 주말이 꼬박 걸릴 것이다. 일주일이 가장 좋다. 다른 조언이 없는 한, 약물 사용자는 모든 약물의 의존을 끊어야 하고 오한을 견뎌야 한다.

가정에서의 해독은 늘 성공적이지 않다. 중독 된 사람은 관리 감독을 거부하고 중독 물질로 다시 돌아갈 것이다. 만약 실패한다면,

당신은 그 경험을 통해 배우고 다시 시도해야 한다. 기억할 것은 어떤 경우에도, 해독은 첫 단계가 되어야 한다는 것이다. 술과 약물은 향정신성을 지니고 있기 때문에, 중독자가 약물로부터 자유하기 전까지는 당신은 다른 문제들을 연기해야 할 것이다.

5. 개입 구성하기 당신이 후속작업 선택을 결정하고 중독자가 개입을 원활히 하도록 도울 때, 그와 만날 시간과 장소를 정하라. 이상적인 장소는 물질 사용자가 어느 누구에게도 나가라고 요구할 수 없는 곳이어야 한다. 만일 당신이 그의 집이나 사무실에서 만난다면 그가 나가라고 말할 수 있다.

가족과 친구들은 중독자에게 개입에 대해 말해야 하는지를 결정하는 문제로 종종 고심한다. 단도직입적으로 할 것인가? 아니면 깜짝쇼와 같은 것으로 준비할 것인가? 솔직함이 비밀스럽고 기만적인 관계로 몰아넣지 않으려는 당신의 일관된 바람이겠지만, 대부분의 개입은 중독 된 사람이 미리 알지 못한 채 이루어진다. 만일 개입이 이루어지는 동안 분노보다 사랑이 분명히 표현된다면, 중독자들은 금주 이후에 일어난 일들에 일반적으로 감사해 한다.

만약 중독자가 도움을 거절한다면

만약 중독자들이 자신의 문제를 인정하기를 거절하거나 변화를 바라지 않는다면, 다음 단계는 결과를 강조하고 다시 직면할 준비를 하는 것이다. 개입 팀이 어떻게 좀 더 설득력이 있어야 했는가? 직면한 사람이 중독자들을 사안으로부터 빗나가게 했는가? 그렇다면, 사랑으로 그 사람을 계속해서 좇으라. 첫 개입이 결코 마지막 희망임을 의미하진 않는다.

만일 중독자가 여전히 자신의 죄를 해결하는 것을 원치 않는다면, '해결 방법'은 일정 부분 그들의 교회 관계에 의존한다. 만일 그들이 교회의 구성원이라면, 권징의 다음 단계들을 적용할 수 있다 (마 18장). 만일 교회 구성원이 아니라면, 권징의 공식적 다음 단계의 적용이 불가능하다. 그러나 가족과 친구들은 그를 포기해서는 안 된다. 지혜, 창의성, 기도 그리고 하나님의 사람들의 조언을 통해 다양한 방법들을 시도할 수 있다. 한 가지 선택권은 마지막 개입에서 배우고 다음 개입을 준비하는 것이다. 이것이 바로 구원 사역임을 명심하라. 첫 구원 시도가 도움이 되지 않았다면, 다시 시도하라.

그러나 다른 개입을 기다릴 수만은 없는 상황이 있을 수 있다. 예를 들어, 부모들이 취해 있거나 어린 자녀들을 방치한다면? 어떤 사람들은 지역 아동보호 서비스를 받지 못하는 아이들의 사례를 신고하도록 명령받았다. 그렇다면, 그들은 이를 신고해야만 한다. 신고자로서의 권한이 없는 사람들 또한 이런 행위를 보고해야 하며, 만약 해당자가 변화나 도움을 받지 않으려고 한다면 상황은 더욱 위험한 것이다.

만약 노예 상태로 있는 사람들이 육체적으로 학대하거나 해를 끼칠 가능성이 있다면 어떻게 해야 하는가? 교회는 반드시 해를 당할 법한 사람들을 물리적으로 돌봐야 한다. 대부분 법원 명령이나 임시 거주지로 보호될 것이다. 이런 결정은 극한의 상황을 위한 것이지만, 종종 이런 극단적인 상황들이 있다. 만일 폭력이 있다면 폭력을 당한 사람이 법적 보호를 받을 수 있도록 교회 구성원이 동행한다.

몇 년 동안 중독으로 인한 간헐적인 폭력과 빈번한 분노의 언어폭력이 있을 때 이혼이 허용되는가? 이혼의 보수적 관점은 간음과 버림을 이혼의 근거로 삼는다. 많은 사람들은 만성적 중독은 불륜과 같이 부부간의 신뢰를 깨뜨리고 갉아먹는다고 주장한다. 많은 중독자들 또한, 결코 "나는 이혼을 원해"라고 말하지는 않았지만, 분명 그들은 사랑과 신뢰가 없다는 이유로 결혼생활을 버렸다.

만일 중독자들이 가족 재정을 파괴하고 있다면 어떻게 해야 하는가? 만일 배우자가 일을 하고 있다면, 그녀는 자신의 모든 자산을 재정을 관리할 수 있는 신뢰할 만한 친구에게 맡길 수 있다. 이는 물론 불완전한 해결책이지만 신용 등급이 괜찮을 때는 돈을 찾아 쓸 길이 있기 때문이다. 당신은 가능한 한 모든 방법을 동원하여 돈을 지켜야 한다. 대부분의 나라에서, 배우자가 남편의 빚을 갚지 않을 유일한 방법은 합법적 별거나 이혼을 했을 때이다.

재정을 지키려는 결정이 아내가 남편에게 순종하지 않도록 부추기는 것일까? 먼저, 베드로전서 3장을 읽어야 한다. 순종은 고통의 시간에도 유지되어야 한다. 그러나 그 순종에는 경계가 있다. 우리는 죄에 순종할 필요가 없다. 우리의 행동이 다른 사람의 죄를 감싸 주게 된다면 순종할 필요가 없다. 그리고 자녀의 안전을 해치는 일에는 순종하지 않아도 된다. 일부 여성들에게는 이런 가르침이 이미 혼란스러워진 상황을 더욱 악화시킨다. 그러나 이미 초래된 나쁜 상황이 무엇이든 간에, 이는 기도와 다른 사람의 조언을 찾는 기회가 될 것이다.

만일 물리적 안전이 쟁점이 아니라면 심각한 결과들은 아직 나타나지 않는다는 것이고, 배우자와 가족들은 하나님이 그분의 백성들과 함께 아주 어려운 길을 걷도록 부르신다는 것을 기억해야 한다.

만일 당신이 이 길을 걷도록 부르심을 받았다면, 지치지 않도록 기도와 상담을 구하라. 매주 기도를 위해 헌신된 친구들과 목사를 만나라. 지혜와 분별된 사랑을 위해 기도하라(롬 12:9-21). 중독자에게 그리스도를 알려 줄 사람을 위해 기도하라.

중독자들의 무책임에 대해서 그리고 그들이 취해 있는 시간에 대해서 과잉반응하지 말라. 중독자는 실제 당면한 문제보다 당신의 주의를 끌기 위해 이를 이용할 것이다. 또한 극단적인 분노나 공포와 같은 과잉반응들은 대개 지혜를 거스르는 결과를 초래한다. 중독은 당신에게 대항하는 것보다 더욱 하나님을 거역하는 것임을 명심하라. 이것은 무엇을 해야 할지 모를 때가 있어 수동적이어야 한다는 뜻은 아니다. 사실상, 당신이 화를 내야 하는 시간도 있을 것이다. 하나님께 인내와 사랑으로 당신의 분노를 다스릴 수 있도록 간청하라.

사랑과 지혜가 당신의 안내자이며, 이것은 권능으로도 저주로도 인도하지 않는다. 반대로 이것은 은혜로 놀라움을 주며, 약물 사용자가 자신의 행동의 결과를 느끼게 해 준다. 잠언 19장 19절에서 "노하기를 맹렬히 하는 자는 벌을 받을 것이라 네가 그를 건져주면 다시 그런 일이 생기리라"라고 말씀하신다.[23]

---

23 이 시점에서 "엄한 사랑"(tough love)을 종종 추천한다. 이것은 중독자가 계속 중독 관계를 할 수 없도록 하는 것으로, 우리가 은혜, 자비, 그리고 분명한 성경적 인도를 무시하는 것을 의미하는 것은 아니다.

후속 작업: 전투에 참여하기

중독을 발견하고 해독 치료를 한 이후, 필요한 경우 후속 작업이
시작된다. 많은 가족, 친구 그리고 교회 사람들이 이 지점에서 실
수를 한다. 죄, 노예 상태 그리고 우상숭배는 하루아침에 사라지는
것이 아니다. 변화가 과정이라기보다 하나의 사건이라고 생각하는
것은 잘못된 믿음이다. 이는 마치 반드시 참가해야 하는 전투라기
보다는 불을 켜는 전원과 같다고 보는 것이다. 몇 가지 이유로, 우
리는 중독에서의 즉각적인 해방이 점진적인 과정보다 더 매력적이
라는 잘못된 생각을 한다. 이런 기대는 은연 중에 중독자들이 자신
의 어려움을 솔직하게 나누고 그 안에서 높게 칭찬할 점을 찾기보
다는, 꾸며졌을지언정 중독에서 극적으로 해방 된 이야기를 하도록
부추긴다.

  그리스도인의 삶은 계속되는 전투임을 명심해야 한다. 이는 정
욕을 극복하기 위한 매일의 과정이다. 우리는 반드시 "오직 오늘이
라 일컫는 동안에 매일 피차 권면하여 너희 중에 누구든지 죄의 유
혹으로 완고하게 되지 않도록"(히 3:13) 해야 한다. 부끄럽게도, 매일
권면하는 것의 필요성을 AA가 교회보다 더 잘 이해하고 있다.

  이 전쟁은 중독이 중독자 자신들의 고백에 의해서가 아닌 다른
사람들에 의해 발견되었을 때 강조되어야 한다. 중독이 밝혀질 때
발각되어 느끼는 중독자들의 통한을 회개로 오해하기 쉽다. 아직
전혀 회개가 없이 단지 자신의 결과들에 대해 비참해 할 수도 있
다. 이 경우 전투는 더욱 계속되어야만 한다.

실천신학

이번 장에서 중독자를 돕는 사람들이 직면하게 될 모든 가능한 결정을 다루지는 않았다. 중독은 혼란을 가져오고, 그 혼란을 예측할 수 없기 때문이다. 그러나 하나님의 섭리 안에서, 이 혼란은 우리가 전지하신 하나님과 그분이 교회에 주신 은사와 경험을 의지하기를 가르치는 데 사용된다.

당신 자신의 중독에 직면할 때

1. 당신을 바꾸는 데 쓰임 받은 사람들은 누구인가? 당신은 주제가 보이는가? 대부분, 그들은 분명 당신을 사랑했고, 비난하지 않았으며, 당신에게 어려운 것을 말할 수 있었고, 당신이 제정신이 아닐 때조차 당신과 함께 했다. 이런 사람들을 기억하며, 하나님께 감사하라. 하나님의 은혜 속에서 당신을 만나는 방식이다.
2. 당신은 다른 사람에게 비판받는다고 느끼는가? 당신을 돌보는 사람들로부터 멀어지기 위한 변명으로 이것을 사용하고 있는가? 고립과 독립을 향한 발걸음은 어둠으로 나아가게 한다. 거기에 가지 마라. 먼저, 그들이 말하는 것을 고려하라. 그들이 맞는가? 그 안에 진리의 요지가 있는가? 만약 있다면, 경청자가 되어라. 이것이 현명한 사람의 보증 마크 중의 하나이다. 훈계를 받는 것

은 비난받는 것과는 다르다.

3. 만일 당신의 중독이 밝혀졌고 당신의 삶이 비참해 보인다면, 주의하라. 당신은 중독을 은밀하게 즐겼을 때를 그리워하고 있는가? 죄 자체보다 결과에 의해 더 큰 어려움을 겪고 있는가? 만약 그렇다면, 당신은 여전히 중독에 사로잡혀 있다. 이 문제에 대해 누군가에게 솔직하고 정직하게 말하라. 만약 이것이 너무 큰 과정처럼 느껴진다면, 중독모임에 가서 이것을 나누라.

4. 명심하라. 이것은 하나님과의 관계와 관련된 것이다.

당신이 다른 사람을 도울 때

1. 누군가 술이나 약물, 성 문제를 가지고 있다는 의심이 들 때, 한 켠에 앉아 아무 말도 하지 않는 것이 분명 더 쉬울 것이다. 화내는 것 역시 더 쉬울 것이다. 우리는 그저 마음의 불안을 접고 지나칠 것이다. 그러나 사랑은 삶을 어지럽히지만 동시에 정결케 한다.

2. 만약 당신이 그 가족의 구성원이 아니라면, 가족들이 얼마나 어려운 시간을 지내 왔을지 이해하는 데 힘쓰라. 그들의 혼란을 이해하려고 노력하라. 그렇게 할 때, 당신은 더욱 기도하며 인내하고, 성경에서 지혜를 찾고자 애쓰며, 더욱 개방적이 되어 중독자를 회복시키기 위한 방법의 하나로서 더 심각한 결과까지도 고려하게 될 것이다.

3. 당신은 이제 성경적 원리가 적용되는 것을 보게 된다. 성령님께서 중독자에게 행하고 계신 일이 있음에도 불구하고, 당신은 당

신이 극적으로 변화되었다고 느낄 것이다. 당신은 자신의 삶에서 죄를 보게 될 것이다. 당신은 절망 속에서 이전과는 다른 방식으로 하나님께 부르짖을 것이다. 당신의 믿음을 강화하는 방식으로 사랑과 지혜에 대한 기도에 하나님께서 응답하시는 것을 볼 것이다. 어떤 지점에서, 당신은 중독자를 돕는 것이 당신에게 유익이 된다는 생각에 빠질 것이다! 중독에 대해 감사해야 할 이유는 없지만, 확실히 중독이 선을 향한 하나님의 계획을 방해할 수 없다는 것에 감사할 수 있다.

6장 . 존중, 경청 그리고 초대

사랑은 오래 참고, 사랑은 온유하며

(고린도전서 13:4)

우리가 알고 있는 한 중독자는 지금 경배의 대상으로부터 격리되어 있고, 기꺼이 도움을 받는다. 그는 직계 가족 이외의 사람들로부터 도움을 받아 왔다. 소액의 현금은 가지고 다니지만 신용카드는 없다. 그의 인터넷 사용은 친구들에 의해 감시당하고 있다. 자기 일 정표는 남에게 주어져 있고, 자신의 시간 계획이 위임되어 있다. 당신이 이미 알고 있듯이 중독자와 그의 우상 사이에는 확실한 경계가 없으며, 대부분의 중독자들은 당신을 빤히 보면서 쉽게 거짓말을 한다. 그럼에도 불구하고 당신에게는 이 사람이 중독에 적극 가담되어 있는 것은 아니라고 믿을 만한 이유가 있다고 말하자. 그렇다면 이제 무엇을 해야 하는가?

'AA'와 이와 유사한 다양한 분파들, 예를 들어 '익명의 약물중독자 모임'(narcotics anonymous)과 '익명의 과식자 모임'(overeaters anonymous) 등은 일반적으로 거의 모든 계획의 시발점이 된다. 많은 사람들이 도움을 얻고자 찾는 첫 번째 장소이다. 심지어 실제로 모임에 가지 않더라도, 그들은 여전히 AA의 지대한 영향을 받고 있다. 거의 모든 모임, 책, 상담자들이 AA의 가르침으로 물들 것이다. 저녁에 몇 시간동안 TV를 시청하다 보면 어딘가에서는 AA의 변형된 모델을 볼 수 있을 것이다. 이렇게 AA가 중독에 대한 우리의 사고를 지배하고 있기 때문에 그 모임의 영향을 받지 않고 중독과 싸우는 것은 그야말로 불가능하다. 그렇다면 다음과 같은 질문을 던질 수 있다. AA가 성경적인 훈련의 일부가 될 수 있는가?

AA에서 주장하듯이, 중독이 정말로 '영적인 질병'이라면, 그리스도인들이 그리스도 중심이 아니고 성경적인 바탕이 없는 단체를 통해 변화에 관한 조언을 받는 것은 이상한 일이 아닐 수 없다. 왜 그리스도인들은 영적인 문제를 다루기 위해 교회 밖으로 나가려고 하는가?

안타깝게도 이 질문에 대한 대답은 너무나 분명하다.

- 당신은 자기 자신에 대해 AA의 사람들에게 설명할 필요가 없다. 이들은 이미 당신이 무엇을 해 오고 있으며, 무엇을 하려는지 알고 있다.
- AA의 구성원들은 경솔하거나, 고지식하거나, 또는 비판적인 조언을 하지 않는 경향이 있다.
- AA는 많은 사람들이 이해하기 쉽다. 설교하는 형식으로 가르치지 않는다. 대신 재미있는 표어들과 명료한 단계들로 작업한다. 이는 신학이론은 아니지만 분명히 실제적이다.
- AA의 구성원들은 동정적(compassionate)이지만 강경하지는 않다. 그들은 당신에게 회피, 거짓말 그리고 몸에 밴 파괴적인 사고 행태에 대해 주의를 줄 것이다. 또한 당신이 쓰고 있는 가면의

일부를 꿰뚫어볼 것이다. 결과적으로 당신은 정직성과 진정성을 가지고 그들의 지적을 편안하게 받아들일 것이다.

■ 약물이나 술에 대해 목회자에게 말해 보라. 많은 목회자들이 어디에서부터 시작할지 모를 것이다. 주변사람들은 당신을 즉시 AA로 보낼 것이다.

AA는 상식적이고 동정적이지만, 그리스도인은 아니다. 교회는 신학적인 원동력과 사랑의 명령과 능력을 모두 지녔지만, 그 신학이나 실제가 언제나 중독에 적용되지는 않는다. 일부 사람들은 점점 늘어나고 있는 AA의 기독교 버전을 채택하고 있다. 그러나 이런 모임들은 AA와 공통점을 갖고 있으며 교회보다는 AA의 장점과 약점을 지닌 듯 보인다. 그러면 우리의 입장은 무엇인가? AA를 피해야 하는가 아니면 수용해야 하는가?

물론, 기독교적 접근은 어떤 것을 무작정 받아들이거나 반대하지 않는다. 대신, 지혜와 분별을 강조한다. 만일 누군가 AA나 관련 있는 기독교 유사 집단에서 도움을 얻고자 한다면, 이들은 성경적 관점에서 모든 것을 분별하고 검토해야 한다. AA가 수년에 걸쳐 점차 변화되었음을 깨닫는 것이 도움이 된다. 빌이 AA를 창시했을 때, 그는 문자적 의미보다는 상징적인 의미로 '질병'이라는 용어를 더 많이 사용했다. 이 점에서 그가 항상 일관된 것은 아니었지만, 성경에서 사용하는 것과 같은 방식 즉 우리의 영적 상태에 대한 비유와 같은 방법으로 '질병'이라는 단어를 사용하곤 했다. 그러나 현재 질병의 은유는 AA에서 더 빈번하게 문자 그대로 사용하고 있으며, '병'이라는 용어는 의무화 되었다. 그 결과 죄의 용서와 그리스도로 인해 우리에게 전가 된 의는 더 이상 변화의 과정에 있어 중심이 되지 못한다. '가장 중요한' 것인 복음(고전 15:3)이 부차적인 것이 되었다.

만일 그리스도인들이 AA 같은 프로그램을 통해 유익이나 도움을 얻고자 한다면, 조심하고 분별해야 하는 것은 무엇인가? 생각해 볼 질문들이 몇 가지 있다.

- 나의 근본적인 문제는 죄인가, 병인가? 나의 중독을 내가 가진 그 무엇으로 간주하는가 아니면 내가 행하고 있는 그 무엇으로 간주하고 있는가?
- "내가 정말 원하는 것이 무엇인가? 그리스도인가 아니면 다른 무엇인가(술, 음란물, 쇼핑 등)?"라는 질문으로 나의 삶을 요약한다면?
- 나는 자발성과 노예화 모두에 역점을 두는가?
- 나의 정체성이 그리스도의 보혈로써가 아니라 내 과거의 중독으로써 규정되는가?
- 교회는 중독에 대해 너무 고지식한 관점을 가지고 있기 때문에 내가 교회에서 비난을 받고 있다고 생각하는가?
- 나는 견문을 넓히려 교회에 오는가? 아니면 다른 사람들과 함께 하나님을 경배하기 위해 오는가? 다른 사람들이 나를 필요로 하는 바로 그때에 나 역시 그들의 사역이 필요한가?
- 나는 다양한 배경의 그리스도인들을 정기적으로 만나고 있는가? 아니면 그리스도를 모르지만 내가 술과 씨름하고 있다는 것을 아는 사람들과의 교제를 찾고 있는가?
- 나는 보다 큰 목표, 즉 하나님을 영화롭게 하는 것을 마음속에 품고 있는가?

만일 어떤 사람이 AA 모임에 가려고 한다면, 적어도 처음에는 안목이 있는 친구와 동행하는 것이 이상적이다. 이것은 모임에 대한 보고를 성경적 관점으로 듣고 점검할 기회를 제공할 것이다.

나아가 궁극적인 목적은 중독에 관한 성경적인 사고를 통해 교회의 성장을 이루는 것이다. 그리고 수십 년 안에 교회는 동정, 이해 그리고 그리스도 중심의 변화라는 명성을 얻게 된다. 이런 관점에서 교회는 중독으로 고통받는 많은 그리스도인들에게 그다지 매력적이지는 않다. 그러나 하나님은 성숙한 교회가 모든 나라(백성)들의 지지를 얻고, 모든 나라(백성)들이 교회로 흘러들 것임을 약속하셨다. 그리스도를 모르고, 중독으로 고통받는 많은 사람들의 마음을 끌어당기는 것이 바로 교회의 비전이다.

"환영하라"

유능한 교회는 중독자와 함께하려고 할 것이다. 교회는 어느 면에서 죄와 싸우는 다양한 단계의 죄인들을 위한 병원이다. 교회의 과제는 모든 단계의 죄인들을 돕는 것으로, 이것은 분명 만만한 일이 아니다! 하지만 우리는 자기기만을 몰아내고, 부정직함을 들추며, 불순종에 맞서고, 죄책감에 짓눌린 사람들을 용서하며, 절망한 사람들에게 희망을 주고, 쓰러진 사람들을 부축하여야 한다. 또한 교회는 예전에는 희망이나 도움을 얻기 위해 감히 교회를 찾을 수 없었던 (혹은 찾고자 하지 않았던) 사람을 초대하고 그들의 관심을 끌어야만 한다.

'우리가 대접받은 것처럼 다른 사람을 대접하라는 말씀'을 단순하게 적용하라. 예수께서 열심과 인내로 우리를 기꺼이 환영해 주셨듯이 우리도 그렇게 해야 한다.

> 수고하고 무거운 짐 진 자들아 다 내게로 오라 내가 너희를 쉬게 하리라(마 11:28).

> 네 거리 길에 가서 사람을 만나는 대로 혼인잔치에 청하여 오라 한대(마 22:9).

> 오라 너희 모든 목마른 자들아
>   물로 나아오라
> 돈 없는 자도 오라
>   너희는 와서 사먹되
> 돈 없이 값없이 와서
>   포도주와 젖을 사라(사 55:1).

그러나 교회는 지금까지 약물, 술 또는 중독이라고 간주되는 다른 물질과 싸우는 사람들을 환영하며 받아들이지 못하고, 그들에게 효과적인 말을 해 주는 데 어려움을 느껴 왔다. 우리의 설교는 좀처럼 죄와 함께 지속되는 전쟁의 역학적 관계를 설명하지 않는다. 우리의 경배는 언제나 '하나님은 여기 계신다'는 것을 전하지 못하고 있다. 교구 식구들 역시 자신의 문제를 나누거나 조언을 구하는 것을 꺼려한다. 우리는 우리 자신보다 심각한 죄를 가졌다고 생각되는 사람들을 비난하기 좋아하고, 다른 문화권의 사람들과 쉽게 교제하지 않으려고 한다. 약물 문화는 그야말로 다른 문화이다. 간단히 말해, 특정한 교회 문화에 적응된 성도들에게 우리 교회는 천국처럼 느껴질 것이다. 하지만 중독자들이나 과거에 중독 경험이 있는 사람들은 이런 장소를 본능적으로 피할 것이다.

친구, 조언자 그리고 그리스도인들은 처음부터 끝까지 우리의 친구인 중독자를 환대하고 초대해야만 한다. 그리스도께서 우리를 반기셨듯이, 우리도 그리스도를 대신하여 다른 사람들을 반겨야 한다. 우리는 어떤 중독자가 다른 중독자에게 하듯이 해방의 길을 제시하고, 하나님 나라의 위대함을 나누고, 우상숭배의 위험에 대해 경고하면서 성경적 도움을 제공해야 한다.

아마도, 당신은 술이나 다른 중독적인 물질에 지배를 받아 본 적이 없을 것이다. 하지만 그리스도가 아닌 우리 자신의 욕망에 의해 지배받는 것이 무엇인지는 잘 알고 있다. 사실상, 중독자를 환대하는 좋은 준비는 당신을 지배하고 있는 욕망을 정리하는 것이다. 무엇인가에 대한 애착이 예수님과 대적하고자 하는가? 어떤 욕망이 남모르게 우상으로 커지려고 하는가? 말다툼을 하거나 좌절감을 느낀 때를 생각해 보라. 당신이 준 가르침이 인정받지 못했을 때 몰려온 실망감은 어떤가? 배우자에게 사랑받고자 하는 욕망이 배우자를 사랑하려는 욕망보다 강해질 때는 어떠한가? 개인의 명성이나 안락을 위한 욕망이 점점 자라서 숭배의 대상이 된다면? 이러한 욕망들 중 일부, 예를 들어 배우자에게 사랑받으려는 욕망 등은 분명히 좋은 것이다. 하지만 모든 욕망들의 위험은 내가 원하는 것이 너무 많다는 것보다 이것을 얼마나 원하는가에 있다는 것이다.

우상숭배의 경향을 드러내는 또 다른 방식은 "만약 내가 ○○을 가졌다면, 나는 행복할 텐데"라는 문장을 완성하는 것이다. 지금이 바로 당신을 노예로 만들 수 있는 그 욕망을 언급할 수 있는 있는 좋은 기회이다.

당신과 중독자의 유사성을 강화하기 위해, 성경이 중독의 원형이 되는 술취함을 다른 죄보다 우위에 두지 않음을 명심하라. 오히려 술취함을 질투, 이기적인 욕망 그리고 시기(갈 5:16-21)와 같은 '일반적인' 죄와 동일하게 여긴다. 그리고 이런 일반적인 죄들은 우리 모두에게 익숙하다. 이러한 점을 염두에 두고, 이제 당신은 개인적인 모든 죄의 유형들을 혼자 정복한 전문가가 아닌 그들의 형제, 자매로서 중독자에게 다가가야 한다.

> 그리스도인 친구: 예수님은 그를 믿는 모든 사람을 사랑하신다는 사실을 당신은 믿지 않고 있는 것 같아요. 그래서 나는 당신을 예수님의 이름으로 환영하려고 해요.
>
> 트리시: (심한 코카인 중독에서 벗어난 지 이제 겨우 3주가 지났음) 생각해 보니, 내겐 약간 대단한 교도관이 말하는 것처럼 들리는데요.
>
> 그리스도인 친구: 솔직히 당신을 진심으로 반겨 주는 곳이 있었나요? 어디 그런 사람이 있나요?
>
> 트리시: 아마도 나의 약물 판매상이겠지요. 대개 그렇지요 뭐.
>
> 그리스도인 친구: 지금 당장은 그저 말뿐이라고 느껴질 거예요. 하지만 우리가 예수님을 찾는다면, 그분도 너무 기뻐서 우리를 보고 싶어 하실 거예요(습 3:17). 그것을 당신에게 전해 주고 싶어요.

모든 사람은 자신만의 방식으로 환영한다. 당신의 방식이 무엇이든, 그것은 하늘에 계신 우리 아버지, 즉 자신을 알리기 위해 우리를 찾고 부르시는 이로부터 동기부여가 되어야 한다.

그들의 이야기를 알아가라

AA 모임에서 사람들은 자신의 이야기를 한다. 마찬가지로, 교회에서도 간증을 한다. 어느 쪽이든 한때 죄에 사로잡혔던 사람들을 관찰하면서 그들을 알고자 한다.

누군가를 알고 이해하는 것은 신학 책의 일반 주제가 아니다. 그러나 환영과 초대는 성경에 나타난 명확한 주제이다. 우리가 다른 사람들을 알기 원하는 이유는 단순히 그들을 아는 것이 흥미롭기 때문이다. 아는 것은 다른 사람을 존중하는 것이며, 우정의 토대가 된다. 우리가 사람을, 특별히 제자가 되는 기회를 가진 사람들을 알고자 하는 또 하나의 이유는 말씀을 정확하게 사용하길 원하기 때문이다. 예를 들면, 아마도 우리는 초기에 중독자의 드러나는 분노를 다룰 것이다. 그러나 좀 더 듣다 보면, 그의 공포에 대해서 듣게 되고, 그 공포는 그의 삶으로 들어가는 좋은 진입구가 된다는 것을 알게 된다. 실제로 그 사람을 사로잡는 죄책감이 있을 때, 우리는 교만을 강조할 것이다. 또한 이성에 대해 강한 음욕을 품을 때, 우리는 술에 대한 욕망에 초점을 맞출 것이다.

성경은 많은 것을 말하고 있다. 문제는 "성령은 현재 이 사람에게 뭐라고 말씀하고 계신가?"이다. 우리는 성경말씀과 그 사람을 연결짓기 위해서, 이 둘의 이야기와 주제 모두를 알아야만 한다. 그러므로 개인 사역은 누군가를 개인적으로 아는 것에 기초한다. 우리는 당사자와 중독의 보다 넓은 상황에 관해 알기 원한다. 우리는 현재 싸움 뒤에 있는 힘을 이해하기 원한다.

그러나 중독에 대한 보다 상세한 이야기를 듣기 전에 우선 주의를 요하는 긴급한 문제들이 있는지에 관해 묻는 것이 현명할 것이다. 예를 들어, 짐의 부인이 오늘 그를 떠나려고 한다면 짐은 자신의 음주 이력에 대해 이야기하길 원치 않을 것이다.

> 그리스도인 친구: 술이 당신의 인생에 어떻게 들어왔는지 묻기 전에, 우선 나는 우리가 나눠야 할 어떤 시급한 문제가 있는지 알고 싶어요. 예를 들어, 당신이 저지른 일들로 인해 집안에 문제가 있다는 걸 알고 있어요. 우리 둘 다 당신과 아내와 자녀들 사이의 신뢰가 회복되는 데 시간이 걸릴 것을 알지요. 그러나 혹시 시급한 주의를 요하는 문제가 있는지 알고 싶어요. 혹시 우리가 당장 논의해야 하는 직장과 관련된 다급한 문제가 있나요?
>
> 짐: 집안의 여러 가지 일들로 불안정하고 긴장감이 좀 돌기는 하지만 메리는 나와 함께 잘 견뎌낼 거예요. 그녀는 지금까지 상당히 잘 해 내고 있어요.

만일 중독자가 결혼을 했다면, 배우자(그리고 배우자는 이후에 자녀들과 함께 만날 수 있다)를 만나야만 한다. 결혼생활의 문제는 보통 중독자가 변화의 길을 걷기 시작하면서 곧 악화된다. 친구들은 중독자가 주위에 도움을 구하며, 한때 소중히 여겼던 자신의 우상을 피하려는 것을 보고 기뻐한다. 반면, 그의 가족들은 관계를 점차 파괴시켜 갔던 모든 깨어진 약속들과 거짓말을 생각하기 시작한다. 한때, 가족들의 삶은 공포와 생존에 사로잡혀 있었다. 하지만 현재 그들은 자신에게 일어났던 일들을 되돌아볼 기회를 갖게 된다. 그들은 혼란을 기억하며, 다시는 그런 혼란을 겪고 싶어 하지 않는다. 그리고 중독자가 빨리 원래대로 변화되어야 한다고 생각한다. 중독자의 가족들은 충분히 오랫동안 자신의 몫을 다 했다고 느낄 것이다.

만일 당신이 청소년 약물 복용자를 도우려고 한다면, 그의 가족 또한 고려해야 한다. 십대들의 약물남용 문제는 그들의 부모가 "하나님, 우리를 도우소서"라고 고백할 수 있는 좋은 실마리를 제공해 준다. 부모들은 자녀들이 지은 죄에 대한 비난을 참기 어렵지만, 아마도 여전히 자녀들에게 헌신하고 있을 것이다. 어떻게 보면 중독 행위는 그리스도 진리 밖에 있는 가족의 문제들을 다루기 위한 십대들의 방법이 될 수 있다. 그것은 탈출구가 될 수도 있고, 다투는 부모님을 하나 되게 하는 시도일 수도 있다. 일단 부모의 의견이 일치할 수 있는 어떤 문제가 있다면, 예를 들어 자녀가 심각한 약물 문제를 가지고 있다면, 부모는 종종 이 문제의 해결을 위해 하나가 될 것이다. 이렇게 중요하고도 주의해야 하는 가족의 문제들이 있기 때문에, 약물 문제 그 자체를 최소화해서는 안 된다. 하지만 약물 문제가 단지 가족 혼란의 징후만을 의미하는 것은 아니다. 약물남용 그 자체가 주의를 요구하는 것이다. 따라서 친구, 목사 그리고 조언자들은 부모가 현명한 지도를 할 수 있도록 격려해야 한다. 부모는 반드시 자녀와 마주하여 경계를 세우며, 자녀들에게 과잉반응하지 않도록 해야 한다. 또한 이 과정에서 부모는 격려와 지도를 받아야 한다.

십대들과는 문서 계약이 도움이 될 수 있다. 왜냐하면 문서 계약은 기대와 결과들을 명료화할 수 있기 때문이다. 또한 이것은 부모가 화가 난 상태로 결정을 서둘러 내리지 않도록 돕는다. 만약 가능하다면, 부모와 자녀가 함께 계약서를 작성해야 한다. 자녀에게 당신은 부모로서 계약서를 작성하고 있음을 알게 하라. 자녀가 도움이 된다고 생각하는 것을 계약서에 보태도록 격려하는 것도 유익하다. 자녀가 이런 과정을 통제할 수 없더라도 그 계약은 자녀에게 도움이 된다. 자녀가 함께 참여하도록 허락하는 것은 자녀에 대한 존중을 나타낸다.

계약은 현실적으로 감시될 수 있는 영역에 집중해야 한다. 예를 들어, 당신이 자녀를 학교로 데려다 주지 않는 한, "학교 가는 길에 약물을 먹으면 안 된다!"라고 쓸 수는 없다. 대신 "집안으로 약물을 가지고 들어오면 안 된다! 우리는 너를 돕기 위한 방편으로 불시에 조사할 수도 있어! 만약 약물이 발견되면, 우리는 ○○할 거야"라고 쓸 수 있다. 당신도 감시할 수 없는 규칙을 만든다면, 당신은 더 많은 거짓말과 속임의 기회를 만들고 있는 것이다.

계약서를 작성하는 데 있어, 사회 규범을 주의하는 것도 현명할 것이다. (조언을 받기 위해 학교 지도 상담사나 지역 재활센터와의 접촉을 고려하라.) 이것은 단순히 세상이 하는 것은 무엇이든 다 한다는 의미가 아니다. 그러나 우리 사회의 많은 사람들이 오랫동안 중독에 대해 실제적으로 생각해 왔고, 그 중 일부 지침들은 너무 엄격하거나 관대해지는 것으로부터 우리를 지켜줄 수 있다. 계약이 완성되면, 서명을 하고 사용하라. 후속적인 조정이 필요할 수도 있으므로 재평가하는 시간을 계획해야 한다.

짐의 이야기로 돌아가자. 긴급한 상황이 아니라면, 당면한 문제들에 대해 나눌 것이다. 그런 다음에 그의 더 많은 이야기를 들으라.

짐, 보통 모든 중독에는 어떤 힘이 있지요. 당신의 삶에서 알코올 이용에 가속도가 붙은 것을 눈치챈 게 언젠가요? 단편적인 이야기 말고 좀 긴 이야기를 들려줄 수 있겠어요?

일찍이 살펴봤듯이, 짐의 음주는 대학 시절에 시작되었다. 그가 아르바이트로 얻은 직장에는 점심시간에 늘 몇 잔의 마티니를 즐기는 동료가 있었고, 짐도 함께 마셨다. 그러나 처음부터 술을 사랑한 것은 아니었다. 그가 대학으로 다시 돌아왔을 때, 일 년 동안 불과 한두 번 마셨을 뿐이다.

그의 음주는 군 복무를 하는 동안 심해졌지만, 제대 이후 돈을 쓰길 원치 않았기 때문에 거의 술을 마시지 않게 되었다. 이후 짐은 여행이 필요하고 경비는 다 대주는 직업에 발을 들여놓자마자 알코올이 가차없이 일을 만들고야 말았다. 그 이후 20년 동안, 심한 발작과 기절 후 반송장이 될 때까지, 해를 거듭하며 더 많은 술을 마셨던 것이다.

이와 같은 이야기를 경청하는 것은 한 사람을 알아가는 일에 있어 첫 걸음에 불과하다. 그 사람을 이해하기 위한 더 많은 단계들이 있다. 그러나 당신은 이미 짐이 자신의 이야기를 이해하고 설명할 수 있도록 도울 수 있다.

그리스도인 친구: 짐, 이것이 당신 음주에 관한 큰 그림인가요? 내가 원하는 만큼 확실하게 이해할 수는 없지만, 대강의 윤곽은 잡을 수 있을 것 같네요. 당신 삶에는 수많은 강력한 영향력이 있어 왔어요. 당신의 가족들은 문제를 해결하기보다는 피하려고 했지요. 군대는 당신에게 술 마실 기회와 심지어 용기까지 북돋웠어요. 그리고 당신 삶에는 스스로를 실패자라고 느끼는 순간들도 있었어요. 하지만 나는 이런 이유들은 단지 술을 마시게 하는 핑계에 불과하다고 확신해요. 당신이 말하는 동안, 뭔가 떠오른 게 있어요. 많은 면에서 당신의 역정은 이스라엘의 역사를 따르고 있다는 거죠.

짐: 뭐라고요?

그리스도인 친구: 내 말이 맞는지 말해 봐요. 최대한 성경말씀과 연관하여 말하려고 해요. 성경말씀이 당신에게 일어난 일들을 묘사하고 설명해 줄 수 있어요.

성경은 묻고 있어요. 누가 왕이 될 것인가? 유일한 진리의 하나님 혹은 가치 없는 우상들? 흥미롭게도, 이스라엘 민족은 이 답변이 정직하지 않았지요. (우리 중 어느 누구도 이 문제에 정직하지 않듯이 말이죠.) 그들은 이방인들과 교제하면서 아주 조금씩 우상들을 향해 나아가기 시작했어요. 우상들이 나쁘지 않다는 것을 알기에 좀 더 가까이 가도 된다고 생각했지요. 이후 이들은 우상들이 아주 매력적인 약속들(특히 비와 다산)을 한 것을 알게 된 거예요. 아마 이들은 하나님과 우상을 모두 숭배하려고 했고, 그렇게 해서 이들이 원하는 것을 얻고자 했어요. 그러나 우상들이 주는 약속들은 거짓 약속이었어요. 점차 이방신들은 자신들에 대한 경배를 강요했고 경배를 받게 되었고 그리고 이스라엘의 자녀들은 어둠 속을 걷기 시작했어요.

이렇게 말해 볼게요. 이 성경 이야기에는 "당신은 누구를 경배할 것인가?"라는 제목이 붙어 있어요. 우리 삶의 이야기에도 같은 제목이 있지요. 그리고 결국 우리가 경배하는 우상들은 우리 자신의 욕망에 의해 만들어지는 거죠.

이것은 아주 초보적인 밑그림이지만, 사람들에게 성경적 전통과 주제에 비추어 우리 삶을 보도록 가르친다. 성경의 이야기는 사람들을 교회의 역사로 연결한다. 너무 자주, 중독자들은 성경에서 자신의 상황과 연관된 어떤 것도 찾지 못한다. 이들이 AA 교재("빅북":

The Big Book)의 거의 모든 장에 밑줄을 긋고 있는 동안, 성경은 침묵하는 듯하다. 이런 인식을 수정하기 위해서, 우리는 성경의 보다 큰 그림 안에 중독자의 개인사를 집어넣고자 한다. 우리는 모든 장에 있는 하나님의 말씀이 예수님과 우리들에 대해 거의 생생하고 의미 있는 방식으로 말해 주기를 원한다.

우리에게 다가오는 것

한 사람의 이야기가 진전됨에 따라, 성경말씀이 가져다주는 두 가지 관점이 있다. 먼저, 그 이야기가 우리에게 주는 영향과 상황 그리고 어떤 일들을 보여 줄 것이다. 여기에는 가족, 상사, 친구, 신체적인 능력이나 장애, 학문적 장점과 약점 그리고 다른 많은 것들이 포함된다. 이런 영향들이 직접 죄를 짓게 하지는 않지만, 시험으로 작용해 우리가 연약해지고 죄 짓게 할 수 있다. 이런 영향들은 아직 성경적 해답을 모르는 고통받는 사람에게 고통의 원인이 될 수 있다.

짐이 받은 영향들은 눈에 띄지 않았다. 부모는 그를 사랑했고, 집에서의 폭음도 없었다. 오히려 그는 우리가 삶을 살면서 보통 겪는 많은 어려움들을 피해 온 듯이 보였다. 다른 중독자들에게는 그와는 매우 다른 이야기들이 있다. 그들은 성장하면서 알코올 중독자들에게 피해를 당해 왔을지도 모른다. 신체적인 폭력이나 예측할 수 없는 처벌을 경험했을 수도 있다. 이들은 끝내 이혼으로 종지부를 찍게 된 부부싸움을 끝없이 목격했을 수도 있다.

고통스러운 경험을 당한 어떤 사람들은 "문제될 것 없어"라고 하거나 "그저 잠시라도 잊게 해 줘"라고 말하면서 술이나 약물을 사용한다. 이와 같은 경우, 우상은 여전히 중독의 궁극적인 원인이 되지만, 또한 성경은 다른 사람에 의해 피해를 입었거나 죄를 지어야 했던 사람들에 대해 크나큰 긍휼을 가지고 말씀한다.

우상숭배와 고통, 이 둘에게 동시에 말을 거는 것이 가능한가? "당신은 책임이 있다"고 말하는 동시에 "당신은 피해를 입었다"라고 말하는 것이 가능한가? 이런 확실한 모순이 유지되는 것은 아니지만, 이는 하나님의 주권과 인간의 책임에 대한 논의와 유사하다. 둘 다 필요한 것이다. 만약 둘 중에 하나라도 무시된다면, 균형 없는 교리는 결국 인간의 삶에 나쁜 열매를 맺게 할 것이다. 고통을 인정하지 않고 책임만을 강조하면 하나님을 가혹하고 금욕적인 분으로 나타내는 것이며, 이것은 성경에서 말하는 거룩하신 하나님과는 거리가 멀다. 의도적으로 우상숭배를 말하지 않고 희생만 강조한다면 그것은 그 사람이 다른 모든 문제들을 깊이 있게 다루지 못하도록 하는 것이다.

종종 죄를 짓고 있거나 죄를 지어야만 했던 사람들은 분노로 반응한다. 만일 그 분노가 정말로 부당함에 의해 야기된 것이라면, 친구들이나 상담자가 이 사실을 무시하는 것은 잘못된 것이다. 그들이 부당함을 이야기할 때, 경청의 시간을 가져라. 종종 이런 간단한 행동이 그들로 하여금 자신들이 직관적으로 아는 것, 즉 부당함이 이들의 터무니없는 분노를 변명해 주지 않는다는 것을 인정하도록 도울 것이다.

어떻게 해야 할지 잘 모르겠다면, 당신이 누구를 돕고자 할 때 그 사람의 고통에 대해 인정하는 것부터 시작하라. 에스겔 34장에서 지도자들에 의해 길을 잃은 우상숭배자들에게 말씀하는 것을 주목하라. 하나님께서는 희생당한 양의 편에서 범죄자들을 꾸짖으

신다. 이후 지명된 지도자들이 양떼들을 배신하였기 때문에, 하나
님께서 직접 그들의 목자가 되어 주실 것을 장황하게 말씀하신다.
에스겔의 문맥에서, 하나님께서는 단연코 사람들의 우상숭배를 간
과하지 않으신다. 분명한 것은 동정과 질책은 서로 배타적이지 않
다는 것이다.

우리 마음에서 나오는 것

우리의 역사를 보는 성경의 두 번째 관점은 우리 마음에 관한 시
야, 또는 우리 마음에서 나오는 것에 관한 것이다. 이 관점은 기독
교적 접근의 독특하고 뚜렷한 특징 중 하나이다. 존 칼빈(John Calvin)
의 표현으로 바꾸어 말하면, 마음은 우상을 생산하는 공장이다. 우
리의 마음 안에서는 언제나 적극적으로 어떤 것이나 사람을 숭배
하고, 신뢰하고, 갈망하며, 추구하고, 사랑하거나 섬기고 있다. 성경
은 마음에 대해 말할 때, 우리가 어떤 경우에도 하나님 목전에 살
고 있음을 가장 강조한다. 우리는 하나님을 믿는 방식 아니면 스스
로 섬기는 우상을 믿는 방식으로 그분에게 반응한다.

　이러한 마음의 영적인 헌신은 때때로 감춰져 있지만, 나무 열
매의 품질처럼 마음은 결국 말과 행동으로 그 자신을 드러낸다(눅
6:43-45). 하나님의 법을 위하는 것도 믿음이나 순종과 같은 우리 마
음의 표현이다. 우리의 감정 또한 주로 마음의 방향에 따라 움직인
다. 우리의 예배가 진실하다면, 우리는 비록 어려운 상황 속에서도
기쁨, 평안, 사랑 그리고 희망을 경험한다. 경배가 잘못되고 우리
가 욕구하는 것이 달성될 수 없고 무력해진다면, 우리는 슬프고, 쓰
라리고, 우울하고, 화나거나 두려울 수 있다. 우리의 감정은 언제나

어떤 것을 의미하기 때문에 '내 감정이 무엇을 말하는가?', '감정이 무엇을 가리키고 있는가?'라고 묻는 것은 현명한 일이다.

종교적 색채가 옅은 말로, 마음을 드러낼 수 있는 몇 가지 질문들을 제시하면 다음과 같다.

당신은 무엇을 진정으로 원하는가?

당신 삶의 목적은 무엇인가?

당신이 정말로 사랑하는 대상은? 또는 사람은 누구인가?

언제 가장 슬프고 우울한가?

언제 절망을 느끼는가?(그 사람은 자신이 원하는 것을 얻지 못하고 있다.)

당신은 무엇을 얻었을 때 가장 흥미로운가? 무엇이 당신에게 가장 큰 즐거움을 주는가?

당신의 꿈은 무엇인가?

당신은 어떻게 기억되기를 바라는가?
당신이 특히 피하고 싶은 것은 무엇인가?

중독자들이 중독 행위에 더 많은 시간을 투자할수록 음주나 약물의 우상숭배는 증가한다. 만약 짐에게 첫 술을 마실 때의 목적이

무엇이냐고 물었다면, 그는 약간 이상한 이 질문의 중요성을 알아
차렸을 것이다. "나와 함께 일한 사람이 나에게 권해서 한 잔을 마
셨을 뿐이에요. 그런데 왜 은밀한 목적을 찾고 있는 거죠?" 그러나
그의 이야기가 전개됨에 따라, 점차 그의 삶 속의 욕망이 술에 의
존되었음이 밝혀지게 된다.

음주는 부모나 그를 방해하는 사람들을 향한 분노와 반항심을
표현하는 방식이었다. 그는 사람들을 '응징하며 음주'를 했다. 음주
는 '나는 내가 원하는 것을 누릴 만한 자격이 있어'라고 말하는 것
이었다.

다시 말해, 짐의 음주는 전형적으로 공격적이고 화난 마음을 표
현하고 있었다. 그의 삶은 자신에게 반하여 일어난 잘못된 것들에
매달리고, 자기보다 못하다고 생각되는 사람들을 교만하게 정죄하
며, 사람들의 방해를 받지 않고 자기가 하고 싶은 대로 하려고 마
음먹는 등, 자기 자신의 분노에 대한 변명들로 어지러웠다. 그러므
로 음주는 그 자체로 문제인 동시에 마음속에 있는 또 다른 문제들
의 증상이다. 만약 첫 잔을 마시지 않는 것 같은 외적인 행동의 변
화가 유일한 목적이라면, 다른 음주의 원인들은 발견되지 않을 것
이다.

대부분의 물질남용 프로그램은 다음 사항에 동의한다. 음주는
그 자체가 문제인 동시에 다른 문제들의 증상이기도 하다. 그리스
도인 프로그램은 이런 문제를 본래 하나님을 적대시하는 것으로
정의하기 때문에 다른 프로그램과는 다르다. 성경말씀이 지적하듯
이, 우리 삶이 비록 다른 사람의 삶에 상처를 줄지라도, 죄를 짓는
다는 것은 본질적으로 하나님을 대적하여 짓는 것이다(시 51편).

'우리가 하나님을 알아감으로 우리의 의지를 그분 위에 두는 것'

은 아무리 해도 무익하고 피상적이다. 좀 더 성경적인 관점은 우리가 하나님에게서 등을 돌리고 있었다는 것이다. 우리는 자율성과 개인의 자유를 추구해 왔다. 우리는 "누구도 나에게 어떻게 살라고 내 인생에 대해 얘기를 할 수 없다"고 말해 왔다. 문제는 우리의 독립된 노정이 더 이상 효력이 없기에 도움이 필요한 게 아니다. 우리는 무기를 버리고, 전쟁을 선포했던 그분에게 용서를 구하며, 그분의 항복 조건을 받아들여야만 하는 반역자들이라는 것이다.

바로 여기서 그리스도 중심의 접근이 필요하다. 우리는 항복 조건으로 아무것도 지불하지 않는다. 우리는 하나님을 대적해서 생긴 피해에 대해 보상할 필요가 없다. 감옥에 갈 필요도 없고, 남은 삶을 위해 용서를 구할 필요도 없다. 우리가 반드시 해야 할 일은, 대가가 무엇이든 간에 진리이신 하나님께서 이미 그것을 지불하셨다는 것을 믿는 것이다. 그 결과 우리는 용서를 받았을 뿐만 아니라, 하나님께서 우리를 노예가 아닌 가족의 일원으로 받아들이신다는 것이다. 하나님은 우리가 그분 자신에게 속해 있다고 말씀하신다.

이것은 모든 음주의 이유들이 전적으로 하나님이나 다른 사람에 대하여 공격적임을 말하지 않는다. 일부 사람들은 음주를 통해 깨어진 관계의 고통을 줄이거나 고용주나 사랑하는 사람에게 거부당했을 때 받은 자존감의 손상을 만회하기를 원한다. 그러나 이런 사람들은 짐과 많은 공통점을 가지고 있다. 그들은 근본적으로 자기 자신의 고통, 위로, 중요성과 안전에 치중하는 생활 양식을 여전히 가지고 있다는 것이다. AA의 관찰에 따르면, 그들은 자기 자신의 독립성에 기본적으로 충실하다.

마음의 다양한 의도들(purposes)은 갑자기 나타나지 않는다. 마음의 일부 자율적인(autonomous) 의도들은 꽤 빠르게 드러날 수도 있지

만, 하나님을 향한 의도가 보다 더 명확히 드러나기까지는 시간이
필요하다. 특히 삶의 상당한 시간을 이런 문제들을 피하는 데 보냈
을 때 더욱 그러하다. 다시 말해, 중독자들도 사람이다. 다른 모든
사람들처럼 그들은 다른 사람의 의도는 볼 수 있지만, 자신의 것은
보지 못한다. 우리 모두는 지혜로운 사람의 통찰력과 성령의 깨달
음이 필요하다.

중독자들의 거듭남을 고려하라

중독자들의 이야기 중 어느 시점에서 '이 사람은 진심으로 회심을 하
였나?'라는 생각이 들 것이다. 죄의 심각성을 모르고, 성령의 열매
의 증거가 거의 혹은 전혀 없거나, 죄에 분명히 잡혀 있는 삶이라
면, 그 사람은 진심으로 예수님을 믿는다고 볼 수 없다. 이 말은 중
독자들이 반드시 자기 자신이 그리스도를 구세주로 받아들인 날짜
를 알고 있어야 한다는 의미가 아니다. 그들에게 있어 바로 지금이
그들의 마음이 무엇에 헌신하고 있는지를 정직하게 고려해 볼 시
간이라는 뜻이다.

언제 그리고 어떻게 그 사람의 거듭남에 대해 말할지를 아는 지
혜가 요구된다. 어떻게 해야 할지 잘 모르겠다면, 늦지 않게 그 문
제를 제기하라.

> 그리스도인 친구: 짐, 나에게 말해 봐요. 당신이 하는 얘기를 비추
> 어 볼 때, 당신 자신이 정말로 거듭났다고 생각하나요?
> 짐: 이 질문에 대해 충분히 생각해 보지 않았는데, 지금까지는 그

렇다고 생각했어요.

그리스도인 친구: 당신은 내가 왜 이런 질문을 던지는지 알고 있
나요?

짐과 같은 사람은 자신의 영혼을 어떻게 점검해야 할까? 현명한
청교도 설교자 리처드 백스터(Richard Baxter)는 개신교 신자들에게 이
렇게 조언했다. 말이 좀 고풍스럽지만, 이 문제는 오늘날 우리의 마
음과 철저히 연관되어 있다.

> 당신은 이 땅에서 하나님의 은혜 없이 죄 가운데 육신의 기쁨을
> 즐거워하기보다는, 당신의 삶에 하나님을 진심으로 받아들이고
> 그의 영광과 은혜와 사랑의 풍족함 속에서 그분과 함께 그리고
> 모든 죄로부터 완전하게 정결해진 영과 함께 살면서 하나님을 더
> 이상 거스르지 않고, 성도들과 함께 영원히 그를 찬양하기를 원
> 하는가? 당신은 복음이 말하듯이 예수 그리스도만이 당신의 유일
> 한 구세주이자 주님임을 인정하는가? 피를 흘려 주심으로 당신을
> 용서하시고, 성령으로 당신을 정화시키시며, 그분의 법으로 당신
> 을 다스리시는 예수 그리스도를 기꺼이 받아들이겠는가? 보통 때
> 에는 하나님의 법에 의해 지배받기를 바라지만, 특정 상황이 벌어
> 지면 돌이켜 아주 내키지 않아 한다면 그것은 진정한 자발성이나
> 복종이 아님을 주목하라. 당신은 그분의 법이 마음과 외부의 행동
> 모두에 미치며, 거룩하고 영적인 삶을 살도록 지시하며, 육신에게
> 는 상당히 불편하고 기쁘지 않은 일들을 명령한다는 것을 알아야
> 한다. 육신은 순종에 대해 투덜거리고 순종에 대항하며…[24]

누구도 이와 같은 질문에 반응 없이 가만히 있으면 안 된다. 이런 질문들은 우리의 헌신을 살피고, 보다 전심으로 그리스도를 찾게 한다. 또한 "나의 믿음을 그리스도에게 두지 않았거나 그분을 주인으로 따르려고 하지 않았다"라고 솔직하게 인정하는 데 사용되어야 한다. 누군가 믿음을 고백한다면, 세례를 받았는지 물어 보라. 만약 받지 않았다면, 지금이 그리스도의 계명을 따르고, 세례를 받고, 그리스도와 연합됨을 알리는 시간이다. 그러나 개인의 영적 상태나 신앙고백의 명확성과는 관계 없이, 하나님의 아름다움과 사랑, 그리고 거룩함에 대해 좀 더 듣고자 하는 필요를 느낄 것이다.

성경은 우리가 그리스도 안에서 새 생명을 얻을 때 경험하게 되는 근본적인 변화에 대해서 말씀하고 있다. 만약 어떤 분명한 변화가 없다면, 금주보다 더 시급한 문제가 있는 것이다. 성경은 분명하다. "음행하는 자나 우상을 숭배하는 자나 … 술 취하는 자나 모욕하는 자나 속여 빼앗는 자들은 하나님의 나라를 유업으로 받지 못하리라"(고전 6:9-10). 이러한 인간 마음에 대한 근본적인 관심을 회피하는 것은 분명히 사랑이 없는 것이다.

결단을 받으라

당신은 거듭남에 대해 말할 필요성을 느끼는가? 중독자의 이야기와 의도들이 점차 드러남에 따라, 중독과 그 뿌리에 대한 작업에

---

24 G. A. Hemmings, "The Puritan's Dealings with Troubled Souls," in *Puritan Papers, Volume 1, 1956-1959*, ed D. Martyn Loyd-Jones (Phillipsburg, N.J.: P&R Publishing, 2000), 33.

대해 구두 서약을 받는 것이 필요하다. C. S. 루이스(C. S. Lewis)의 구
절을 인용하면, 짐의 문제는 '하나님의 확성기'로서 기능하고, 하나
님은 짐에게 그분의 가르침을 주셨으며, 이제는 "아비의 훈계를 들
으며 명철을 얻기를 주의"(잠 4:1)할 시간이다. 성경은 위태로운 짐
의 인간관계뿐만 아니라 예전의 은밀한 삶에 대해서 엄중히 경고
한다. 지금 하나님은 그를 자녀와 같이 돌봄으로 큰 사랑을 보이시
고, 그의 마음속 움직임들이 그 자신과 다른 사람에 의해 드러나게
하신다. 이제 하나님의 은혜에 반응할 시간이다. 히브리서 저자가
말했듯이, 우리는 서로 격려해야 한다. "오늘이라 일컫는 동안에 매
일 피차 권면하여 너희 중에 누구든지 죄의 유혹으로 완고하게 되
지 않도록 하라"(히 3:13).

그러나 변화는 많은 사람들을 두렵게 한다. 비록 중독자들은 자
신의 중독적인 삶이 나쁜 결과들로 가득하다는 것을 알지만, 이런
삶은 그들에게 적어도 익숙한 것들이다. 또한 중독자들은 한 주를
지낼 수 있는 전략을 가지고 있다. 그들의 우상들은 그들이 우울하
거나 외로울 때, 다른 사람들과 떨어져 있기를 원할 때, 실패자처럼
느낄 때, 혹은 축하하기를 원할 때조차도 도왔다. 매우 소중한 무엇
인가를 포기하는 것은 쉽지 않다. 사실, 중독자는 중독 물질을 다시
는 사용하지 않을 거라고 생각할 때 두려움을 느낀다. 그리고 이것
이 불가능하다고 생각한다. 중독자 프로그램이 하루를 충실히 사는
데 초점을 두는 이유가 바로 이것이다.

문제의 본질과 성경에 나타나는 절박함(뿐만 아니라 희망)에 비추
어 보건데, 중독자가 결단의 시간을 가지고 매일 이런 결단을 새롭
게 하도록 요청하는 것을 고려해 보라. 이것은 그가 개인적인 제단
의 부르심이 있어야 한다는 말이 아니다. 일반적으로 중독자들은

너무나 자발적이어서 제단의 부르심에 적극적으로 반응한다. 이들
은 매일의 전투에서 힘겨운 싸움은 하지 않고 성취하려고만 한다.
당신이 해야 하는 것은 하나님의 비전을 말로 나타내는 것이다. 이
는 그분의 계획이며, 당신은 은혜 안에서 그분을 따르고자 한다.

중독자들은 성경보다도 세속적인 관점으로 학습되어 있기 때문
에, 가능하면 헌신의 근거로 특정한 성경말씀을 사용하라. 예를 들
어, 도움을 구하는 사람과 함께 통찰과 희망을 주는 구절을 찾는다.

그[그리스도]가 모든 사람을 대신하여 죽으심은 살아 있는 자들
로 하여금 다시는 그들 자신을 위하여 살지 않고 오직 그들을 대
신하여 죽었다가 다시 살아나신 이를 위하여 살게 하려 함이라(고
후 5:15).

너희가 어떻게 우상을 버리고 하나님께로 돌아와서 살아 계시고
참되신 하나님을 섬기는지와 또 죽은 자들 가운데서 다시 살리신
그의 아들이 하늘로부터 강림하실 것을 너희가 어떻게 기다리는
지를 말하니 이는 장래의 노하심에서 우리를 건지시는 예수시니
라(살전 1:9-10).

모든 사람에게 구원을 주시는 하나님의 은혜가 나타나 우리를 양
육하시되 경건하지 않은 것과 이 세상 정욕을 다 버리고 신중함
과 의로움과 경건함으로 이 세상에 살고 복스러운 소망과 우리
의 크신 하나님 구주 예수 그리스도의 영광이 나타나심을 기다리
게 하셨으니 그가 우리를 대신하여 자신을 주심은 모든 불법에서
우리를 속량하시고 우리를 깨끗하게 하사 선한 일을 열심히 하는

자기 백성이 되게 하려 하심이라(딛 2:11-14).

그의 신기한 능력으로 생명과 경건에 속한 모든 것을 우리에게
주셨으니 이는 자기의 영광과 덕으로써 우리를 부르신 이를 앎으
로 말미암음이라(벧후 1:3).

우리를 그리스도의 은혜 안에 거하도록 하는 구절들이 있다. 중
독자들에게 자주 큰 소리로 말하라. 그러나 이를 마치 충분히 이렇
게 말하기만 하면 변화될 것이라는 마술적인 주문처럼 말하지는
말라. 대신, 언제든지 중독자들이 진리를 말하되 반드시 믿음으로
해야 한다는 것을 깨닫게 하라. 그들은 반드시 진리에 "아멘"으로
대답하는 것을 배워야 한다.

보호의 성벽을 쌓으라

사람들에 대해 파악해야 할 또 다른 부분은 그들의 갈망의 대상에
맞서 세워야 할 성벽(walls)을 인식하는 것이다.

잠언 25장 28절은 이런 벽들의 필요성을 간결하게 설명하고 있
다. "자기의 마음을 제어하지 아니하는 자는 성읍이 무너지고 성벽
이 없는 것과 같으니라." 중독은 무방비 도시와 같다. 약탈자가 마
음대로 드나들고 거주민들은 무방비 상태로 대응하는 것과 같다.
점진적인 성벽을 쌓아 올려 지속적으로 방어하는 것이 과제이다.

중독자들에게 이런 보호벽을 세우도록 도와주면, 당신의 목표는
단순한 금주 이상이 될 것이다. 당신의 목표는 그들이 왕 중의 왕

을 경배하고 그분께 순종하며, 중독적인 욕망의 노예로부터 자유하
게 하는 것으로 변할 것이다. 그러나 우선 아주 작은 (때로는 기계적
인) 진보에 만족해야 할 것이다. 가장 중요한 단계는 중독자와 중독
물질 사이에 간격을 두는 것이다.

> 내 아들아, 너는 듣고 지혜를 얻어
>> 네 마음을 바른 길로 인도할지니라
> 술을 즐겨 하는 자들과
>> 고기를 탐하는 자들과도 더불어 사귀지 말라
> 술하고 음식을 탐하는 자는 가난하여 질 것이요
>> 잠자기를 즐겨 하는 자는 해어진 옷을 입을 것임이니라
> (잠 23:19-21).

중독자들의 집에 남용 물질이 있는가? '만일의 경우를 위해' 술
병을 숨겨 두고 있는가? 직장 가는 길에 성인용품 가게가 있는가?
약물을 남용하는 친구들과 연락하고 있는가? 외도의 관계에서는
열쇠나 편지, 또는 사진을 보관하고 있을지 모른다. 약물 남용자들
은 약물 장비(예: 파이프)를 보관할 것이다. 그들의 마음 저편에서는,
중독 물질 없는 삶을 상상할 수 없기 때문에 만일을 대비해 남용
물건들을 지니고 있는 것이다.

이 부분에서 당신은 그들 마음의 우상들과 중독 물질에 대해 거
룩한 전쟁을 선포하도록 도와야 한다.

> 네 하나님이 여호와께서 너를 인도하사 … 그들[이방의 우상숭배
> 자들]과 어떤 언약도 하지 말 것이요, 그들을 불쌍히 여기지도 말

것이며 … 그들의 제단을 헐며 주상을 깨뜨리며 아세라 목상을 찍으며 조각한 우상들을 불사를 것이니라(신 7:1-5).

어떠한 선물도 잠재된 덫이다.

짐의 경우, 어떤 경우에나 어디서든지 술을 마셔 왔다. 특히 그에게 강력한 덫은 출장이었다.

> 그리스도인 친구: 당신은 업무 출장 중에 술에 빠질 때가 많았다고 했죠? 아무도 당신이 음식이나 술을 사는지 몰랐겠지요. 얼마 후에 또 출장이 있나요?
> 짐: 3주 정도 후에요.
> 그리스도인 친구: 당신 생각에는 이번 출장이 위험할 것 같나요?
> 짐: 그럼, 두 말할 것도 없죠. 나는 벌써 출장이 두려워요.
> 그리스도인 친구: 짐, 그 속에서 성령을 보고 있나요? 당신은 자신의 연약함에 대해 너무나 잘 알고 있어요. 이건 어떤가요? 당신 자신을 위해 보호의 성벽을 만들어 보는 거예요.

소망을 주라

만약 사람들이 그리스도를 따르고자 한다면 큰 소망이 있다. 이것은 하나님의 용서의 은혜, 우리가 신실하지 않을 때조차도 신실하신 하나님의 사랑 그리고 능력을 주시는 하나님으로 인해 우리는 더 이상 중독에 지배받지 않는다는 소망이다. 중독에 대한 갈망을 억제하는 것이 최고의 관심사이기 때문에, 소망을 주는 가장 분명한 구절은 아마도 고린도전서 10장 13-14절일 것이다.

"사람이 감당할 시험 밖에는 너희가 당한 것이 없나니 오직 하나
님은 미쁘사 너희가 감당하지 못할 시험 당함을 허락하지 아니하
시고 시험 당할 즈음에 또한 피할 길을 내사 너희로 능히 감당하
게 하시느니라 그런즉 내 사랑하는 자들아 우상숭배하는 일을 피
하라."

이 구절은 우상을 숭배하려는 유혹에 직면할 때 변화를 약속하
는 전형적인 구절이기 때문에, 이 말씀을 읽고 논의하는 것은 가치
가 있을 것이다. 시험은 반드시 그리고 곧 찾아올 것이다. 그러나
이것은 모든 그리스도인들의 공통된 경험으로 심지어 고대 이스라
엘에서도 나타난다. 더구나 시험은 저항할 수 있다. 하나님께서는
우리가 유혹에서 도망칠 수 있도록 은혜를 약속한다.

이 구절의 내용은 히브리인들의 우상숭배의 성향에 대한 것이
다. 그들의 싸움은 인간의 마음으로 들어가는 창을 제공한다. 우리
자신이 마음에 하나님의 영광보다는 일시적인 쾌락과 안전을 찾으
려는 성향을 만들었다는 것을 가르쳐 준다. 궁극적으로 이런 이기
적인 쾌락의 추구는 하나님을 시험하고, 결국에는 우리를 타락으로
이끌 것이다.

재앙을 피하기 위하여, 하나님께서는 외부의 시험이 올 때 우리
에게 파멸을 피할 길을 주시겠다고 약속하신다. 다시 말해 우리가
억지로 죄를 짓도록 하게 하는 상황은 없다. 우리는 시험, 즉 우리
의 상상이나 육체적 욕망, 또는 마약을 손에 넣은 친구이든지 간에
그것으로부터 달아날 수 있는 힘을 약속받았다.

그러면 그 피할 길이란 무엇일까? 당신은 몇 가지 가능성들을 브레인스토밍해 볼 수 있다.

- 잘못된 경배는 끔찍한 결과를 초래한다는 것을 기억하라.
- 술을 마시거나 마약을 사용하는 옛 친구들을 피하라.
- 선한 친구에게 도움을 청하라.
- 시험을 피하라.

"그런즉 너희는 먹든지 마시든지 무엇을 하든지 다 하나님의 영광을 위하여 하라"(고전 10:31)는 말씀으로 마무리하게 된다.

실천신학

이번 장은 우리의 죄악 된 욕망에 대항해 거룩한 전쟁의 시작하는 데 주목하였다. 주의하라. 처음 몇 걸음이 진로를 좌우할 것이다. 정직하라. 표면 아래에는 격렬한 싸움이 있음을 생각하라.

당신 자신의 중독에 직면할 때

1. 제발 당신과 함께하는 사람들에게 정직하라. 당신은 자신을 더 잘 보이기 위해 자신의 이야기를 할 수 있지만 그것은 거짓말일 것이다. 이것은 사람들을 기쁘게 하는 것이 아니다. 이것은 삶과 죽음에 관한 것이다. 이것은 당신이 어둠에서 나와 빛으로 들어가는 것에 관한 것이다.

    아마 당신의 현재 믿음을 가장 잘 나타내는 것은 바로 누군가에게 당신이 죽어가고 있다고 말하는 것이다. 명성조차 신경을 쓰지 않는 이러한 솔직함은 분명 성령이 사역하심의 표시이다.

2. 당신이 비참하게 느껴지는가? 하나님과 당신을 사랑하는 사람 앞에서 그런 생각을 이미 떨쳐 버렸다. 그러나 주의하라. 지금은 하나님의 관심의 무가치함을 느낄 때가 아니다. 사실 우리 모두가 하나님의 관심을 무가치하게 여기고 있다. 하지만 사실상 우리는 우리 자신 때문이 아니라 그리스도의 사역으로 인해 하나님 앞에 서 있는 것이다. 당신의 믿음을 당신 자신이 아닌 예수

님께 둘 때, 당신에게는 그분의 의로움이 주어지고, 그분은 당신의 죄를 담당한다. 만약 하나님 앞에서 인정받을 무엇인가를 해야만 한다고 느낀다면, 당신은 복음을 이해하지 못한 것이다. 당신은 실제로 교만한 것이다. 당신은 하나님께 갚을 수 있는 무엇인가가 있다고 생각한다. 그러나 당신이 할 수 있는 일은 믿는 것이다. 하나님은 그분의 백성을 향해 끝없이 인내하신다. 그분은 우리를 다시 초대하시기를 원하신다. 그분의 사랑과 수용의 의미는 우리가 이해할 수 있는 것 그 이상이다.

3. 이번 장에서 인용된 성경말씀 중, 특히 당신에게 지금 적절한 것을 하나 고르라. 그것을 묵상하고 기도하라. 그리고 다른 사람에게 그 말씀을 가르치라.

당신이 다른 사람을 도울 때

1. 당신은 인내하고자 하는가? 당신과 동행하는 사람은 상담자를 원하지 않는다. 그는 자신과 함께 아파하고, 솔직하게 터놓고, 사랑하고, 듣고, 훈계하고, 함께하는 형제가 필요하다.

2. 만일 당신이 유일하게 그와 함께하는 사람이라면, 다른 사람을 포함시켜라. 당신이 모든 재능을 가지지 않았고, 언제나 사용할 수도 없기 때문이다. 중독자가 이 과정에 함께하기를 원하는 다른 사람은 없는가?

3. 적절한 말씀 몇 구절을 찾기 시작하라. 많은 말씀으로 사람에게 짐을 지우기보다는, 특정한 말씀을 묵상하는 것이 더 효과적이다. 당신은 총보다는 총알을 찾아야 한다.

7장. 하나님 알아가기

그의 신기한 능력으로 생명과 경건에 속한 모든 것을 우리에게 주셨으니
이는 자기의 영광과 덕으로써 우리를 부르신 이를 앎으로 말미암음이라

(베드로후서 1:3)

중독의 근본적 문제가 잘못된 경배라면 그 답은 주님, 즉 우리의
경배를 받으시기에 합당한 분이신 하나님을 알아가는 것이다. 이것
이 진정한 신학, 즉 하나님 자체에 대한 학문이다.

  AA의 역사를 보면 이것이 원래의 취지였음을 알게 된다. 알코
올 중독자들이 변화되려고 한다면 이제 술병이 아닌 다른 것을 경
배해야 한다. 예를 들어, 12단계 중 7단계는 "우리의 단점을 제거
해 주도록 겸손히 구하라"이다. 그러나 "빅북"이 발간되기 바로 직
전에 바뀐 이 단계의 본래 문장은 "무릎을 꿇어 우리의 단점을 제거
해 주시도록 겸손히 그분에게 간구하라"였다. 바꾸어 말하면, 우리
를 구원하신 하나님께서는 인격적인 분이시며, 그리스도인이 아닌
사람들과 불가지론자들을 수용할 수 있는 추상적 개념이 아니라는
인식이 있었던 것이다.

  하지만 AA는 성경의 인격적인 삼위일체 하나님께로 결코 전적
으로 나갈 수 없었다. 그들은 만취나 중독이 거룩하신 하나님께 반

하는 개인적인 죄임을 인정하지 않았기 때문에, 그분과의 관계를 변화의 중심에 둘 필요가 없었던 것이다. 결과적으로 AA는 하나님이 인격적인 하나님이어야 한다는 것을 암시하는 참고사항을 빼버리고 "우리가 이해한 대로의 하나님"을 끼워 넣었다. 이 가장 기본적인 문제에 대하여 AA를 비난하기 쉽지만, 우리의 예상대로 성경은 우리를 먼저 가리킨다. 우리 자신을 살펴보면, 교회가 거룩하신 분에 대해 가르칠 때 위험하게도 AA의 임기응변을 모방할 수 있음을 발견한다. 우리 역시 복음 메시지의 핵심에 맞추기보다 유용한 원리에 의지하면서, 실용적인 방법 매뉴얼("how to" manual)로 성경을 사용하는 위험에 처해 있다. 성경의 핵심은 참된 하나님 자신의 계시이며, 우리를 인도하여 그분께 복종하고 의지하게 하고 그분과의 교제 가운데 살도록 하는 것이다.

> 우리 주 예수 그리스도의 하나님 영광의 아버지께서 지혜와 계시의 영을 너희에게 주사 하나님을 알게 하시고(엡 1:17).

> 여호와여 주께서 지으신 모든 것들이 주께 감사하며 주의 성도들이 주를 송축하리이다 그들이 주의 나라의 영광을 말하며 주의 업적을 일러서 주의 업적과 주의 나라의 위엄 있는 영광을 인생들에게 알게 하리이다(시 145:10-12).

> 여호와를 경외하는 것이 지혜의 근본이요 거룩하신 자를 아는 것이 명철이니라(잠 9:10).

> 내가 그리스도와 그 부활의 권능과 그 고난에 참여함을 알고자

하여 그의 죽으심을 본받아(빌 3:10).

이것이 중독에 대한 성경적 접근이 다른 모든 회복 전략으로부터 철저히 벗어나야 하는 부분이다. 진정한 변화를 위한 성경적 접근법은 우리 자신보다 예수님에게 초점을 맞춘다. 예수님과 함께 변화를 시작하고 진행하고 마치라. 우리는 예수님을 바라보고 우리 자신으로부터 떠난다. 이것은 이상하게 들릴지도 모르지만, 당신은 중독을 끊기 위하여 참 하나님을 반드시 믿지 않아도 된다. 나는 당신이 회개와 믿음 안에서 그리스도를 믿지 않고도 중독을 물리친 사람들을 만났으리라 생각한다. 당신은 그리스도 중심이 아니면서도 아마도 알코올로부터 멀어지게 해 주는 전략을 발견했을 수도 있다. 그러나 하나님은 그보다 더 많은 것을 원하신다. 그분은 자기를 알고, 섬기고, 경외하며, 사랑하기를 원하신다. 아무튼 하나님은 우리의 욕구와는 비교할 수 없을 정도로 훨씬 더 위대하심이 틀림없다. 그렇기 때문에 우리는 그분만을 경외한다.

여기에 기본적인 중요한 요점이 있다. 당신 자신을 한 번 바라볼 때마다 참 하나님을 열 번 바라보라. 이러한 성경적인 리듬이 제2의 천성이 되어야 한다. 어떤 중독자에게는, 심지어 정통적인 믿음을 가진 사람들조차도 열 번 바라보는 그 일이 평생에 처음 시도해 보는 것일 수도 있다. 거듭남을 동반한다는 것은 죄로부터 돌아서서 그리스도에게로 향하는 길이다. 물론 이것이 처음이 아닌 사람들도 있을 것이다. 이제는 살아계신 하나님으로부터 떠나 있던 마음을 돌이켜서 그들의 시선과 생각을 다시 예수님에게 고정시켜야만 한다(히 3:1; 12:2).

경고: 예수님은 길들여져 왔다

미국에서 예수님은 유명한 존재이다. 여론조사에 따르면 우리 대부분이 예수님이 실제로 살아 계셨다는 것을 믿는다. 그러나 지명도 자체가 그분 앞에 무릎을 꿇는 것을 의미하는 것은 아니다. 편리하게도 "거룩하다"와 "하나님"(Lord)은 많은 토론에서 제외되고 있다. 우리는 예수님이 다른 어떤 것보다도 지옥에 대해서 많은 말씀을 하신 설교자였다는 사실을 회피하려고 한다. 대부분의 대화에서 예수님은 C. S. 루이스가 썼던 대로 '안전하지는 않지만 선한' 신성한 아슬란(Aslan: 루이스의 소설 『나니아 연대기』에 나오는 사자로 그리스도를 풍자함-편집자주)보다는 오히려 마술적인 호인에 더 가깝다. 이 토론에서 범할 수 있는 가장 큰 오류는 예수님 길들이기에 들어가는 것이다. "예수님은 영묘한 마사 스튜어트(Martha Stewart: 미국의 기업인, 가정살림의 최고 권위자로 통하는 인물-편집자주)처럼, 당신의 가정을 자신의 가정으로 만드시려는 것 같다."[25] 어떤 사람들은 예수님이 안전한 존재로서 환영받도록 하기 위해서 좋은 것은 예수님 덕으로 돌리고, 진노와 불쾌함은 하나님 아버지 탓으로 돌린다. 또는 예수님은 사랑하는 분이지만 하나님 아버지는 화를 내시는 분이시다. 삼위일체 하나님을 길들이든 또는 예수님만 길들이든 그 어느 쪽이든지 하나님의 자기계시에 대한 우리의 이해는 아무리 잘 해도 불완전한 것이므로, 모든 것의 주님 되시는 그분을 선포하기보다 그분의 통치권을 제한하는 것은 있을 수 있는 일이다.

무조건적인 사랑에 대한 토론을 생각해 보라. 우리를 향한 하나

---

25 Elizabeth Eisenstadt, "God, Wild and Tamed: Three Gifted Writers, a Trinity of Perspectives," *Philadelphia Inquirer*, April 4, 1999, H5.

님의 사랑은 무조건적이라고 가르치는 데 익숙하지만, "무조건적"
이라는 표현은 하나님의 성품을 평준화시키고 '길들이는' 것이다.
그 말은 당신이 무슨 말을 하든 간에 얼굴 표정이 거의 변치 않는
자비심 많고, 잘 웃는 치료사를 연상시킨다. 또는 다른 아이를 밀고
놀리는 자기 아들을 보고 아이스크림을 사러 가면서 "그렇게 하는
것은 잘 하는 일이 아니야"라고 말하는 어머니(그런 어머니를 실제 보
았다)를 상기시킨다. 엄한 말? 고통으로 하는 훈련? 절대 아니다. 그
런 것은 그의 자신감을 손상시킬 수 있다. 그의 ADD(Attention Deficit
Disorder: 주의력 결핍증) 또한 학교에서 그를 좋아하지 않았던 선생님,
이웃에 사는 연상의 소년에게 거절당한 경험, 이런 것 때문이 지
않은가?

　이 어머니는 자신의 실천적 신학이 삶으로 드러나고 있음을 거
의 인식하지 못하였다. 그녀의 예수님은 무조건적인 사랑을 하는
분이며, 그 사랑은 무조건적으로 동의(인정)해 주는 사랑이었다. 그
녀는 예수님에 대한 버전을 모방하려고 나름대로 노력을 하고 있
었다. 그녀의 실천신학에서는 예수님은 우리를 변화시키려고 하
지 않고 단지 다정하기 위해서만 애쓰고 있었다. 그러므로 그녀가
할 일은 자기 아들을 나무라는 것이 아니라 따뜻한 애정만 주는 것
이었다. 그러면 상대방 아이는 어떻게 되는 것인가? 그 아이에 대
한 그녀의 동정심의 결여는 그녀가 예수님을 자기 가정의 개인적
수호자요 애호자로 믿고 있다는 것을 암시한다. "예수님은 나와 내
아들을 사랑하고 있어요." 타인에게 일어나는 일은 그녀의 관심사
가 아니다.

　그러나 예수님은 화도 내시고, 완악한 마음에 슬퍼하실 수 있다
(막 3:5). 그분은 제자들을 심하게 질책하시기도 했다(막 8:33). 하나

님의 마음과 감정은 바로 그분의 마음이요 감정이다. 예수님을 지지하든 또는 반대하든 모든 사람에 대한 그분의 반응은 풍성하고 또 살아 있다. 그분의 사랑은 무조건적이란 단어에 갇혀 있을 수 없으며, 특별히 그 단어가 어떤 사람의 행동에 대해 무조건 동의한다는 뜻일 경우에는 더욱 그러하다. 우리의 행동에 대한 부인함이 없다면, 십자가도 없다.

그러므로 무조건적 사랑과 동의는 하나님의 사랑을 평준화하고, 길들이는 것 이상으로 문제가 된다. 이 표현은 하나님의 사랑을 잘못 묘사하고 있다. 하나님의 사랑은 무한한 조건을 가진 것이며 놀랄 정도의 큰 대가를 주고 산 것이다. 그분의 사랑을 위한 조건은 자신의 죽으심과 부활이다. 예수님이 감명 깊게 베드로를 용서하시고 무리를 돌보도록 권념하시는 이유는 베드로가 '세상의 창조에 앞서 그분(그리스도) 안에' 있었기 때문이다(엡 1:4). 믿음으로 베드로는 그리스도 안에 있었고, 그는 그 은혜를 받아들이는 방식으로 그분의 죽으심과 부활과 하나로 연합되었던 것이다. 예수님의 사랑은 갑자기 길들여지는 것이 아니다.

그렇다면 이것이 예수님의 사랑이 무조건적이 아님을 의미하는가? 예수님의 사랑이 무조건적이라고 말한다면, 우리는 그분의 사랑의 성격을 평준화하고 잘못 표현하는 것이다. 만약 우리가 그분의 사랑이 무조건적이 아니라고 말한다면 우리가 하나님께 두려움에 기초한 반응으로 방향을 바꾸는 듯이 보인다. 즉, 그분이 우리를 사랑하시기 이전의 조건들에 우리가 부합하여야 한다. 그러나 하나님의 사랑은 더욱 깊은 사랑이다. 그 사랑은 우리가 철저하게 그분의 은혜와 긍휼을 받을 수 없는 상황에서 더 크게 다가온다. 심지어 우리가 그분의 원수였을 때 우리에게 베풀어졌다. 그것은 '십자가 상에서 그리스도의 죽으심으로 인한 정교한 사랑'이라고 요약하여 정의할 수 있다.

아마도 우리는 그것을 '반조건적인 사랑' 사랑이라고 부를 수 있다. 하나님의 축복을 아는 데 보통 필요한(요구되는) 조건들에 정반대로, 하나님은 그 아들 예수님이 그 조건들을 충족하셨기 때문에 나를 축복해 주신 것이다. 내 빚에도 불구하고 나를 사랑하신다. 그리고 이제는 노력해서 사랑을 얻지 않고도 그분의 사랑으로 인해 나는 변화를 시작할 수 있다.[26]

우리를 향한 하나님의 사랑은 추상적이고도 모호한 '무조건적인 사랑'으로 간단하게 결론지을 수 없는 것이다. 오히려, 이것은 "우리가 하나님을 사랑한 그런 사랑이 아니라 그분이 우리를 사랑하셔서 우리의 죄를 속죄하는 희생으로 그 아들을 보내주신 것이다"(요일 4:10). 예수님의 사랑은 매우 구체적인 사랑이다. 그것은 항상 복음과 그분의 십자가와 부활에 연관되어 있다. 어떤 이가 우리를 향해 생긋 웃는다는 것을 아는 것과 그 웃음 뒤에 어쩌면 들어갔을 수도 있는 커다란 희생이 있었음을 아는 것은 또 다른 별개의 일이다. 한 쪽 미소는 당신을 잠시 따뜻하게 해주지만, 나머지 다른 쪽 미소는 당신을 감사와 경배로 인도한다.

---

26 더 심도 있는 논의에 대해서는 David Powlison, "Unconditional Love?" *The Journal of Biblical Counseling*, vol. 12.3 (spring 1994)를 보라.

거룩한 사랑, 거룩한 공의

예수님을 보다 더 명확히 보는 길은 그분의 사랑을 '거룩하다'는 단어와 결부시켜 생각하는 것이다. 예수 그리스도의 성품은 종종 사랑으로 요약된다. 여기에는 이의가 있을 수 없다. "그러므로 극진히 사랑받는 자녀들처럼 하나님을 본받는 자가 되고 하나님께 향기로운 제물과 생축이 되어 우리를 사랑해 주시고 우리를 위하여 자신을 버리신 예수님처럼 사랑의 삶을 살라"(엡 5:1-2). 그러나 '거룩하다'는 단어는 이 사랑이 평범하지 않다는 것을 우리에게 말해주고 있다.

'거룩'이란 때로는 '따로 떼어놓은', '섞이지 않은' 또는 '격리된 것'으로 정의된다. 예를 들어 안식일은 거룩했으며, 한 주의 다른 날들과 분리되어 있었다(출 20:8). 지성소는 성소의 다른 것들과 떨어져 있었다(출 26:33). 이스라엘 백성들은 거룩한 것을 일상과 구별하였다(레 10:10). 그들은 더러운 것을 피하고, 거룩한 것에 손대지 못하게 하였다(민 4:15). 모세의 율법은 모두 거룩에 관한 것이었다. 그런 이유로 칸막이, 벽, 휘장과 떨어져야 하는 금지 사항이 있었다. 하나님과 그분에게 속한 모든 물건들은 다른 것과 달랐다. 일상적이지 않았고, 일상적인 것으로 다뤄지지도 않았다.

이런 모든 거룩의 율법은 하나님의 성품에 대한 무언가를 보여주기 위한 것이었다. 그것들은 '하나님은 하나님이시고, 아무도 그와 같은 이는 없다'는 것을 보여 준다. 그분은 홀로 땅을 지으셨다(사 44:24). 그분만이 윤리적으로 순결하시다. 그분과 같은 신은 결코 없으며(사 40:25) 우리 또한 그분과 같지 않다.

거룩한 사랑

호세아서는 하나님과 우리 사이의 확실한 차이를 예시하고 있다. 호세아서는 호세아와 그의 아내 고멜의 이야기를 하나님과 그분과 약혼한 백성으로 병행하고 있다. 그 이야기에는 고멜의 고질적인 간음과 호세아의 그녀에 대한 비범한 사랑이 이어진다. 그것은 구약성경의 내용이어서 훨씬 더 특별하게 주어진다. 오늘날에는 간음 후에 어떤 부부들은 함께 살지만, 이혼하는 것이 일반적이다. 구약 시대에는 아내의 불륜이 드러났을 때 이혼이 거의 의무적이었다. 화해는 남편이나 가족들에게 굉장히 부끄러운 일이었기에, 이혼 또는 죽음만을 선택할 수 있었다. 의심할 여지 없이, 호세아도 하나님 사랑의 모형이 되라는 명령이 없었다면 그 아내를 버리고 말았을 것이다.

호세아서 11장에 의하면, 초점은 하나님과 그의 백성들에 대한 관계에 있다. 본문은 하나님의 대속의 사랑과 다른 신을 의지하고자 하는 백성들의 결심을 자세히 설명해 주고 있다. 우리는 하나님께서 "그만하면 됐다"라고 말하시기를 기다리고 있다. 하나님이라도 이러한 상황에서는 신실하게 계실 수 없는 법이다. 그러나 하나님은 거룩한 사랑으로 신실하게 머물러 계신다.

에브라임이여 내가 어찌 너를 놓겠느냐 이스라엘이여 내가 어찌 너를 버리겠느냐 내가 어찌 너를 아드마 같이 놓겠느냐 어찌 너를 스보임 같이 두겠느냐 내 마음이 내 속에서 돌이키어 나의 긍휼이 온전히 불붙듯 하도다 내가 나의 맹렬한 진노를 나타내지 아니하며 내가 다시는 에브라임을 멸하지 아니하리니 이는 내가

하나님이요 사람이 아님이라 네 가운데 있는 거룩한 이니 진노함
으로 네게 임하지 아니하리라(호 11:8-9).

달리 말하면, 하나님의 사랑은 우리의 사랑과 같지 않다. 그분의
능력, 공의, 아름다움, 분노나 슬픔도 다 마찬가지다. 그것들은 모
두 거룩하다. 사랑이라는 말이 하나님과 사람에게 같이 쓰이더라
도, 하나님의 사랑과 우리들의 그것과는 큰 간격이 있다는 것이다.
　이 모든 것들은 자명해 보인다. 당연히 하나님은 우리와 다르다.
그분은 창조주이시고 우리는 그분의 피조물이다. 그분은 신성하시
고 우리는 인간이다. 그분은 완전하시고 우리는 죄악투성이다. 그
러나 다수의 구약의 성결법(레위기)은 하나님의 거룩성이 빠르게 잊
혀지고 있음을 암시하고 있다. 하나님은 자신의 성품을 기억하게
하는 것을 그의 백성들이 먹는 것, 입는 방법, 이동하는 곳, 밭에 심
는 법, 이발하는 법과 언제 누구와 성관계를 하는 것에 심어 두셨
다. 다르게 말하면, 히브리 사람들은 하나님의 성품에 대한 시간 단
위의 상기매체(reminders)가 필요했다. 분명한 것은, 우리는 우리와
다른 하나님의 예외적인 성품에 대한 충분한 상기매체를 가질 수
없다. 우리는 그것을 너무 많이 묵상할 수도 없다.
　이것이 중독과 무슨 상관이란 말인가? 중독자들은 하나님 그분
자체보다도 위안, 힘, 오락 또는 평판 등과 같은 더 매력적인 것들
이 이 세상에 있음을 이미 스스로 증명해 보인 것이다. 그러나 그
들이 경배해 왔던 것이 무엇이든 간에 우리가 하나님께 사랑한다
고 말하기 전에 "나는 널 사랑한다"고 늘 말씀하심으로써 자신을
나타내신 하나님과 비교할 수는 없다. 보다 정확히 말하면, 하나님
을 안다고 해도 우리는 자신의 길을 가버린 고멜과 같다. 우리는

자신의 욕심과 욕심에 따르는 멸망을 좇았다. 반면에 하나님은 우리를 좇으셨고, 그야말로 노예시장에서 우리를 그분의 것으로 도로 사셨다. 결과적으로 이제는 우리 자신을 위하여 살지 않고 우리를 위하여 죽으신 그분을 위하여 살아야 하는 것이다(고후 5:15).

거룩함이란 "예수님은 범상치 않으시다"라는 뜻이다

히브리서는 거룩함의 주제를 가지고 이어진다. 차이가 있다면 예수님이 하나님의 거룩함의 전형적인 표본이 되었다는 것이다. 저자는 구약의 선잠에서 새로운 그리스도인들을 일깨우기 위하여 애쓰고 있다. 또한 옛날 방식의 사고로 서서히 돌아가는 교회들에게 그리스도의 주권을 선포하고 있다. 그는 책 전편에서 거룩이라는 단어를 쓰지 않았지만, 계속 이어지는 주제는 '더 위대한', '더 나은', 또는 '월등한' 등의 사상이라고 할 수 있다.

저자는 통상적인 의식으로 시작하지도 않고, 대신 자신의 요점으로 바로 돌진한다. 당신이 그 무엇에 그분을 비교하더라도, 그분은 월등하시다.

그분은 선지자들보다 위대하시다(1:2).

그분은 만유의 상속자시다(1:2).

그분은 모든 세계를 지으셨다(1:2).

그분은 하나님의 영광의 광채시요, 우리와 같은 단순한 반사체가 아니시다(1:3).

그분은 만물을 붙드신다(1:3).

그분은 죄를 정결하게 하는 일을 하셨다(1:3).

그분은 하나님의 우편에 앉으시고, 거기서 실제로 통치하신다(1:3).

이것은 입문에 불과하다! 이러한 설득성 있는 호소만으로도 우리의 사고를 예수님에게 고정시키기에 충분하지만, 저자의 입장에서는 이제 시작에 불과하다. 그는 예수님이 모세나 대제사장보다도 더 위대하다는 것을 우리에게 계속 상기시킨다. 사실, 그분은 대제사장으로부터 십일조를 받으실 만큼 위대한 분이다.

대제사장의 사역은 히브리인들의 중심이었다(7-10장). 저자는 이렇게 질문한다. "그리스도의 사역이 다소 평범하다고 생각하십니까?" "그분의 성직이 따분한 짐승이나 첫과일을 제단에 올리는 일상적인 일과 같다고 생각하십니까?" "그것이 우리 삶을 약간 정화시켜 주는 정도의 훌륭한 제스처라고 생각하십니까?" 아니다. 그리스도의 희생은 거룩한 희생이다. 예수님은 더 나은 약속을 주셨다(7:22; 8:6). 그분은 **영원한** 제사장이시다(7:24). 그분은 완전히 구원하실 수 있다(7:25). 그분은 항상 그분의 백성에게 간섭하신다. 그분의 희생은 거룩하고, 흠이 없고, 그리고 순수하다(7:26). 그것은 단번에 이루어진 일이었다. 그분은 자기 자신을 바치셨고(9:14), 하나님의 옆에서 길이 되어 "다 이루었다"(8:1)고 말씀하셨다. 이것이야말로 죄를 제거하는 완전한 희생이며, 그분의 재림을 기다리는 사람들에게 주신 바로 그것이다(9:28). 우리가 하나님께 더 가까워지고 온전히 용서받은 것을 어찌 의심하겠는가?

이것이 핵심이다. 하나님의 거룩함이 예수님의 죽으심과 부활 속에 나타나 있다. 그것은 그 무엇과도 비교할 수 없으며 모든 것에 대한 최종적인 답임에 틀림없다. 삶 속에서 심리적인 고통과 우리 모두를 괴롭히는 문제들의 해법은 어떻게든 이 복음 속에서 찾아야 한다.

거룩이 잊혀지다

하나님의 거룩함이 오늘날 어떤 식으로 잊혀졌는가? 갑자기 이와 관련된 몇 가지 예화가 떠오른다.

크리스천 사회에서 지난 30년 동안 나타난 주목할 만한 변화가 있는데, 이는 우리가 하나님께 대한 분노를 인정할 뿐 아니라 그것에 은근히 동의한다는 것이다. 그들은 역사를 통해 하나님이 불공평하고, 부정의한 분이라고 생각했기(예: 요나) 때문에 고통 속에서 하나님의 손길과 맞붙어 싸우고, 그분에 대해 분노를 품기도 했다. 그러나 이러한 분노가 소리로 드러나는 일은 드물다. 만약 그랬다면 번개가 순간적으로 때릴 수도 있다는 감각이 늘 있었을 것이다. 그러나 지금은 솔직함과 "하나님은 이해하실 거야"라는 기치 아래, 하나님께 화내는 것이 수용되고 있다.

무슨 일이 일어났는가? 우리 세대는 '누구를 위해서, 누구에게'

보다 '어떤 방법으로'에 더 관심이 있다. 동시에 우리는 하나님의 거룩에 비중을 두지 않는 방식으로 하나님과의 관계를 강조해 왔다. 물론 우리는 하나님의 초월성과 차이점을 강조함으로써 같은 잘못을 저지를 수도 있다. 현실적으로 하나님은 그리스도라는 사람의 모습으로 그의 백성에게 찾아 오셨고, 그들과 같이 되셨다. 그러나 그 자체가 이미 거룩이다. 그 어떤 신도 더러운 인간과 가까이 사귀며 종이 되기까지 구부려 낮추신 적이 없었다.

그러나 우리가 하나님을 사람처럼 여기는 것은 일반적으로 우리가 그분의 거룩성을 얕보는 것을 의미한다. 우리가 그분을 마치 다른 사람을 대하듯이, 즉 우리를 화나게 만들고는 다시 잠잠해지는 형제처럼 대하는 것이다. 어떤 사람이 우리 삶에 고통을 주었다면 우리는 그에게 화를 내듯이, 하나님이 고통을 주실 때 우리를 푸대접하시는 그분에게 분노하게 될 것이다.

그러나 하나님은 하나님이시다. 그분은 우리의 왕이시고, 우리는 그분의 종이다(롬 6:22). 우리는 그분의 것이고, 그분은 우리의 삶 속에 그분이 원하시는 것은 무엇이든지 주실 수 있는 권한을 가지고 계신다. 우리 중에 하나님의 공의 앞에 설 자가 누구인가? 그것은 바로 하나님의 공의를 거룩하게 여기며 높이기보다, 우리가 곧 공의의 전형이라고 말하는 것이 아니겠는가? 특히 십자가의 증인이라고 하면서 하나님의 사랑을 비판하는 우리는 도대체 누구인가? 하나님의 사랑은 거룩한 사랑이다. 사람의 사랑에 견줄 수가 없으며 오히려 우리가 상상할 수 있는 그 어떤 것보다도 위대하다. 우리가 아주 가까운 상황에서 그것을 볼 수 없는 것은 하나님의 사랑을 우리가 원하는 것을 얻는 것과 동등시하기 때문이다. 그러나 하나님의 사랑은 항상 더 큰 관점을 갖고 있다. 그것은 훨씬 복잡 미묘하여 우리가 아는 것보다 더 깊고 다면적이다.

이런 잘못을 바로잡는 방법은 십자가를 간직하고 부활을 바라보는 것이다. 십자가는 거룩한 사랑을 보여줌과 동시에 대수롭지 않게 여길 일이 아님을 암시한다. 그것은 하나님의 진노를 불러왔고, 우리 스스로는 어쩔 수 없는 지불을 요구했다. 십자가만이 거룩한 공의와 거룩한 사랑을 동시에 말할 수 있는 것이다.

그리스도: 역사의 중심

그러므로 예수님이 역사의 중심이시다. 그분은 거룩한 사랑과 거룩한 공의의 실체이시며 거룩한 연인이시다. 그리고 우리가 그것을 알기 원하신다. 그분은 자신에 대해 스스로 말씀하시는 만찬의 귀빈이시며, 모든 눈이 그분에게 향하기를 원하신다. 남에 대한 겸손과 사랑이 두드러지는 사람들에게는 이것이 이상하게 보일 수도 있다. 겸손한 사람은 더 작은 의자에 앉고 남을 높인다. 예수님은 그렇게 하셨지만, 마땅히 홀로 영광을 받으실 만한 고귀하신 분이셨기에 동시에 자신에게 주의를 환기시키셨다. 아들을 통해 영광스러워지는 것이 하나님의 계획이었다. 다른 어떤 것에 초점을 두는 것은 결국 그분을 원치 않는 것과 같다. 그것은 창조주, 구속자가 아닌 피조물에 중심을 둔 것이기에 더욱 우상적이다.[27] 그래서 예수님은 자신에 대하여 사람들에게 가르치셨다.

---

27 John Piper, *The Pleasures of God* (Sisters, Ore: Multnomah, 2000)를 보라.

나는 생명의 떡이니(요 6:35).

내가 문이니 누구든지 나로 말미암아 들어가면 구원을 받고(요 10:9).

내가 곧 길이요 진리요 생명이니 나로 말미암지 않고는 아버지께로 올 자가 없느니라(요 14:6).

나는 포도나무요 너희는 가지라 그가 내 안에, 내가 그 안에 거하면 사람이 열매를 많이 맺나니 나를 떠나서는 너희가 아무것도 할 수 없음이라(요 15:5).

죽으심과 부활 후에, 예수님은 훨씬 더 명백하게 자기표준이 되셨다. 그분은 모든 역사가 그분 자신에게 향하고 있음을 분명히 하셨다. 부활하신 예수님은 엠마오의 제자들과 걸으시면서, 모든 성경이 그분에 대한 것임을 가르치셨다(눅 24:27). 사실 다윗, 모세, 아브라함, 이삭 그리고 많은 사람들이 예수님이 오실 것을 예견하고 또 고대했다. 그들은 오래 전부터 메시야에 대한 약속을 영접했다. 모든 성경이 그분을 향하고 있음에도 예수님이 곧 바로 메시아로서 인식되지 않은 이유는, 아무도 복음의 중심인 예수님이 절대적인 영광이심을 예견하지 못했기 때문이다. 그들은 군대 장관을 기다리고 있었으나 얻은 것은 천국이었던 것이다.

그리스도를 향한 사도 바울의 찬양

물론 성경 전체가 예수 그리스도를 높이고 있다. 어떤 성경은 아주 공개적으로 그렇게 한다. 예를 들어, 사도 바울이 에베소로 보낸 편지는 교회의 어떤 특정한 문제에 매이지 않고 있어 그에게는 자신의 열정을 전하는 기회가 된다. 물론 그의 열정은 그리스도이시다. 그는 그리스도로 인한 찬양으로 시작한다(엡 1:3). 그리고 우리가 그리스도 안에서 아낌없이 주어진 여러 가지 영적인 축복을 누리고 있다고 말한다(엡 1:3). 우리는 택함 받고, 예정되었으며, 그리스도를 통해 양자로 입양되었으며(엡 1:4-5) 그리스도 안에서 죄의 용서를 받았다(엡 1:7). 그리스도는 모든 인간 역사의 집결점이 되고 있다(엡 1:10). 바울은 이 짧은 편지를 끝내기 전에 예수 그리스도의 이름을 60번 이상이나 썼다.

바울은 더할 나위없는 상담자였다. 자기 백성들에 대해 큰 사랑으로 말하고, 적용과 연관시켜 교리를 한결같이 열심히 전한다. 그는 백성들의 약점, 죄와 취약점을 알았기에 경고하며 항상 기도하였다. 사실 그는 편지 전편에서 기도하고 있음을 알 수 있다. 동시에 편지의 독자에게 끊임없이 기도하기를 호소하고, 자신을 위해서도 기도해 줄 것을 부탁하고 있다.

중독에 빠진 사람들을 돕고자 할 때, 그리스도와 그리스도인의 삶을 함께 엮어 주는 바울의 방식은 특별히 강조할 만한 가치가 있다. 바울의 생각은 성경에 의해서 형성되었기 때문에 에베소서는 구약적인 느낌이 있는데, 차이가 있다면 약간 더 낫다는 것이다. 에베소서 첫 부분은 그리스도의 영광을 인용하고 찬양함에 있어 시편을 모방한다. 여기서 바울은 그리스도 안에 있는 하나님의 영광을 하나하나 열거함에 있어서 열정이 철철 넘치고 있다. 그는 구약의 왕들과 선지자들이 다만 바라기만 했던 것을 목격했기에 하나님과 그분이 하신 일에 대한 찬양과 회상으로 모든 것을 시작하는

것이다.[28]

바울은 하나님을 한참 찬양한 후 다음을 이어나간다. 그는 우리가 과거 어떻게 죄 중에서 죽어 있었는지, 지금 우리가 어떻게 하나님의 위대한 사랑으로 인해 그리스도와 함께 다시 살아 넘치는 축복을 받고 있는지를 자세히 이야기하고 있다. 바울은 우리가 그리스도와 그 백성으로부터 분리되었으나, 예수님의 죽으심으로 다양한 유대인과 이방인을 한 백성으로 결합시키고 구분을 완전히 없애셨음을 상기시키고 있다. 바울은 4장에 가서 어떻게 우리가 하나가 되었는지, 어떻게 예수님 몸의 지체가 되었는지에 관해 일일이 말하고 있다.

여기서 모든 신학은 실천적이고 실용적이라는 것을 알 수 있다. 하나님의 높으심을 찬양하는 것과 주 안에서의 연합은 우리를 낮은 단계의 순종으로 인도한다. 바울은 교리와 삶이 분리될 수 없음을 발견한다. 그 중 하나가 없는 것은 영혼이 없는 몸처럼 상상할 수 없다. 이것은 왜 항상 삶의 원리가 항상 그리스도께 매여 있는가를 설명해 준다.

너희가 [주 안에서] 부르심을 받은 일에 합당하게 행하여(엡 4:1).

그러므로 주 안에서 갇힌 내가 너희를 권하노니 너희가 부르심을 받은 일에 합당하게 행하여 모든 겸손과 온유로 하고 오래 참음

---

28 개념 이해를 돕자면, 리더보스(Ridderbos)는 바울의 서신들이 직설법으로 하나님이 하신 일을 보여 주는 것으로 시작하여, 명령형으로 바뀌 우리가 십자가의 빛 안에서 어떻게 살아야 하는지를 말하고 있다고 본다. Herman N. Ridderbos, *Paul: An Outline of His Theology*(Grand Rapids: Eerdmans, 1975)을 보라.

으로 사랑 가운데서 서로 용납하고 평안의 매는 줄로 성령이 하나 되게 하신 것을 힘써 지키라 몸이 하나요 성령도 한 분이시니 이 와 같이 너희가 부르심의 한 소망 안에서 부르심을 받았느니라 주 도 한 분이시요 믿음도 하나요 세례도 하나요(엡 4:1).

그런즉 거짓을 버리고 각각 그 이웃과 더불어 참된 것을 말하라 이는 우리가 서로 지체가 됨이라 분을 내어도 죄를 짓지 말며 해 가 지도록 분을 품지 말고 [주 안에서 연합된 공동체 안에서] 마귀 에게 틈을 주지 말라(엡 4:25-27).

무릇 더러운 말은 너희 입 밖에도 내지 말고 … 그리고 하나님의 성령을 근심하게 하지 말라(엡 4:29-30).

서로 친절하게 하며 불쌍히 여기며 서로 용서하기를 하나님이 그 리스도 안에서 너희를 용서하심과 같이 하라(엡 4:32).

아내들이여 자기 남편에게 복종하기를 주께 하듯 하라(엡 5:22).

남편들아 아내 사랑하기를 그리스도께서 교회를 사랑하시고 그 교 회를 위하여 자신을 주심 같이 하라(엡 5:25).

자녀들아 주 안에서 너희 부모에게 순종하라 이것이 옳으니라(엡 6:1).

종들아 두려워하고 떨며 성실한 마음으로 육체의 상전에게 순종 하기를 그리스도께 하듯하라(엡 6:5).

예수님이 누구시고 우리가 어떻게 살아야 하는지, 이 둘의 연관성에 대해, 청교도였던 존 오웬은 "거룩함이란 그저 우리 영혼 속에 복음을 심고, 기록하고, 그것을 인식하는 것일 뿐이다"라고 기록했다.[29]

원리나 단계가 그리스도로부터 헤맬 때, 그것들은 자기 자신을 섬기는 지침이 되고 만다. 결혼, 가족, 우정 그리고 일이 더 나아질 수는 있지만 이 모든 것이 하나님의 영광보다 우리 자신의 향상을 위한 것에 불과하다. 당신을 하나님이 원하시는 방식의 삶에 맞추는 것은 좋은 일이다. 하나님을 경외함과 그리스도의 지식으로부터 분리 되더라도, 어느 정도 지혜로울 수 있으나 하나님의 백성에게 있어 모든 동기는 반드시 그리스도를 위한 것이어야 한다.

"얌전해야 한다"와 "잘 해라" 등은 훌륭한 메시지이지만, 그것들이 성경을 떠나 따로 있을 때는 보이스카웃 편람과 더 가까운 것이다. 성경에서는 "하나님이 누구시고 무슨 사역을 하셨는가"가 항상 "이것이 네가 해야 할 일이다"보다 우선한다는 사실을 기억하라. 행동은 하나님에 대한 지식과 그분에 대한 믿음을 따라간다. "내가 누군지 보았으니, 이제 나를 사랑하기를 원할 것이다. 이것이 나를 사랑하는 방법이다." 하나님은 우리에게 당신을 사랑하는 법을 가르쳐 주신다.

---

29 John Owen, *Works*, ed. William Goold, 16 vols. (Edingurgh: Johnstone and Hunter, 1850-53; Banner of Truth Trust, 1965-68), 3:370.

실천신학

이제, 우리 자신이 중독과 싸우거나 다른 사람을 도울 때 어떻게 할 것인가?

당신 자신의 중독에 직면할 때

1. 장기적인 과음자가 그리스도께 나와서 술을 끊은 지 8개월이 되었다. 그러나 그는 예수님을 안다는 것이 별로 중요하지 않다고 생각하기 시작했다. 그는 자신의 고투를 그리스도에 대한 믿음이 없는 AA를 따르는 사람들과 비교해서 보았을 때, 실제적으로 별반 차이가 없다는 것을 알았던 것이다. 그는 아직까지 알코올에 대한 욕구와 싸우고 있었고, 그들도 마찬가지였다. 그는 결혼 생활에 문제가 있었고, 그들도 마찬가지였다. 사실 그는 회복 중에 있는 다른 술꾼을 알고 있었는데, 그는 자기보다도 훨씬 잘 해나가는 것처럼 보였다. 그에게는 그리스도인이라는 것이 먹혀들지 않을 듯이 보였다. 그렇다면 인생을 좀 더 어렵게 만드는 것처럼 보이는 이 길을 왜 간단 말인가? 당신은 똑같은 문제들을 가지고 있으면서, 더 많은 율법과 훨씬 많은 죄의식을 가지고 있었다.

   처음에는 그의 고민이 그럴듯해 보인다. 성경은 우리가 "예수님이 주님이다"라고 말할 때, 인생이 즉시 쉬워질 것을 보장하지 않는다. 정반대로, 고통은 그리스도인의 삶에 가까이 있고, "십자가를 지는 것"은 인생의 노정이다. 그러나 당신이 진실로 예수 그리스도를 생각했다면 그 질문은 바뀐다. "무엇이 되는가?"가 아니다. "누구를 경배하는가?"의 문제인 것이다.

"무엇이 되는가?"는 우리의 신학, 즉 우리의 하나님에 대한 견해를 나타낸다. 이러한 질문은 우리가 하나님을 모든 것을 좋게 만들어 주는 하늘나라의 요정으로 여기고 있음을 암시하고 있지 않은가? 그러나 우리가 진실로 하나님을 안다면, 삶이 편안할 때나 어려울 때나 그분을 경배하고 사랑한다. "무엇이 되는가?"는 하나님보다 우리 자신에 초점을 맞추는 질문이다. 그것은 얻기 원하는 것을 위해서 예수님을 한방의 침으로 시험하는 사람과 같다. 필사적인 영적 필요와 예수님이 다스리는 왕이시라는 지식을 놓치고 있는 것이다. 우리는 그분을, 여름에는 수영장을 쓰기 위해 친하게 지내다가, 가을에는 다른 친구의 농구 코트를 쓰기 위하여 훌쩍 떠나 버리는 믿을 수 없는 친구로 여긴다.

어려운 감정과 환경과 갈망에서의 해방을 원하는 것은 자연스러운 일이다. 그러나 우리가 "내가 만일 선한 사람이 되어 기도한다면, 내 환경을 바꿔 주세요"라고 하나님과 흥정을 할 때, 우리는 죄에서 구원해 주시도록 회개해야 한다. 우리는 예수님이 아닌 위안(안락함)과 개인적인 만족을 원했던 것이다.

이 고투하는 남자는 가장 먼저 예수님에 대해 알아야 한다. 그는 생수와 용서와 생명 자체의 다른 원천은 아무것도 없음을 알아야 한다.

그는 자신의 하나님과 겸손하게 걷는 것이 무슨 의미인지 배워야 한다. 또한 하나님의 방식을 배워야 한다. 하나님은 우리를 당장 변화시키고, 즉시 순수한 마음을 주실 수 있지만, 우리의 변화와 성장이 점차적으로 오도록 정하셨다. 변화와 성장은 우리가 그분을 배워서 믿고, 죄와 싸울 때 찾아올 것이다. 이것을 점진적인 성화라고 부른다.

그러면 왜 하나님은 즉각 우리를 변화시키시지 않는가? 왜 우리의 삶 속에서 괴로움을 제거하지 않으시는가? 우리는 하나님은 하나님이시고, 단순히 그분을 믿어야 한다는 것을 알 필요가 있다. 그러나 이러한 매일의 전투에 있어 한 가지 실제적 이점을 주목해 보라. 그것은 우리가 그분에게 소리 내어 외치고 자신이나 중독성 물질이 아닌, 그분에게 의지하도록 가르친다는 것이다. 믿음과 의탁은 하나님이 상 주시는 속성을 지닌다. 매일의 고투 없이는 그분에게 부르짖거나 "주님이 필요합니다"라고 믿음을 표현할 만한 강제적인 이유가 없는 것이다.

2. 세 아이의 아버지는 헤로인 오용으로 고투하였지만, 지금은 정말 "치료가 잘 되어가고 있다." 입원식 갱생 시설에서 해독이 되고, 향정신성 물질의 강요 없는 자신의 삶을 생각할 기회를 가진 다음, 집에 돌아와서 세속적인 모임과 그리스도인 모임에 참석했다. 위험한 시기는 교회와 AA 모임에서 처리 되었다. 그러나 그에게 가장 중요한 시간은 가족들이 잠에서 깨기 전, 아침시간이라고 말했다. 해가 떠오를 때, 숲을 산책하거나 현관에서 성경을 읽었던 것이다. 그렇게 함으로 그는 그분의 위대성과 희생적인 사랑을 묵상하며, 그분과 대화하며, 죄를 고백하며, 죄사함 받은 것을 기뻐하면서 하나님을 찾고 있었다. 이것이 그가 술에 취하지 않는 진짜 이유다.

3. 당신은 하나님에 대한 거짓을 믿고 있다. 내가 보장한다. 당신

은 그분이 모든 것을 볼 수 있는 분은 아니라고 생각한다. 당신을 상관하지 않으신다고 생각하고 억지로 용서하신다고 생각한다. 그리고 그분은 당신과 멀리 떨어져 계신다고 생각한다. 많은 사람을 사랑하시지만 당신은 예외라고 생각한다. 당신은 하나님을 안다고 장담하지 말라. 복음서를 읽으라. 예수님 안에서 하나님 그분에 대한 완전한 계시를 발견할 것이다. 하나님이 당신에게 그분에 대해 더욱 더 가르쳐 주시기를 기도하라. 에베소서 1장 17-19절, 3장 16-21절의 말씀대로 간구하라. 하나님의 성품에 대한 좋은 책을 몇 권 읽으라. 항상 파고 드는 한 권의 책을 정하라. 다음은 이것을 실천할 만한 몇 권의 책이다.

> 『하나님을 아는 지식』 (J. I. 패커)
> 『하나님을 기뻐하라』 (존 파이퍼)
> 맥스 루케이도의 저서들

4. 그리스도인 친구나 당신의 목사에게 "하나님에 관한 마음에 드는 책은 무엇인가?"를 물어 보라.

당신이 다른 사람을 도울 때

돕는 자는 도움을 구하는 사람과 같은 것을 필요로 한다. 우리의 마음속에 가진 것, 즉 살아나신 예수님이 천국에 대한 끊임없는 찬양으로 인도하시기 때문에 그분에 대한 것은 아무것도 평범한 것이 없음을 전하고자 한다. 우리가 하나님을 믿고, 경배하도록 인도된 것같이 예수님을 알기를 원한다. 사람들이 놀라고 두려워하듯이 우리가 예수님에 대해 서로 이야기하기를 원한다. 우리는 우리가 돕는 자보다 예수님에 대해 더 알아야만 한다. 그분은 우리 삶 자체의 원천이시다. 변화되고자 하는 중독자든 변화를 원치 않는 사람이든 누구를 만나든지, 그 무엇보다도 예수님께로 주의를 환기시킬 수 있는 길을 찾으라.

1. 제안하라. "다음에 우리가 만나면, 예수님에 대해 우리가 배우고 있는 것을 토의하면서 시작합시다. 만약 아무것도 배우지 않았다면 함께 성경을 읽고, 간단히 그분을 알기 위한 기도를 할 수도 있습니다."
2. 간단한 질문을 하라. "당신이 지금 하고 있는 고투는 예수님과 무슨 관계가 있습니까?" 당신은 그 질문에 항상 대답할 수는 없겠지만, 그 질문이 올바른 질문이란 것을 잘 알고 있다.
3. 성경 속에서 그리스도를 찾으라. 최소한 한 사람에게 말씀 속에서 어떻게 하나님을 만났는지 이야기하라.

> 나는 더러운 사람들이 예수님에게 손을 대길 원했다는 것과 그분 또한 그들에게 손대길 원하신 것을 읽고서 놀랐다(눅 7:11-15, 36-50; 8:40-48). 구약성경에서 더러운 물건이 사람을 더럽게 만든다고 말한 것을 생각하면, 이것은 정말 놀라운 일이다.

4. 주일 설교로 변화되어라. 기록하고, 묵상하고, 설교와 당신의 삶에 연관되는 문제가 있다면 담임목사에게 질문하라. 그리고 배운 것을 전달하라.

남을 섬길 때 우리가 가져야 할 태도는 바로 이것이다. 그리스도
가 하신 일은 너무나 위대하므로 모든 것에 감동을 준다.
5. 예수님을 알도록 기도하라. 우리가 모든 것을 신뢰한다면, 하나
님은 그분에 대한 지식을 우리에게 주시는 데 있어 인색하지 않
으시다. 이것이 바로 우리가 필요로 하는 것이고, 곧 그분에게
영광을 돌리는 것이다. 우리는 단순히 구하고 받기 위하여 부름
받은 것이다.
우리가 구한다면 받을 것이란 것을 누구나 알고 있다(마 7:7; 눅
11:9). 그러나 우리는 모두 무엇을 구했음에도 불구하고 얻지 못
한 경험을 갖고 있기 때문에 보다 적은 확신, 담대함과 인내를
가지고 기도할 때가 있다. 그러나 성경은 단호하게 말씀한다. "구
하면 얻는다!" 문제는 "무엇을 마땅히 구해야 하는가?"이다.
누가복음 11장의 구절은 우리에게 이렇게 답한다.

너희가 악할지라도 좋은 것을 자식에게 줄줄 알거든 하물며 너
희 천부께서 구하는 자에게 성령을 주시지 않겠느냐(눅 11:13).

그리스도의 성령께 구하라 그리하면 얻을 것이다. 그리스도의
성령이 부어지는 것을 보지 못했다면, 그것은 대개 우리가 구하
지 않았기 때문이다.

8장 . 하나님 경외하기

너희는 여호와의 선하심을 맛보아 알지어다 그에게 피하는 자는 복이 있도다
너희 성도들아 여호와를 경외하라 그를 경외하는 자에게는 부족함이 없도다
(시편 34: 8-9)

우리가 하나님을 알아가면서 하는 일이 있다. 곧 반응하는 것이다. 우리는 반응하며 살아간다. 당신이 좋아하는 팀이 우승하는 것을 보면 소리치게 된다. 차의 경적을 울린다. 사람들에게 떠들어 댄다. 만약 당신에게 "그래요, 나 당신과 결혼하고 싶어요"라고 말할 사람이 생겼다면 당신은 친구들을 부르고 기쁨에 겨워 춤을 추게 된다. 만약 우리가 이런 일에 그렇게 반응할 정도라면, 우주의 창조자가 우리 영혼을 사랑하는 분이라는 것을 알게 됐을 때는 어떻게 반응하는 것이 마땅한 것인가?

성경은 하나님의 영광의 광채시요 그 본체의 형상이신 예수님(히 1:3)에 대해 어떻게 반응해야 하는가에 대한 가르침으로 가득하다. 우리는 그분을 믿고, 순종하고, 이름을 전하고, 경배하고, 사랑하고, 본받고, 따르라는 말을 들어 왔다. 이런 것들은 아마도 당신에게 친숙하게 들릴 것이다. 그러나 당신에게 익숙치 않을지도 모르는 (혹은 익숙해지고 싶지 않을 수도 있는), 우리가 보여야 할 한 가지 반응은

그분을 경외하는 것이다.

하나님을 경외하는 것은 실제로 예수님에 대한 우리의 반응에 필수적인 것이다. 그것이 없으면 우리는 하나님으로부터 벗어나 사망과 비탄으로 가는 우매한 길을 고집하게 될 것이다. 하나님의 백성이 잘 사는 길을 가르치고 있는 잠언은 하나님을 경외하는 것이 참 지혜의 시작이라고 말한다(잠 9:10). 하나님 경외가 아닌 다른 어떤 것에 기초한 인생은 바로 서지 못한다.

이는 하나님의 영광의 광채시요 그 본체의 형상이시라 그의 능력의 말씀으로 만물을 붙드시며 죄를 정결하게 하는 일을 하시고 높은 곳에 계신 지극히 크신 이의 우편에 앉으셨느니라(히 1:3).

여호와를 경외하는 것이 지혜의 근본이요 거룩하신 자를 아는 것이 명철이니라(잠 9:10).

일반적으로, 하나님을 경외하라는 훈계에 대한 첫 반응은 기껏해야 겁먹은 사람들을 순종하도록 하는 원시적인 구약적 방법이다. 사실 성경 자체는 하나님을 경외함으로써가 아니라 하나님의 사랑으로 인해 움직일 것을 조언하고 있다(요일 4:8). 왜 이러한 서툰 전략으로 돌아간 것인가?

하나님을 경외하는 배경의 기본적 사고는 현대적인 경외의 이해보다도 더 광범위하다. 예수님이 다시 오실 때 하나님의 거룩함은 인류의 무릎을 꿇게 하겠지만, 하나님에 대한 성숙한 경외의 이해는 두려움, 헌신과 경배에 더욱 가깝다. "당신의 영광은 저항할 수 없는 것입니다"라고 하는 반응이다. "당신 앞에서는 아무것도 문제가 되지 않습니다. 당신은 내가 원하는 그 자체입니다." 나아가, 그것은 적극적인 반응이다. 무엇인가를 이룬다. 그것은 단순한 피동적 헌신이 아니라 적극적으로 예수님을 순종하고 따르며 그분의 뜻을 찾고 그대로 안할 수가 없는 반응이다.

잠시 생각해 보자. "그분의 뜻을 찾고 그 뜻대로 안할 수가 없다." 여기에 중독에 대한 최종적인 안전장치가 있다. 이러한 마음을 갖기 위해 얼마나 자주 기도드렸는가? 아마도 우리는 "주님, 우리 욕심을 가져가 주세요"라고 기도했을 것이다.

그러나 그분의 소원을 갈망하며 그리스도에게 온전히 사로잡히도록 기도하지는 않는다. 우리의 독립적인 영혼은 추종을 회피한다. 다시 말해 하나님 경외는 명분이 좋기는 하지만 우리가 항상 원하는 바는 아니다. C. S. 루이스가 관찰한대로,

> 우리는 무한한 기쁨이 우리에게 주어졌을 때, 바다에서 휴일이 주는 것의 의미를 상상할 수 없기 때문에 빈민가에서 진흙파이를 만들기를 원하는 무지한 아이들처럼 음주, 섹스 및 야망에 놀아나는 반쪽짜리 마음을 가진 존재이다. 우리들은 너무나 쉽게 마음을 빼앗기는 존재이다.[30]

우리는 하나님을 경외하도록 창조되었다. 이 사실은 우리에게 자연스럽고 당연하게 그리고 깊이 사랑받는 것처럼 기분 좋게 느껴져야만 한다. 그러나 이 문제에 처음 접할 때, 우리의 마음은 착잡하다. 바닷가에서 휴일을 갖는 것이 어떤 건지 우리는 이미 기억

---

30 C. S. Lewis, *The Weight of Glory and Other Addresses* (Grand Rapids: Eerdmans, 1965), 2.

하지 못하기 때문에, 하나님은 우리가 하나님을 경외하는 것이 얼마나 좋은 일인지 고려하기를 요구하신다.

여호와를 경외하면 장수하느니라(잠 10:27).

여호와를 경외하는 자에게는 견고한 의뢰가 있나니 그 자녀들에게 피난처가 있으리라(잠 14:26).

여호와를 경외하는 것은 생명의 샘이니 사망의 그물에서 벗어나게 하느니라(잠 14:27).

여호와를 경외하는 것은 지혜의 훈계라(잠 15:33).

여호와를 경외함으로 말미암아 악에서 떠나게 되느니라(잠 16:6).

여호와를 경외하는 것은 사람으로 생명에 이르게 하는 것이라 경외하는 자는 족하게 지내고 재앙을 당하지 아니하느니라(잠 19:23).

너희 성도들아 여호와를 경외하라 그를 경외하는 자에게는 부족함이 없도다(시 34:9).

약물에 대한 갈망이 그리스도를 알고 순종하는 기쁨에 굴복된 경우를 상상해 보라. 우리 하나님과 겸손히 걸으면서 얻는 더 큰 기쁨으로 인해 유혹들에 흥미를 잃은 경우를 상상해 보라. 잠에서 깨어 어디에서 또 한잔 술을 마실까 생각하는 것보다 당신을 사랑하시는 하나님을 어떻게 기쁘시게 할 것인가 계획을 세운다고 상상해 보라. 이것이야말로 진정한 자유이다. 불가능해 보이는가? 분명히 말하건대, 가능하다!

폭군이 아닌 아버지 하나님 경외하기를 가르치라

이러한 커다란 축복을 마음에 둔다면, 분명히 하나님을 경외하는 것을 폭군적 지배자에 대한 반응으로 생각해서는 안 될 것이다. 반대로 우리의 반응은 자녀들에게 최고의 선물을 주길 원하는, 사랑이 많고 너그러운 아버지에게 하는 것과 같아야 한다. 성경시대에는 아버지에게 두 가지 기본적 관심사가 있었다. 그 중 하나는 자녀들이 아버지를 존중하고 존경하는 것을 배우게 하여 그 가문의 이름을 유지해 나가는 것이었다. 다른 하나는 자녀들이 축복을 받아 그 가문이 대대로 이어지도록 하는 것이었다. 이런 맥락에서 하나님을 경외하는 것은 안성맞춤이었다. 우리는 이런 방식으로 하늘 아버지를 존경하고 또 우리 하나님은 우리를 축복하는 것이다.

예를 들어, 이러한 요소들이 성경의 매우 중요한 예화 중에 어떻게 나타나 있는지를 주목해 보라. 이스라엘 백성이 출애굽했을 때 하나님은 그들이 자신의 소유이며, 자녀임을 상기시키셨다. 그리고 그들이 애굽을 떠날 때 하나님을 경외하라는 명령이 바로 떨어졌다. 출애굽기 14장에서 하나님은 떠나는 이스라엘 백성에게 되돌아올 것을 두 번 말씀하셨다. 실제로 하나님은 그들이 왔던 방향으로 다시 돌아갈 것을 명하셨다. 설상가상으로, 그들로 하여금 등짐을 지고서 바닷가에서 진을 치게 하셨다. 왜 그랬을까?

그것은 하나님 경외를 위한 첫 번째 교훈이었다. 그들은 여행을 떠날 준비가 되어있지 않았다. 오랫동안 하나님에 대한 명확하고도 연합된 지식이 없었기 때문에 믿음이 약했다. 그들은 자신들의 하나님 아버지를 숭배하고 사랑할 준비가 되어있지 않았다. 이에 대한 증거로, 그들이 강력한 바로 왕과 그의 군대를 보았을 때, 모세의 하나님을 따르는 것보다 노예 생활이 더 낫다고 즉각 외쳤던 것을 들 수 있다(출 14:10-12). 이것은 참 하나님을 경험했으나 우상을 더 좋아하는 사람들에게 나타나는 반응이다.

그들[이스라엘 백성]은 겁을 먹고 여호와 앞에 외쳤다. 그들이 모세에게 말하기를 "애굽에 매장지가 없어서 당신이 우리를 이끌어내어 이 광야에서 죽게 하느냐? 어찌하여 당신이 우리를 애굽에서 이끌어내어 우리에게 이같이 하느냐? 우리가 애굽에서 당신에게 이른 말이 이것이 아니냐. '우리를 내버려 두라. 우리가 애굽 사람을 섬길 것이라 하지 아니하더냐?' 애굽 사람을 섬기는 것이 광야에서 죽는 것보다 낫겠노라".

확실히, 중독은 단독적인 것이 아니다. 이스라엘 백성이 애굽으로 돌아가기를 원했던 것처럼 우리도 마찬가지다. 우리가 잘 알고 있는 땅으로부터 몇 걸음 떼다가도 거절, 실패, 스트레스 또는 고난의 첫 징조를 만나면 오직 이전으로 돌아가는 것만 생각하게 된다. 중독은 속박이기도 하지만 한편 친숙함을 느끼게 한다. 이전의 땅에서는 그 지역에 관해 그리고 그곳에서 할 일에 관해 잘 알았다. 굳이 신념을 가지고 새로운 일을 하기 위해 그곳으로부터 걸어 나올 필요가 없었다. 희망이 없었기 때문에 그 모든 일이 진실하다는 것을 잊고 있었다.

노예 상태로 되돌아가는 일이 남의 사정일 때는 바보 같은 일처럼 보인다. 애굽으로 돌아가는 것은 불행을 자초하는 것이라고 그들에게 소리치고 일깨워 주고 싶어 한다. 그러나 우리가 광야에 있는 것 같은 순간, 하나님에 대한 우리의 시야는 흐릿해지고 예전에 섬기던 우상이 갑자기 가까이 와 닿는 것처럼 느껴진다.

우리에게 '오래 참으심'의 하나님이 계심을 감사할 수 있다(딤전 1:16). 이스라엘 백성의 경우, 하나님의 역사를 단순하게 바라볼 필요가 있었다. "가만히 서서 여호와께서 오늘 너희를 위하여 행하시는 구원을 보라 너희가 오늘 본 애굽 사람을 영원히 다시 보지 아니하리라 여호와께서 너희를 위하여 싸우시리니 너희는 가만히 있을지니라"(출 14:13-14). 하나님은 그들의 마음속에 영원히 각인될 그분의 능력을 보여 주시기 위하여 그들에게 가장 앞줄 자리를 내어 주셨다.

첫 번째 기적은 하나님이 홍해를 가르시고 그 백성들이 마른 강바닥을 건넌 것이었다. 두 번째 기적은 이스라엘 백성들을 추격하던 애굽 군대를 혼란시킨 것이었다. 세 번째의 기적은 신으로 여겨지던 바로 왕과 그의 모든 군대가 패배한 것이었다. 단 한 사람의 생존자도 없었다.

바랐던 결과가 이루어졌고 백성들은 놀라지 않을 수 없었다. 그들은 "여호와를 경외하며 여호와와 그의 종 모세를 믿었다"(출 14:31).

당신은 상상할 수 있는가? 인생에는 많은 어려움이 있고, 하나하나가 시험의 상황이 될 수 있다. 당신을 중독에 더 취약하게 만드는 어려움들은 무엇인가? 이제 이러한 어려움과 고통보다 더 크신 하나님을 상상해 보라. 우리를 향한 그분의 기본적인 명령은 "가만히 서서 바라보라"는 것이다. 당신이 할 일은 매우 간단하다. "그분(하나님 아버지)이 보내신 이를 믿어라"(요 6:29). 이를 위해 당신은 예수 그리스도에 대한 비전을 유지하기를 배우고, 그분을 우리를 다스리시는 거룩한 분, 사랑해 주시는 거룩한 분으로 바라보아야 한다. 히브리인들이 하나님의 위대한 역사를 기억하기 위해 절기를 지킨 것처럼, 우리도 매일 기억의 절기를 지켜야만 한다. 출애굽의 이야기가 우리가 기억할 이야기들 중 하나가 될 수 있다.

홍해에서의 사건을 거울삼아, 백성들은 호렙 산과 시내 산으로 진행했다. 우리의 감각을 초월하는 기적을 통해서, 하나님은 모든 사람을 한 가지 목적으로 모으셨다. "그들이 세상에 사는 날 동안 나를 경외함을 배우게 하며 그 자녀에게 가르치게 하리라"(신 4:10). 하나님의 거룩함을 나타낸 이 기적은 너무나 압도적이어서 이스라엘 백성들은 모세에게 자기들을 위해서 중재자가 되어 달라고 애원했다. 그들이 애굽에서 해방되어 축복 받은 것을 느꼈고 하나님을 진정으로 받아 들였지만, 그와 동시에 너무 겁이 나서 하나님께 가까이 갈 수가 없었다. 그들은 애굽의 장자를 치신 것을 통해 이미 그분의 능력을 보았고, 이를 통해 자신들이 애굽인들보다도 하나님 앞에서 살만한 자격이 있는 것이 아님을 알고 있었다. 그들은 중재자를 필요로 했고, 그들의 아버지는 자신들의 요구를 기뻐하신다는 것을 알았다. 하나님은 그들에게 모세를 중재자로 주셨다(신 5:23-29).

마찬가지로 우리 또한 중재자가 절대적으로 필요함을 알고 있다. 우리도 왕의 보좌 앞에 서 있게 된다면 도망가서 숨고 싶은 유혹을 받게 될 것이다. 하나님 아버지의 거룩함을 아는 것은 바로 우리로 하여금 중재자를 찾게 하고, 우리가 구하기도 전에 한 사람

을 중재자로 주신 것은 하나님을 더욱 더 경외하게 만든다. 예수 그
리스도는 더 나은 모세로, 하나님 아버지와 우리 사이의 그분의 중
재는 너무나 완전하므로 이제 우리는 산 위에까지 올라갈 수 있는
것이다. 사실은 이제 하나님 아버지께서 산꼭대기 보좌에서 내려오
셔서 우리와 함께 계시며, 다시는 떠나지 않으신다고 약속하셨다.

계속 상상해 보라. 중독자들이 하나님으로부터 달아난다는 것이
당연한 것 아니겠는가? 우리가 우리 자신과 욕망을 섬기기 때문에
달아나는 것이다. 거룩하신 이를 대면하기가 두렵기 때문에 달아
나는 것이다. 당신이 하나님 앞으로 달려갈 정도로 하나님을 잘 아
는 것이 어떨 것인가 상상해 보라. 그분을 믿지 않을 수 없고, 사랑
하지 않을 수 없으며 복종하지 않을 수 없을 만큼 거룩하신 그분을
상상해 보라. 진정으로 당신의 유일한 소망이요, 만족이요 또한 기
쁨이 되는 그분을 만났다고 상상해 보라. 당신이 우상 속에서 발견
한 행복이 마치 진흙 파이와 같다는 방식과 비교하면서 하나님을
알아가는 것을 상상해 보라.

용서와 경외

중독이 질병이라는 견해의 문제점 중 하나는 '하나님 경외'라는 말
이 들어갈 여지가 없다는 것이다. 질병에 직면하여 강해지도록 돕
는 신은 우리의 죄를 드러내고 중재자가 간절히 필요함을 알게 하
고, 하나님과의 관계를 회복시키며, 우리로 하여금 거룩한 자녀로
살도록 힘을 주시는 하나님과는 다르다.

거룩이 바로 핵심인 것이다. 우리 하나님 아버지의 거룩에 대한

지식과 경외에 대한 반응이 없이는 하나님에 대한 모든 것이 평범한 것이 되고 만다. 그리고 하나님의 역사는 선한 사람들의 행동보다 약간 낮게 보일 뿐이다. 예를 들어, 하나님이 어떻게 우리를 용서하시는지를 생각할 때 고마운 마음이 들기는 하지만, 그분에 대한 두려움은 없다. 반면에 시편 기자는 자기가 용서받았을 때 일어났던 일에 대한 예리한 감각을 가지고 있었다. 시편 130편에는 "여호와여 주께서 죄악을 지켜보실진대 주여 누가 서리이까 그러나 사유하심이 주께 있음은 주를 경외하게 하심이니이다"(시 130:3-4).

그러면 용서가 어떻게 경외를 일으키는가? 우리는 다른 사람에게 불행한 행동을 저지르지 않았다고 인식하면서 하나님께 복종하기를 회피하기 위해 우리의 길을 가버린 반역자였다. 하나님께 반항하고 자신의 욕심을 따라 우리의 길을 선택했던 것이다.

만약 어떤 사람이 우리에게 그렇게 했다면, 게다가 우리가 개인적으로 준 선물에 대해 그렇게 했다면, 우리는 용서를 쉽게 하지는 못할 것이다. 만약 우리에게 특별히 자비심이 많다면, 용서를 할 수 있겠지만, 이 용서조차도 일생 동안 상당한 벌을 받은 후, 즉 그 반역으로 인한 고통을 톡톡히 치른 후의 일이 될 것이다. 그러나 하나님은 거룩하시며 인간과는 다르다. 그분의 용서는 전례가 없고, 다 설명할 수 없으며 이 세상에서는 도저히 있을 수 없는 일이다. 그것은 완전하며, 그분의 자녀가 되고 그분의 가문을 잇는 것 외에는 우리에게 아무것도 요구하지 않는다. 이 점에 비추어 본다면 하나님의 용서는 경건한 두려움을 일으킨다.

하나님을 경외하는 것이 얼마나 좋은 일이란 것을 이제 알겠는가? 그것은 단순히 겁먹는 것과는 다르다. 하나님을 경외하는 것은 그분을 바로 앎으로 나타나는 자연스런 반응이다.

이러한 종류의 거룩한 용서는 우리로 하여금 너무 기뻐서 펄쩍 펄쩍 뛰도록 해 준다고 생각할 수도 있겠다. 그러나 항상 그런 것은 아니다.

그리스도인 친구: 당신이 용서받았다고 정말 믿나요?
중독자: 하나님은 용서해 주셨다고 믿지만 나는 나 자신을 용서할 수가 없어요. 일어난 일을 생각하면 기분이 너무 나쁘거든요.

어느 누구나 들어볼 수 있는 최고의 소식이 있는데, 이에 대한 반응은 복잡하다. 어떤 이들은 예수님이 용서하신다는 사실에 무관심하고 또 다른 이들은 그것을 믿을 수 없다고 말한다. 하나님께서 다른 사람들을 용서하시는 것은 믿지만 자신을 용서하신다는 것은 믿을 수 없다고 한다. 그러므로 다시 한 번 말해 보라.

예수님은 용서하신다. 그분에게 의지하라. 그분은 용서를 기뻐하신다. 아무도 추측할 수 없는 방식으로 용서하신다는 것을 사람들이 이해하게 될 때 그분의 이름이 널리 알려지게 된다.

반응이 열정적이지 못할 때는 계속하여 말해 보라. 어느 순간 더 이상의 가르침이나 설명이 답이 아님을 깨닫게 된다. 우리가 죄 용서에 대해 이야기한다는 것이 영적 전쟁의 중심부에 들어섰는지는 항상 분명치 않은 문제이다.

그리스도를 믿는 어떤 사람이 죄 용서에 대한 감동이 없거나 그것을 확신하지 못한다면, 당신은 이것을 문제시해야 한다. 용서는 하나님이 거룩하고 두려워해야 하는 분이심을 우리에게 가르칠 뿐

아니라, 그것은 모든 영적 성장(그리고 절제)을 위한 기초가 되기도
한다.

생각해 보라. 우리가 용서받지 못했다고 믿을 때 신앙의 성장이
가능하겠는가? 죄책감을 느낄 때 우리는 하나님 믿기를 원치 않는
다. 오히려 그분으로부터 도망치고자 한다. 당신에게 화가 났다고
생각하는 사람과 어떻게 좋은 관계를 가질 수 있겠는가?

하나님의 용서하시는 은혜에 대한 이해는 신앙적인 성장과 변화
에 결정적이라는 사실이, 우리로 하여금 세상이 치열한 전장이라는
것을 알게 해 준다. 하나님 경외는 저절로 오는 것이 아니다. 이곳
은 사단이 지배하길 원하는 곳이므로 과거 중독에 빠졌던 사람이
하나님의 완전한 용서를 붙잡지 못할 경우, 쉽게 실망하고 다시 임
시방편적인 구세주로 약물을 찾게 된다. 베드로후서 1장 9절에 다
음과 같은 말씀이 있다. "이런 것[경건의 열매]이 없는 자는 맹인이
라 멀리 보지 못하고 그의 옛 죄가 깨끗하게 된 것을 잊었느니라."

용서의 은혜에 대한 확신이 없는 데는 몇 가지 이유가 있을 수
있다.[31]

1. 아마도 그 사람은 그리스도 앞에 진실하게 신앙(믿음)고백을
해 본 적이 없을 것이다. 그는 사실을 알고, 또 그 사실들이 진실하
다는 것을 말할 수는 있지만, 그리스도의 의에 대해 온전히 신뢰한
적이 없다. 존 머레이는 다음과 같이 말한다. "믿음이란 지식이 신
념으로, 신념이 확신으로 넘어가는 것이다."[32] 용서의 지식은 그리

---

31 Robert D. Jones, "I Just Can't Forgive Myself," *The Journal of Biblical Counseling*,
    vol. 14.2 (winter 1996)를 보라.

32 John Murray, *Redemption Accomplished and Applied* (Grand Rapids: Eerdmans,
    1955), 『존 머레이의 구속』(복있는사람, 2011), 111.

스도 안에 있는 개인적인 믿음에 근거를 두어야한다.

2. 아마도 그는 자신이 어쩌다가 가끔 나쁜 짓을 하는 '원래는 착한 사람'이라고 생각할 것이다. 그리고 착한 사람으로서 충분한 시간이 주어지기만 한다면, 하나님께 자신의 죄를 갚을 수도 있다고 생각한다. 다시 말해, 자기 자신이 지은 죄의 심각성을 모른다. 만약 그의 죄가 하나님께 대한 범죄라면 오직 하나님만이 예수님의 보혈로써만 용서할 수 있는 것이다.

3. 그 사람은 하나님으로부터 지극히 크신 사랑을 받을 수 있음을 믿을 수가 없을 것이다. 만일 이러한 경우라면, 호세아와 고멜의 놀라운 이야기를 생각해 보라. 우리가 앞서 보았듯이 이 이야기는 아마도 성경에 나오는 것들 중 가장 극적인 복음의 예화일 것이다. 하나님은 자기 백성들에 대한 사랑에 깊이 감동된 분으로 자신을 나타내신다. 하나님은 자기 백성을 냉철하게 감찰하시는 멀리 계신 하나님이 아니라, 분노에서 돌이켜서 부르신 자들에게 사랑을 부어 주시는 분이다.

그래도 아직 의심스럽다면 바로 이것을 죄로 고백하는 것이 치료 방법이다. 이런 방법은 넘어진 사람을 구타하는 것처럼 들릴 수도 있지만, 참된 뜻을 헤아려 보라. 그는 불신앙의 죄의식이 있는 것이다. 이것은 마치 하나님을 거짓말쟁이로 부르는 것과 같다. 하나님은 말씀하신다. "만일 우리가 우리 죄를 자백하면 그는 미쁘시고 의로우사 우리 죄를 사하시며 우리를 모든 불의에서 깨끗하게 하실 것이요"(요일 1:9). 그는 이렇게 말하고 있다. "하나님, 저는 믿음이 없어요." 그러나 이제 회개하고 이렇게 말해야 한다. "아멘, 믿습니다."

4. 아마도 그 사람은 같은 죄를 반복해서 짓는 것에 대해 자기 자

신에게 분노하고 있을 것이다. 이것은 실제로 자신의 힘으로 선을 행할 수 있다고 생각하는 잘못된 형태의 자존심이다. 그는 하나님의 은혜에서 동떨어진 영적 무능함을 축소시키고 있다. 여기에 대처하기 위해서는, 항상 존재하는 변호자 예수님을 보내 주신 하나님을 찬양하고, 새로운 변화를 위한 성경적 코스를 출발해야 한다.

5. 그는 의에 대한 자기 자신만의 기준을 세우고 있을 것이다. 그리스도로 인한 하나님의 요구 사항은 간과하면서, 자기 자신의 요구 사항은 버리지 못하고 있다. 이것은 아주 신앙적으로 들리지만 근본적으로 말하고자 하는 것은 다음과 같다. "난 하나님 위에 있어. 내 기준을 위반하는 것이 가장 큰 죄야." 이는 "난 하나님이 날 용서하는 것은 믿지만 내 자신을 용서할 수 없어"라고 말하는 것과 같다.

여기에 기분 좋지 않은 사람이 또 하나 있는데, 이 경우 탈출구는 죄의 고백뿐이다. 그는 자신이 재판관이라고 말하거나 하나님의 법정뿐 아니라 자신의 법정도 있다고 말하고 있는 것이다. 그러나 모든 죄는 하나님께 반하는 것이다. 그분만이 재판관이시고, 그분의 재판이 절대적인 것이다.

6. 아마도 그는 자신의 행동의 결과를 스스로 후회하고 있다고 말할 것이다. 그의 세상은 하나님께 거스르고 있지만, 그는 그렇게 되지 않기를 바라고 있다. 이 경우에 그 사람은 결과와 용서 사이에는 차이가 있음을 알아야 한다. 성스러운 법정에서는 우리가 그리스도께 의지하면 우리는 용서받고, 성스러운 재판관 앞에서 받은 용서의 기쁨은 중독의 사회적, 직업적 또는 육체적인 결과의 고통을 능가한다. 이것이 아마도 짐이 겪는 고투의 일부일 것이다.

그리스도인 친구: 짐, 일어난 일에 대해 기분 나쁘다고 말할 때 그 의미를 설명해 줄 수 있겠어요?

짐: 글쎄요, 내 가족들에겐 거의 끝난 일이지만, 난 때로 매일 그 일에 직면해야 할 것 같아요. 게다가 아내는 더 이상 날 신뢰하지 않는 것 같아요!

그리스도인 친구: 정말 어렵겠군요. 사실 당신이 겪지 않아도 될 모든 문제들을 직면하는 데 있어 절제가 매우 중요해요. 믿음을 떠나면 음주로 되돌아가는 일이 너무 쉬워 보이죠.

짐: 나도 그 생각은 해 봤어요. 술을 끊은 이후로도 난 검은 구름이 날 덮고 있다고 느끼고 있었거든요.

그리스도인 친구: 우리가 영적 전쟁을 목도하고 있는 것이 아닌가 해요. "하나님은 선하지 않아!" "너는 사실 용서받지 못했어!"라는 사단의 말이 전혀 들리지 않나요? 당신이 입으로 말하는 것은 아주 중요해요. 그러니까 우리 좀 더 노력해 봅시다.

7. 그 사람은 또한 영적으로 미숙할 것이다. 그에게는 자신이 아닌 예수님을 바라보는 연습이 필요하다. 앞서 언급했던 1대 10 리듬(자신을 한 번 볼 때 예수님을 열 번 바라보라.)을 연습해야 한다.

8. 그는 십자가 상에서 예수님이 하신 일을 하나님께서 매우 만족하신다는 것을 진심으로 믿지 않고 있을 것이다. 그러나 이 부분을 성경은 아주 명확히 말씀한다(롬 5:9; 엡 1:7; 요일 1:7; 계 1:5). 죽은 자 가운데서 부활하신 예수님이야말로 하나님께서 만족하신다는 증거이다. 예수님 육신의 부활은 죄에 대한 형벌이 충분히 갚아졌다는 아버지의 신호였다. 너무나 완벽하고 충분했으므로 더 이상 할 일이 남아 있지 않은 것이다. 이제 일어나신 예수님은 하나님

아버지 앞에서 변함없는 우리의 대변자가 되어주신다.

9. 그러나 각 개인이 성경적 권고와 격려에 무감각해 보이는 때도 있다. 이런 경우에는 그들이 용서 받았다는 것을 믿고 싶어하지 않을 수도 있다. 예수님 안에 용서가 있다는 것을 알지만, 오히려 죄를 택한다. 왜일까? 죄를 선택할 때 우리가 생각하는 것보다 더 큰 보상이 있기 때문이다. 예를 들어 "나는 용서 받기에는 너무나 나빠"라는 말은 얼핏 들으면 종교적인 듯 보이지만, 그것은 어쩌면 앞으로의 약물 사용을 위한 문을 열어놓는 속임수일 수도 있다. 그 사고는 이렇게 진행된다. 그들이 용서받지 못한다면 하나님은 그들을 포기한 것이고, 하나님이 그들을 포기했다면 그들은 여전히 중독을 계속할 수가 있는 것이다.

마찬가지로 변형된 다른 예도 있다. 한 가지 예로, 우리가 온전히 용서받지 않았다고 믿는다면 남들에게 대한 화가 남아 있을 수 있다. "내가 은혜로 치료되지 않았다면 남을 용서할 필요가 없다." 그리고 그들이 남에게 화를 낼 '권리가 있다면', 그들은 계속 술을 마심으로써 남들을 괴롭히는 것을 정당화할 수 있는 것이다.

또 다른 기만적인 가능성이 있다. "내 죄가 너무 커서 나는 벌을 받아야 해. 가장 좋은 방법이 뭐야? 중독을 계속하는 거지."

이 계획은 겉으로는 굉장히 신앙적으로 들리지만, 실제로는 불신앙, 자만과 욕심의 모습을 드러낸다. 이것은 하나님이 말씀하시는 것보다도 우리가 느끼는 것을 믿고자 하는 것을 나타내는 불신앙이며 본질적으로 하나님을 거짓말쟁이로 부르고 있는 것이다. "하나님은 내가 그리스도께 믿음으로 의지할 때 용서 받는다고 말씀하시지만, 난 그게 사실이라고 믿지 않아." 그것은 하나님이 우리의 죄를 다루고자 하실 때 우리가 뭔가를 도울 수 있다는 믿음을 나타내는 자만이다. 우리는 자신의 불의를 보상할 수 있는 뭔가를 할 수 있다고 믿고 있기 때문이다. 동시에 그것은 그 속에 일반적으로 오래 지속되어 온 중독성 욕구를 탐닉하기 위해 가장된 구실이 들어 있는 탐욕이다.

깔려 있는 동기가 무엇이든 간에 그리스도를 믿는 사람들이 용서 받았음을 믿는 것에 대해 아직 갈등한다면 이것은 심각한 문제가 아닐 수 없다. 이 문제는 믿음으로 해결될 때까지 주요 안건으로 남겨 두어야 한다.

하나님 경외하기를 배우기

하나님에 대한 경외는 갑자기 나타나지 않는다. 그것이 하나님의 선물이기는 하지만, 하나님 그분의 백성들을 위해 마련하신 방법을 통하여 습득되기 때문이다.

기억하기. 하나님에 대한 경외를 배우는 한 가지 길은 단순히 기억하는 것이다. 하나님께서 그분 자신과 우리에 대해 말씀하시는 것을 기억해야 한다. 하나님의 백성들의 반복되는 죄 중의 하나는 "잊어버리는 것"이다. 비록 잊지 않도록 상기시켜 주는 것들, 즉 매일 펴 볼 수 있는 성경과 연합 예배, 성찬식 등이 있음에도 불구하고, 우리는 하나님이 누구신지 그리고 무엇을 하셨는지를 재빨리 망각한다. 우리는 왕이고 아버지이시며, 모든 나라들 위에 계신 그분이 속박에서 우리를 불러 그분의 이름을 높이는 자녀로 만들어 주셨다는 사실을 쉽게 잊어버린다.

망각은 단순히 나쁜 기억의 결과가 아니다. 때로는 우리의 망각이 다소 의도적이기도 하다. 우리가 다른 곳을 바라보기 때문에 망각하는 것이다. 중독자들이 하나님에게서 돌아서서 자신들의 욕망의 대상을 바라볼 때, 하나님이라는 존재는 먼 기억이 되고 만다. 좋은 일을 막으시려고 하는 하나님이라는 이 거짓된 믿음 때문에, 우리는 하나님을 기억하지 않으려고 한다. 마치 간음하는 데 방해가 되므로 자신이 버린 배우자를 잊고자 하는 사람처럼, 중독자들 또한 하나님에 대한 진실을 기억하지 않고 억누르려고 한다.

기억이라는 가장 탁월한 이 수단은 눈에 띌 만큼 번쩍이는 것은 아니지만, 그것은 진실하며 하나님이 주신 수단이다. 이 수단을 통해 성경을 읽고 묵상하며, 그리스도의 영광으로 우리를 인도해 줄 수 있는 신앙인들과 만나게 해 주고 우리 또한 그렇게 되려 한다.

고백하기. 우리의 깊은 문제가 죄와의 싸움이라는 것을 알 때 기억하기 쉬워진다. 주기도문을 매일 생각하라(마 6:9-13). 이 간결한 기도의 요약을 통해 인간 생활의 기본을 배우게 된다.

- 하나님은 우리 아버지이시다.
- 우리는 그분의 이름이 찬양받고 우리의 삶과 세상에서 경배받기를 원한다.
- 우리는 그분의 통치가 마음속 깊이 그리고 온 세상에 널리 확장되기를 원한다.
- 매일의 양식을 구한다.
- 죄를 고백하고, 우리에게 죄 지은 자들을 용서했다는 것을 시인한다.

■ 하나님께 우리를 사단의 전략으로부터 구원해 주시기를 기도
한다.

하나님을 경외하는 것의 정의

하나님을 경외하는 것을 한 가지로 정의할 수는 없지만, 일정한 요
소들은 어떤 정의나 설명에 나타나야 한다.

하나님을 경외하는 것은 신성하신 하나님 아버지의 거룩함
에 대한 자녀의 반응이다.
하나님을 경외하는 것의 성경적 이해의 기반은, 하나님의 거룩
에 대한 우리의 지식이 점점 더 자라야 한다는 데 있다. 이것은 그
분의 속성은 실로 가장 훌륭한 사람들이 찬사를 받을 만한 특성들
에 비교될 수 없음을 의미한다. 그분의 사랑, 능력, 아름다움, 판단,
열정, 진노 그리고 자비는 모두 거룩한 것이다. 그것들은 우리가 서
로 상대방에게서 보게 되는 이런 속성들의 희미한 그림자와는 다
른 것이다.

하나님을 경외하는 것은 하나님에 대한 우리의 전인적인 반
응이다.
이것은 지적인 이해보다도 더 깊은 것이다. 성경적인 하나님 경
외는 우리의 전존재로 반응하는 것이다. 하나님께서는 완전히 놀라
운 방법으로 우리에게 자신을 경외하도록 가르치셨다. 그리스도의
십자가는 이 가르침의 정점이었다. 그것은 단지 억울하게 고발당한

훌륭한 스승에 관한 이야기가 아니다. 그것은 산 자나 죽은 자를 해방시키신 우주적인 사건이며, 하나님의 사랑과 공의에 대한 최종적 말씀이었으며, 예수 그리스도의 영원한 통치가 시작된 사건이었다. 이러한 사건은 단순히 우리의 관심을 끄는 것이 아니라 우리를 감동시킨다. 이런 이유로 하나님 경외에는 감정적인 차원이 있는 것이다.

하나님을 경외하는 것은 우리의 민감하며 경건하고 기쁨이 넘치는 행동 속에서 나타난다.

여기에 인간 행동에 있어 신뢰할 만한 원리가 있다. 우리가 사랑하는 것이 우리의 삶을 지배할 것이다. 당신이 배우자를 사랑하는 것은 당신이 느끼는 방식과 살아가는 방식으로 표현될 것이다. 당신이 일을 사랑함으로, 비록 당신의 가족에게는 희생을 의미할 수도 있지만, 당신의 과외의 시간과 그리고 때로는 건강까지도 바칠 것이다. 당신이 포르노그래피를 좋아한다면 그 욕구를 채우기 위해서 시간과 돈을 투자할 것이다. 중독자들은 그들이 가장 사랑하는 것에 의해 좌우된다. 이러한 관계에서 빠져 나가는 유일한 길은 훨씬 더 아름답고 합법적인 연인에게 더욱 매혹되는 것이다. 다른 것에 대한 어떠한 복종도 오래 가지 못한다.

예를 들어, 이사야 선지자에게 그의 하나님에 대한 사랑을 시험받는 사역이 주어졌는데, 그것은 그의 안전과 맞바꿀 만한 것이었다. 사람들은 그를 죽이려고 했지만 이 시험에서 하나님은 그를 준비시키기 위한 위로, 안전 또는 수락을 초월하는 비전을 주셨다. 이사야로 하여금 하나님의 영광을 주시하도록 하셨다. 그리고 하나님의 영광을 가르치셨다. 그 사명이 희생이 따르는 것일지라도 이 비전(기억)으로 이사야는 재빨리 말했다. "나를 보내소서"(사 6:8). 달리 말하면 하나님에 대한 경외가 그를 감동시켰으며 무엇인가를 하게 만들었다. 잠언을 통해 우리가 보듯이, 하나님을 경외하는 것은 그 것이 접시를 닦는 일이든, 남을 따뜻이 맞이하는 일이든 또는 한때 사랑했던 죄에 대해 '아니오'라고 말하는 일이든 간에 우리 삶의 모든 행동을 살린다. 그래서 하나님 경외는 복종하는 경배이다.

"복종하는 경배"는 하나님을 경외하는 것에 대한 정확한 정의라 고 할 수 있다. 그러나 하나님의 위엄을 고려하도록 강요하는 것은 아니다. 대신에 복종으로 주의를 집중시킨다. 하나님 경외를 정의 하기 위한 보다 충실한 길은 다음과 같다.

하나님 경외는 내가 코람데오, 즉 하나님 면전에서 삶을 사는 것 [신전 신앙]을 아는 것이다. 거룩하신 하나님이 내 삶의 모든 면 을 보고 계심을 아는 것이다.[33] 그 결과는 우리가 남들에게 보여지 고 있는 것을 아는 삶이다. 우리는 공개적으로 살고, 기쁘고도 경 건한 복종 속에 그리스도를 따른다.

보다 충실한 정의는 하나님 경외에 중대한 특징을 부가한다. 하 나님께서 보신다. 보좌에 앉으신 이가 보고 계신다. 우리의 하늘 아 버지는 우리를 그분의 주의 깊은 눈 아래에 두신다. 우리가 죄에 대해 용인하는 것은 우리 삶의 어느 정도를 비밀에 부칠 수 있다는 믿음 탓인 경우가 있다. 이것이 바로 중독이 시작되는 방식이 아닌 가? 우리는 하나님을 우리가 비밀리에 탐심을 추구할 동안 낮잠을

---

33 이 정의는 R. C. Sproul에 의해서 정교해졌다

자는 우상이라고 생각하고 있다. 우리는 그분이 그저 우리를 보기만 하는 다른 사람들과 같다고 여기고 있다.

모든 중독은 그 중심에 이런 거짓을 담고 있다. 여기에 예외는 없다. 그들이 거룩한 하나님의 면전에서 사는 것을 안다면, 제 맘대로 중독에 빠지는 사람이 몇이나 있겠는가? 우리는 직장 상사 앞에서도 중독을 추구하지는 않는다.

모든 중독의 실천적인 신학은 하나님은 가끔 계시고, 다른 때는 계시지 않는다는 것이다. 우리는 일반적으로 아무도 안본다고 믿을 때 양심의 가책 없이 죄에 탐닉한다. 이것을 어떻게 알 수 있는가? 실제 어떤 사람이 우리를 잡을 때 무슨 일이 일어나는지 주목해 보라. 우리는 당황하고 죄에 대한 돌연한 감각을 느낀다. 어둠 속에 감춰 두고자 했던 것이 이제 빛 가운데 노출되었다. 당연히 우리는 절대 비밀일 수 없는 현실이 되었다. "주께서 우리의 죄악을 주의 앞에 놓으시며 우리의 은밀한 죄를 주의 얼굴 빛 가운데에 두셨사오니"(시 90:8). 모든 우리의 인생은 여호와의 법정에 다 드러나 있다. 우리는 언제나 하나님께 보여지고 있고, 거룩하신 이의 면전에 있다.

이는 처음에는 썩 매력적인 진실같아 보이지 않는다. 우리는 우리 자신의 조그만 구석에서 조용히 개인적으로 죄를 지으며 하나님과 멀리 떨어져 있다고 생각하길 원하기 때문에, 하나님의 경외는 당장 와 닿는 일이 아닌 것이다. 거기에는 경이와 헌신이 아니라 공포와 노골적인 두려움이 있다. 그러나 그것은 하나님 경외의 축복이다. 하나님이 그분의 백성에게 주시는 큰 선물 중 하나는 그분의 것과 닮은 마음이다. 하나님의 만물을 꿰뚫어 보시는 시선은 우리의 마음을 열린 곳에 내놓아 변화되도록 하신다. 만약 우리의 신성하신 하나님 아버지께서 우리가 우리 자신의 사적인 탐닉을 잘 감당해 낼 것으로 생각하고 그냥 내버려 두셨다면 분명 비극이었을 것이다. 달리 말해서, 당신이 하나님 앞에 노출되어 있다면 사랑받고 있다고 생각하라. 하나님은 당신이 하나님 경외하기를 배우도록 부르고 계심을 기억하라.

하나님이 우리 삶의 모든 면을 보신다는 사실은 처음에는 우리로 하여금 두렵게 하고, 그 두려움으로 인해 그분을 껴안기보다는 숨기를 갈망하도록 할 수도 있다. 그러나 하나님을 경외하는 것은 하나님의 거룩한 순수함과 죄에 대한 증오, 그리고 그분의 거룩한 인내와 용서를 알게 해 준다. 우리가 양쪽 모두를 기억할 때, 특히 하나님의 시선을 벗어나 달아날 곳이 없으므로, 겁을 먹고 도망할 이유가 없는 것이다. 반대로 하나님을 바라볼 때 그분이 우리를 초청하고, 정결케 하며, 능력을 주심으로 거룩하게 성장시키신다.

하나님의 임재 즉, 나를 향해 있는 그분의 눈을 갖는 것은 성경이 말씀하는 큰 축복이다.

> 여호와는 네게 복을 주시고 너를 지키시기를 원하며
> 여호와는 그의 얼굴을 네게 비추사 은혜 베푸시기를 원하며
> 여호와는 그 얼굴을 네게로 향하여 드사 평강 주시기를 원하노라
> (민 6:24).

실천신학

이 자료가 변화의 핵심이다. 더 이상 중요한 것은 없다. 아침에 잠에서 깨어나면 감사하고 겸손해질 때까지 그리스도의 십자가를 묵상함으로써 시작하라. 하나님에 대한 지식을 간구하고, 담대함을 간구하라. 기도할 때 성경구절을 사용하라. 다른 사람에게 그들은 어떻게 예수 그리스도와 복음에 대해 배우고 있는지 물어 보라. 풀릴 때까지 묵상하라.

당신 자신의 중독에 직면할 때

1. 당신의 삶이 공개되어 하나님 앞에서 산다고 진심으로 믿는 것이 어떤 것일지 상상할 수 있는가? 그것은 당신을 지키고 축복할 것이다.
   시편 139편을 공부하라. 시편 기자는 하나님의 임재가 최상의 축복이라는 것을 배우게 되었다. 이 지식의 좋은 열매는 하나님으로부터 숨는 것 대신에 "하나님이여, 나를 살피소서"라고 말하는 것이다.

   내가 주의 영을 떠나 어디로 가며 주의 앞에서 어디로 피하리이까 내가 하늘에 올라갈지라도 거기 계시며 스올에 내 자리를

펼지라도 거기 계시니이다 … 내가 혹시 말하기를 흑암이 반드
시 나를 덮고 나를 두른 빛은 밤이 되리라 할지라도 주에게서
는 흑암이 숨기지 못하며 밤이 낮과 같이 비추이나니 주에게는
흑암과 빛이 같음이니이다(시 139:7-8, 11-12).

2. 아마도 당신은 생각보다 더 많은 죄의식을 느끼게 된다. 하나님
앞에서의 죄는 오늘날 인기 있는 주제는 아니다. 그것은 우리가
자주 생각하는 것이 아니므로 점점 인식하기 어려워진다. 그것
은 가끔 걱정, 우울(침체), 방어와 수치로 변장할 수 있다. 당신의
죄는 어떻게 나타나는가?

3. 용서 받았다고 느끼지 못하는 이유들의 목록을 되짚어 보라. 어
느 것이 당신의 마음을 보여 주는가? 우리는 하나님의 진노가
예수님 위에 부어졌다는 것을 알게 되었다. 이제 그분을 믿는 우
리가 용서 받을 수 없다고 생각할 수 있겠는가? 용서 외에 다른
일을 하신다면 십자가가 부족했다는 것을 말하는 셈이다.
그러므로 죄를 고백하는 것을 두려워 말라. "하나님, 나를 살펴
소서"라고 말하기를 두려워 말라.

4. 여기에 가장 어려운 부분이 있다. 하나님을 경외하는 것은 즉시
오지 않는다. 그것은 지혜와 같아서 우리가 구하고 찾을 때 온
다. 하나님 경외하는 데 있어 성장할 수 있도록 이웃에게 기도를
부탁하라. 매주 자신의 달력에 써 두도록 요청하라.

5. 성경에 아주 헌신적인 동력자를 만나라.

당신이 다른 사람을 도울 때

1. 중독과 싸우는 어떤 사람을 알게 됐을 때, 의논할 만한 것으로 예상되는 쟁점들이 있다. 그 사람을 압도하지 말라. 이에 대해 AA는 이렇게 말한다. "단순하게 하라." 중요한 하나의 주제에 집중하도록 노력하고, 하나님을 경외함으로 감싸라.

2. 당신이 돕는 그 사람이 하나님을 경외하는 것을 배우는 데 관심이 있는가? 그렇지 않다면, 왜 그런가? 그때가 그 사람이 거듭나야 할 시간이다. 하나님을 알고 사랑하고 경외하는 것에 대한 우리의 대화를 낯설어 한다면, 그를 그리스도 앞으로 초대하라.

3. 당신은 하나님을 경외함에 있어 성장하고 있는가? 당신 또한 당신이 돕는 사람과 또 다른 사람에게 기도를 부탁할 필요가 있다.

4. 당신의 인간관계에서 하나님을 경외함의 중대성을 가늠해 볼 수 있는 좋은 바로미터가 있다. 같이 기도하는가? 하나님께서 당신에게 주시고자 하는 것들을 간절하게 소원하는가?

9장 . 거짓에서 돌아서기

너희가 말하기를 우리는 사망과 언약하였고 스올과 맹약하였은즉 넘치는 재앙이
밀려올지라도 우리에게 미치지 못하리니 우리는 거짓을 우리의 피난처로 삼았고
허위 아래에 우리를 숨겼음이라 하는도다

(이사야 28:15)

하나님에 대한 경외심은 우리 자신을 노출시킨다. 과거에 우리는
다른 사람들은 물론 나아가 하나님으로부터도 자신을 숨길 수 있
다고 생각했다. 그러나 그리스도의 빛은 우리의 삶이 우리가 한때
생각했던 것 이상으로 훨씬 더 공개적임을 일깨워 준다.

죄의 기만성은 우리가 그 행동에 사로잡히기 이전에는 우리가
하고 있는 것이 아무 문제가 없다고 생각하게 만드는 것이다. 만약
누군가가 인터넷 포르노 사이트를 아무도 모르게 접속하고 있다면,
그것이 잘못됐다는 것을 알면서도, 그것이 주는 달콤함에 더 빠져
들게 된다. 그러다가 친구나 배우자가 불시에 나타났을 때에야 비
로소 자기 행동의 심각성을 깨닫게 되는 것이다. 이와 비슷한 맥락
에서 그리스도의 빛은 어둠 가운데 숨겨져 있는 우리 삶의 추함이
드러나게 한다.

이 속에 담긴 반갑지 않은 소식은 바로 그 빛이 우리의 죄책감
과 수치심을 드러나게 한다는 것이다. 좋은 소식도 있다. 그것은 하

나님을 경외함이 우리를 노출시키되 수치심과 영원한 죄책감과 변화에 대해 무기력하게 버려두지 않는다는 것이다. 오히려 그 빛은 우리의 수치심을 덮고, 죄악 된 양심을 깨끗이 씻기며, 변화를 위한 은혜를 주며, 하나님과 주변 사람과의 무너진 교제를 회복시키기 위해 우리를 비춘다. 우리는 이제 이를 염두에 두고 가장 어둡고 고민스러운 중독의 특징인 거짓말과 기만에 대해 생각해 볼 것이다.

중독은 거짓말, 기만과 매우 친밀하게 연결되어 있어 한 쪽 없이는 다른 쪽을 찾을 수가 없다. 중독자들은 은폐, 선의의 거짓말, 책임전가, 또는 철저하게 조작된 거짓말들 속에서 지속적으로 기술을 발전시킨다. 만약 당신이 중독의 문제들과 싸우고 있다면 거짓말을 해 왔을 것이다. 그리고 만약 중독자와 함께 살고 있다면 당신은 많이 속아 왔을 것이다. 그래서 당신은 그 사람을 다시 신뢰할 수 있을지에 대해 의문이 들 것이다.

기만에 대해 눈 뜨기

중독에 있어 기만은 보편적인 문제임에도 불구하고 그동안 별로 주목을 받지 못했다. 아마도 이것은 거짓말이 진실을 말하는 것이라기보다는, 위기 관리의 목적으로 하는 인간 성향의 일부로 받아들여지기 때문일 것이다. 기만의 특징은 자세한 검사를 위해 빛 앞으로 나오는 것에 저항한다. 그 이유가 무엇이든지 간에 성경을 잠깐만 훑어보아도 우리는 거짓말의 위험성과 진실함의 축복에 대해서 아무리 강조해도 지나치지 않음을 알 수 있다.

하나님은 진리이시다

하나님의 말씀은 진실과 거짓에 대해서 매우 명확하게 그리고 자주 이야기한다. 그것은 하나님의 법칙의 특성으로 가장 알려진 것 중의 하나이다. 심지어 아이들조차도 성경에 대해서 알고 있다면 "속이지 말며 서로 거짓말하지 말며"(레 19:11)라는 말씀을 잘 안다. 하지만 아이들이 항상 알지 못하는 것은 왜 하나님이 우리에게 거짓말을 하지 말 것을 명령하셨는가이다. 이것은 단지 거짓말이 사회 질서를 타락시키기 때문만은 아니다. 비록 그것이 맞다고 할지라도 거짓말을 하면 안 되는 이유는 그보다 더 깊은 곳에 있다. 하나님의 계명들은 매우 인격적이며, 하나님 자신을 드러낸다. 하나님은 거짓말을 하지 않으시기 때문에 우리 또한 거짓말을 하지 않도록 부름 받았다. 진실을 말하는 것은(출 20:16; 슥 8:16; 골 3:9) 곧 하나님의 성품을 본받는 것이며 거짓말은 이것에 위배되는 것이다.

하나님은 진리이시다(시 31:5; 요 1:9; 14:6; 17:3; 요일 1:5; 5:6, 5:20). 하나님은 거짓말을 못하신다. 예수님도 반복해서 말씀하셨다. "내가 진실로 이르노니" 그리고 그분은 우리에게 진리의 영을 주셨다(요 14:17). 성경에서 가장 자주 쓰인 단어 중의 하나가 '진리'이다. 진리는 하나님 성의 토대이다.

여기서 잠깐 생각해 보라. 만약 하나님이 거짓말을 하신다면? 그것이 아주 작은 것이라 할지라도 예수 그리스도를 신뢰하던 모든 사람들은 희망을 잃을 것이다. 만약 그분이 절대적으로 신실하고 진실하지 않으시다면 우리의 믿음은 어리석은 것이 된다. 진실은 하나님이 우리와 관계를 맺는 방식 중에서 가장 필수적인 것이다.

그러므로 우리는 진실을 말해야 한다. 하나님이 진리가 되시기 때문에 하나님의 자녀로 부름 받은 우리는 그분을 본받아야 하며 진실을 말하는 사람이 되어야 한다. 이것이 오직 우리가 하나님의 사람이라는 것을 나타내는 방법이다. 거짓말과 속임수는 잘못된 것이다. 왜냐하면 이것들은 하나님의 중요한 성품인 '진실'에 위배되기 때문이다.

사탄은 거짓말쟁이다

하나님은 진리이시고 사탄은 하나님께 거역하므로 사탄의 왕국이 거짓 자체라는 사실은 그리 놀라운 일이 아니다. 요한복음 8장 44절에서는 "너희는 너희 아비 마귀에게서 벗어났으니 너희 아비의 욕심대로 너희도 행하고자 하느니라 그는 처음부터 살인한 자요 진리가 그 속에 없으므로 진리에 서지 못하고 거짓을 말할 때마다 제 것으로 말하나니 이는 그가 거짓말쟁이요 거짓의 아비가 되었음이라"라고 하였다.

사탄의 속이는 성품은 시작부터 명백하다. 창세기 3장 1-5절에 처음 등장하는 교활한 사기꾼인 사탄은 이미 완전한 거짓말쟁이였다. 사탄의 거짓이 얼마나 멀리까지 가는지 알아야 한다. 사탄은 놀랍게도 '하나님이야말로 거짓말쟁이'라고 부추긴다.

하나님께서 말씀하셨다. "여호와 하나님이 그 사람에게 명하여 이르시되 동산 각종 나무의 열매는 네가 임의로 먹되 선악을 알게 하는 나무의 열매는 먹지 말라 네가 먹는 날에는 반드시 죽으리라 하시니라"(창 2:16-17). 하지만 사탄은 하나님께 정면도전하며 말하기를 "뱀이 여자에게 이르되 너희가 결코 죽지 아니하리라 너희가 그것을 먹는 날에는 너희 눈이 밝아져 하나님과 같이 되어 선악을 알 줄 하나님이 아심이니라"(창 3:4-5).

이 경우 사탄의 거짓말은 그리 교활해 보이지 않는다. 그것은 어떻게 보면 아담과 하와가 웃어 넘길만한 뻔뻔한 허풍과도 같다. 하지만 그들은 뱀의 그 농담에 담긴 의도를 추측해 냈어야 했다. 의로운 분개로 맞서거나 뱀을 비난하거나 죽이는 것이 현명한 선택이었을 것이다. 그러나 아담과 하와가 그 거짓말을 마음에 담았기 때문에 그 거짓말이 싹트기 시작한 인간의 자만심과 결부되어 공명을 만들고 만 것이다.

이것은 우리 인간됨의 놀라운 실례이다. 우리는 어처구니없는 사탄의 말을 믿는 경향이 있다. 우리는 다른 사람에게 던져지는 거짓은 금방 알아차릴 수 있지만, 우리 자신에게 다가오는 거짓은 알아보지 못한다. 우리는 거짓의 함정에 빠지지 않도록 하나님의 자비와 은혜를 간구해야 하는 존재이다.

이 세상은 바로 전투의 자리이다. 진리이신 하나님께서는 그분을 믿고, 진리를 말하며 그분을 따르도록 우리를 부르셨다. 사탄은 거짓을 말한다. 사탄은 우리가 하나님의 선하심을 의심하기를 바라며, 우리가 거짓을 믿음으로 자신을 따르기를 바란다. 이 왕국의 투쟁은 모든 속임수의 뒤에 가려져 있다.

사도 바울은 특별히 거짓의 심각성에 대해 경고하고 있다. 그는 에베소서에서 "그런즉 거짓을 버리고 각각 그 이웃과 더불어 참된 것을 말하라 이는 우리가 서로 지체가 됨이라"(4:27)라고 썼다. 얼핏 보면 경고의 메시지를 동반한 일반적인 훈계처럼 보이지만 그는 모든 기만 뒤에 있는 커다란 영적인 원동력에 대해 경계하고 있는 것이다. 그는 우리에게 해도 되는 것과 금해야 할 것에 대해서 이야기하고 있는 것이 아니다. 빛과 어둠에 대해서 이야기하고 있고

(4:18), 사탄에게 틈을 주고 있는 것이라고 말하고 있으며(4:27), 또한 우리가 하나님을 어떻게 따라야 하는지에 관해 말하고 있다(5:8-10). 그는 우리에게 투쟁 중인 두 개의 왕국이 있음을 가르치고 있으며(6:10-18), 이 영적인 전투에서 우리가 무너지지 않고 견고하게 서도록 있도록 우리를 훈련시키고 있다. 거짓 대신 진실을 말하는 것은 단순히 착한 것을 의미하는 것이 아니다. 이것은 충성을 선언하는 것이며 우리가 하나님의 왕국에 속해 있다는 증거이다. 그러나 이것이 거짓말을 하는 사람은 그리스도인이 될 수 없다는 말은 아니다. 다만 거짓말은 매우 위험하다는 것과 우리는 회개하며 그것과 맞서 싸워야 한다는 것이다.

예수님도 거짓에 대해서 똑같은 경고를 하셨다 "오직 너희 말은 옳다 옳다 아니라 아니라 하라 이에서 지나는 것은 악으로부터 나느니라"(마 5:37). 다시 말해서 진실을 얼버무리거나, 손가락을 포개어 행운을 빌어 주거나, 언어를 조작해서 진실을 피하는 것은 옳은 일이 아니다. 당신이 뜻하는 바를 말하고, 말하는 바를 행하라. 이 것이야말로 분명하게 우리를 드러낼 수 있는 말이다.

우리는 혹시 다음과 같은 무서운 말씀을 놓치고 있는 건 아닌가? "이에서 지나는 것은 악으로부터 나온다." 이렇게 예수님은 진실과 거짓의 뒤에 영적인 존재들이 있다는 사실을 인식하도록 분명하고 단호하게 말씀하셨다. 사실 선의의 거짓말은 이보다 더 악하다. 선의의 거짓말을 하는 순간에 우리의 주인이 누구인지 드러난다.

예수님은 당시 공공연히 행해지던 관례를 지적하셨다. 만약 누군가가 "내가 하늘로써 맹세하는데, 나는 내일 아침에 거기에 있을 것이다"라고 말한다면, 그것은 그 사람이 거기에 있을 수도 있고 없을 수도 있다는 의미였다. 그 당시에는 사람들이 듣기 좋은 말을 하면서도 꼭 지키지 않아도 될 때 이렇게 말하였고, 사회적으로도 그런 의미로 받아들여졌다. 그러나 예수님은 누구나 쉽게 저지르는 아주 경미한 죄라 할지라도 그 이면에는 영적으로 어디에 속하였는지 드러내는 것이라고 말씀하셨다. 특히 이러한 경우에 그 행동이 얼마나 중요한 의미를 가지고 있는지를 드러내신 것이다.

중독자들을 자세히 살펴보면 진정한 하나님이 아닌 사탄의 방식을 모방하는 여느 신자들과 다를 바가 없다. 거짓말을 하면 일시적으로 우리가 상대방보다 더 큰 힘이 있는 것처럼, 그리고 그것으로부터 보호받는 것처럼 느껴진다. 거짓말은 다른 사람들을 속이는 것으로 시작하지만, 더 나아가 자기자신을 기만하고, 결국 끝없는 어둠으로 빠져 들어가서 죽음에 이르게 된다. 이것을 중독자들이 알 수 있도록 도와 주어야 한다.

다음은 중독자들과 함께 살펴볼 거짓말의 종류이다.

- 은폐하기
- 은밀하게 하기
- 책임 떠넘기기
- 교묘하게 사람들을 조정하기
- 회피하기
- 회피의 방법으로 침묵하기
- 대화의 화제 바꾸기
- 정당화하기
- 말로만 약속하고 행동으로 실천하지 않기

이러한 종류의 거짓말들은 거짓말의 여러 방법들 중 일부에 지나지 않으며, 누구든지 살면서 하는 것이다. 은밀히 숨겨져 있는 이러한 세계를 들춰내기 위한 방법이 있다. 다음과 같은 질문을 계속해 보는 것이다. "당신은 다른 사람들과 함께 있을 때와 혼자 있을 때가 어떻게 다른가?" "당신이 혼자 있으면서 하는 일들 중에 다른 사람들에게 알려지지 않기를 원하는 것은 무엇인가?" 이런 질문들은 어떻게 하나님을 경외해야 하는지 알려 준다. 하나님을 경외한다는 것은 그분이 모든 것을 항상 보고 계시며 알고 계심을 아는 것이다. 이것은 하나님이 자신의 백성을 거짓의 올가미로부터 자유하게 하시는 방법이다.

그러나 기만은 우리로 하여금 여전히 어둠에 머물러 있게 한다. 이것은 특히 거짓말이 생활의 일부가 되고 그 사람의 언어가 되어 버렸을 때 더욱 그러하다. 중독자들은 심지어 자신이 거짓말을 하고 있는지도 모를 때가 많다. 진실을 쉽게 말할 수 있는 상황에서도 그들은 거짓말을 한다.

친구: 우리 일요일에 만날까요?
중독자: 안돼요, 이번 주 일요일에는 일을 해야 해요. 월요일까지 끝낼 중요한 일이 있거든요.

실제 이 중독자는 한 번도 일요일에 일해 본 적이 없다. 또한 어느 누구도 그에게 일요일에 일을 하라고 한 적이 없다. 그는 사실 다른 주에 사는 그의 어머니를 만나러 가려고 했다. 그런데 왜 그냥 있는 그대로 말하지 않았을까? 어머니를 만나러 간다고 해도 아무도 그를 비난하지 않았을 텐데 말이다. 도대체 왜 그는 거짓말을 하는가?

거짓말을 하는 합당하고도 궁극적인 이유는 없다. 거짓말은 결국 삶을 비참하게 만든다. 거짓말하는 사람들은 가끔씩 자신이 얼마나 터무니없이 거짓말을 하고 있는지를 깨닫고 놀라기도 하지만, 그렇다고 거짓말을 멈추는 것은 아니다. 그들이 끈질기게 거짓말을 하는 것은 거짓이 중독의 굴레의 일부이며, 기쁨을 약속하지만 불행을 가져다주는 악한 주인의 강력한 속박임을 말해 준다.

그러므로 어려운 질문을 할 때는 그가 대답하기 전에 잠시 시간을 주라. 대답하기 어려운 모든 질문들은 그로 하여금 두 왕국의 갈림길에 서게 한다. 당신은 그가 말하려고 했던 것을 다시 되짚어 보도록 하여, 그가 진실을 말하는 연습을 할 수 있도록 도와주어야 한다. 그가 다음과 같이 말할 수 있도록 격려하라. "제가 그것을 나중에 대답해도 될까요?" 이것은 그가 습관적으로 거짓말을 하는 것을 방지할 수 있다.

만약 당신이 중독으로 인해 씨름하고 있는 사람의 친구나 목사 또는 상담자라고 할 때, 그와의 관계에서 중요한 순간은 그가 당신에게 거짓말을 하는 바로 그때이다. 그는 당신에게 거짓말을 할 것이다. 어쩌면 중독자들은 수년 전에 있었던 일에 대해서는 거짓말을 하지 않을 수도 있겠지만, 당신이 현재에서 가까운 시점의 일을 질문할수록 진실을 말하기 더 힘들어 할 수 있다. 이것은 더 거짓말하고 싶은 유혹을 느끼게 한다. 더 심각한 것은, 그들이 당신에게 거짓말을 한 후 자신의 무덤을 더 깊게 파버린 결과, 중독 문제뿐만 아니라 당신과의 관계 문제까지 떠안게 된다는 점이다.

이와 같은 문제에 접근하는 여러 가지 방법이 있다. 몇 가지 예를 들어보자.

1. 당신이 하고 싶은 거짓말을 생각해 보라. 하나님에 대해, 다른

사람들과 당신 자신에 대해 거짓말을 하고 싶을 때가 언제인 지 생각해 보라. 그리고 이렇게 질문해 보라. "왜 우리는 거짓 말을 하는가?"

2. 예수님은 약속을 하시고, 그것을 지키셨다는 것을 항상 기억 하라.

3. 직접적으로 말하라.

그리스도인 친구: 내가 보기에 문제가 될 만한 것이 있어요. 내가 만약 정말 당신에게 무슨 일이 있었는지, 무슨 일이 일어나고 있 는지 물어본다면, 아마 당신은 그것에 대해 거짓말하기 쉬울 거 예요. 최소한 그것을 덮으려고 노력하겠죠. 그동안 당신은 웬만큼 친한 사람들에게 최소한 한 번씩은 거짓말을 해왔을 거예요. 다만 나는 당신의 거짓말로 인해 우리의 관계가 어색해질까봐 그게 걱 정이 되네요.

문제는 당신이 나에게 거짓말을 했다는 사실을 인정하는 것이 정 말 어렵다는 거예요. 거짓은 한 번 기어들어오면 점점 더 자연스 럽게 되거든요. 당신이 드러내 놓고 솔직하게 말할 수 있는 상황 이 되도록 돕고 싶은데, 좋은 생각 없나요?

중독자: 글쎄요, 잘 모르겠네요. 그러나 당신이 무슨 말을 하고 있 는지는 알겠어요.

그리스도인 친구: 나중에 다시 물어 볼게요. 지금은 내가 드러내 놓고 솔직하게 말하려고 한다는 것을 당신이 알아줬으면 좋겠어 요. 나부터 그것을 실천하려고 해요. 우리가 살펴보았던 말씀을 통해 말을 보다 신중하게 해야 한다는 것을 알게 되었으니까요.

여기서 우리의 목표는 중독자들로 하여금 자신들의 죄를 고백하게 만드는 것이 아니다. 대신 중독자들을 격려하여 빛 가운데 계속 걷도록 하고, 사탄이 우리로 하여금 어떻게 거짓말하게 하는지를 알게 하여 경계심을 갖도록 하는 것이다.

우리는 언어생활을 중요하게 생각하지 않거나 회피하는 것과 같은 '거짓'에 대해 무감각해지기 쉽기 때문에, 성경이 죄의 심각성에 대해서 말하고 있는 것을 계속 상기시켜야 한다. 만약 당신이 이를 시작하는 데 도움이 필요하다면, 성경의 예부터 살펴보라. 예를 들어, 야곱은 그의 이름의 의미부터가 비유적으로 "거짓말하는 자"이다. 그의 거짓말의 정점은 그의 아버지와 형을 배신하는 것이었다(창 27장). 그 거짓말을 따라 그의 아들들이 요셉이 들짐승에 의해 죽었다고 그에게 거짓말을 한다(창 37:31-35). 요셉에게 음욕을 품었던 보디발의 아내는 거짓말을 하여 요셉을 감옥에 넣게 했다(창 39:13-18). 예수님을 배신한 유다의 거짓말은 아마 사탄의 거짓말 중 가장 뻔뻔스러운 것이었을 것이다(눅 22:3, 48; 요 13:27). 특히, 사도행전 5장 1-5절은 사람이 거짓말하는 것이 사탄에게 충성하는 것임을 더욱 명확하게 보여 주고 있다. "아나니아야 어찌하여 사탄이 네 마음에 가득하여 네가 성령을 속이고 땅 값 얼마를 감추었느냐"(행 5:3).

이 모든 성경의 예들은 거짓이 하나님을 신뢰하지 않고 우리 마음의 정욕을 따르는 것임을 보여 준다. 불신과 소욕이 우리 자신 속에서 그러듯 거짓 속에서 메아리친다. 불신은 "나는 하나님의 말씀을 믿지 않아. 하나님이 선하시다는 것을 믿지 않겠어"라고 말하고, 소욕은 "나의 정욕, 안위, 안전, 혹은 정체성이야말로 경배를 받아야 한다"라고 말한다.

다른 사람에게 책임을 돌리는 거짓말

거짓을 말할 때 또 하나 논의할 만한 것은 다른 사람에게 책임을 돌리는 행위이다. 만약 중독자가 기혼자라면 그의 배우자가 죄책감을 느끼고 있을 가능성이 있다. 왜 그런가? 중독자들은 전형적으로 비난의 화살을 다른 사람들에게 돌려 그들에게 책임이 있다고 생각하게 만드는 데 전문가들이기 때문이다. 그것은 항상 다른 사람의 잘못이다. 이는 "최선의 방어는 공격이다"의 현대적 변용이다.

문제는 그 무엇보다도 이 현대적 변용에 있다. 이것이 죄의 첫 번째 결과라는 것을 기억하라. 당신은 당신 자신을 가리고 가장 가까운 사람에게 책임을 떠넘긴다. 창세기 3장 11-13절에서 아담과 하와가 자신들을 가리고 나서 즉시 본능적으로 책임을 돌리는 자들이 되었다. "내가 네게 먹지 말라 명한 그 나무 열매를 네가 먹었느냐?"라고 하나님이 물으셨을 때 어떻게 대답하는지 보라.

> 아담이 이르되 "하나님이 주셔서 나와 함께 있게 하신 여자 그녀가 그 나무 열매를 내게 주므로 내가 먹었나이다."
> 여호와 하나님이 여자에게 이르시되, "네가 어찌하여 이렇게 하였느냐?"
> 여자가 이르되 "뱀이 나를 꾀므로 내가 먹었나이다."

진실은 너무 많은 것을 드러내고 위험할 수도 있으므로 아담과 하와는 하나님의 시선을 피하는 방법으로 거짓을 선택했다. 하나님께서 원하셨던 진정한 대답은 "네, 제가 그 나무의 열매를 먹었습니다"였지만, 그들의 사욕(self-interest)은 자신은 가리고 상대방에게 책임을 돌리는 데에 이르게 하였다. 이러한 방식은 오늘날까지 지속되고 있다.

그들의 반응은 보잘 것 없고 죄악 된 것이지만, 자신을 가리고 상대방에게 책임을 돌리는 것에 대해서 한 가지 더 언급해야 할 것이 있다. 어떻게 보면 아담과 하와는 사실을 정확히 말하고 있다. 아담은 그 열매를 하와로부터 받았고, 뱀은 하와를 유혹하였다. 만약 이런 일들이 일어나지 않았다면, 상황이 달라졌을 수도 있다. 비록 아담과 하와의 진짜 동기는 자신들을 가리는 것이었지만, 그들은 변명을 하며 자신을 정당화하였고, 이는 중독자들이 자신의 문제에 대해서 가장 가까운 사람에게 책임을 떠넘기며 자신을 정당화하는 방법과 동일하다.

중독자들은 다음과 같이 재빨리 말하거나 생각한다. "만약 그녀가 ○○하지 않았다면, 내가 그렇게까지 술을 많이 마시지는 않았을 거야." 이것은 중독자들에게 그들의 중독적인 행동에 대한 책임이 자신에게 있다는 것을 받아들이기까지 많은 훈련이 필요하다는 것을 의미한다. 다른 사람들이 죄악 된 중독의 과정에서 영향을 미칠 수는 있을지라도 절대 궁극적인 원인이 될 수 없다는 것을 기억하라. 중독은 언제나 마음으로부터 시작된다. 다른 사람들은 기껏해야 우리의 마음속에 있는 것을 쥐어 짜내는 역할을 할 뿐이다.

당신이 만약 중독자들을 돕고자 한다면, 성경에서 진실과 거짓에 대해 말하는 것에 관해서 그들이 전문가가 되도록 격려하라. 중독에서 벗어나는 것보다 거짓에서 벗어나는 것이 더 어려운 것임을 인정하고 끊임없이 그것을 상기하는 것이 거짓말쟁이에게 베푸시는 은혜이며 용서이다.

한 가지 우리가 진실에 대하여 말할 때 꼭 명심해야 할 것이 있다. 예수 그리스도께서 우리가 얼마나 진실을 잘 말하는가를 기준으로 우리를 받아 주신 것이 아니라는 사실이다. 하나님은 예수님이 행하신 일로 말미암아 우리를 용서하셨다. 이것은 하나님의 무한한 은혜를 의미한다. 다시 말해서 우리가 거짓말을 백 번했다 하더라도, 하나님께서는 "이제 그만. 더 이상의 용서는 없다"라고 말씀하시지 않는다는 것이다. 예수님이 우리의 변호자로 살아계시기 때문에, 은혜는 절대 고갈되지 않는다. 그러나 예수님이 용서하시기 위해 죽으셨다는 사실은 또한 그가 거짓의 패턴을 깨뜨리셨다는 것을 의미한다. 하나님의 은혜로 우리는 같은 죄를 반복하여 고백하지 않아도 되는 곳으로 나아가고 있다.

당신 자신에게 진실을 말하기

죄는 은밀하고 치명적인 게릴라 전쟁과 같다. 당신이 죄를 장악했다고 생각하는 바로 그때 당신을 삼켜 버린다. 별 탈 없이 무사히 잘 빠져 나갔다고 생각하는 바로 그때 죄는 성공적으로 당신을 속인 것이다.

잠언 1장에서 우리는 흉악한 사람들을 볼 수 있다. 그들은 자신들이 강하고 모든 것을 할 수 있다는 자신감을 가지고 있다. 그러나 현실은 다음과 같다. "그들이 가만히 엎드림은 자기의 피를 흘릴 뿐이요 숨어 기다림은 자기의 생명을 해할 뿐이니"(잠 1:18). 마찬가지로 기만은 다른 사람에게 거짓말하는 것 이상이다. 그것은 거짓말을 믿는 것이다.

나는 다른 사람을 속이는 것보다 더 깊은 종류의 기만이 있다고 생각한다. 그것은 바로 우리가 우리 자신을 속이는 것이다. 우리는 거짓을 말하는 것뿐만 아니라 거짓을 믿기까지 한다. 예를 들어, 술을 마시기 위해 당신 자신에게 거짓말을 해 본 적이 있는가? 당신은 아마 스스로에게 이렇게 말했을 것이다. "나는 다른 사람들과 달라. 그들은 잘 조절할 수 없지만, 나는 그렇지 않아." 이것은 그들이 사용하는 전형적인 방법이다. "나는 특별해. 난 다른 사람들처럼 그 문제들에 그렇게 영향을 받지 않아."

우리가 우리 자신을 속이는 여러 가지 방법에 대해 중독자와 함께 목록을 만들라.

- 한 잔은 괜찮아.
- 나는 어차피 망가졌는데 지금 와서 끊으면 뭐해?
- 한 번 절제하였다는 것은 내가 계속 절제할 수 있다는 증거야.
- 그녀가 나를 그렇게 대하지 않았다면, 술을 마실 필요도 없었어.
- 긴장을 풀고 편안한 기분이 들 수 있는 정도만 마실 거야.

위의 목록 중에 무엇이 가장 크게 다가오는지 중독자와 논의하라.

첫 번째 기만: 하나님은 선하지 않다

우리는 자신을 속이는 다양한 방법들을 가지고 있지만, 우리 모두가 경험하는 한 가지 기만이 있다. 그것은 바로 우리 마음속 깊은 곳에서 하나님의 선하심을 의심하는 것으로, 모든 거짓들 중 가장 깊은 것이다. 우리는 그분이 우리에게 좋은 것을 주시지 않을 것이라고 생각한다. 또한 하나님은 우리의 금욕적인 순종만을 바라며 우리가 즐기는 꼴은 절대 못 보시는 분이라고 생각한다. 우리는 그가 과자봉지에서 과자를 절대 먹지 말라고 명령해 놓고는 시험하시기 위해 우리 앞에 과자를 두시는 것을 좋아하는 분이라고 믿는 경향이 있다. 하나님이 주시는 것보다 더 좋은 것이 그분의 밖에 있다는 것은 가장 깊은 차원의 기만이다.

이에 대해 성경이 우리에게 어떻게 경고하고 있는가를 보라. 우리는 창세기 3장을 살펴보았다. 거기서 사탄이 '하나님이야말로 진정한 거짓말쟁이'라고 거짓말하는 것을 살펴보았다. 사탄은 하와에게 다가가 선악을 알게 하는 나무의 실과는 생명을 주는 좋은 것이며, 반면 하나님은 그녀에게 결코 좋은 것을 주지 않는 분이며 마음껏 즐기도록 내버려두지 않으신다고 말했다.

사탄의 거짓말은 한 마디로 "하나님은 선하지 않다"는 것이다. 이것과 더불어 사탄은 "죄는 좋은 것이다"라고 유혹한다. 그는 하나님의 왕국 밖에 더 큰 즐거움이 있다고 말한다. 불행하게도 우리는 창세기 3장의 내용을 알고 있으면서도, 기만하면서 다가오는 사탄의 거짓말을 믿는다.

이런 종류의 기만은 십대들에게서 자주 찾아볼 수 있다. 좋은 교회에서 신앙 교육을 받으며 자란 많은 청소년들은 그리스도가 죄로 인하여 죽으시고 죽음에서 다시 살아나셨다는 것을 믿을 것이다. 그러나 그들은 또한 그리스도인은 재미있는 일을 할 수 없다고 믿게 될 것이다. 그들은 스스로를 샌프란시스코 해변에서 파티 소식을 들은 변방 작은 섬의 알카트라즈(Alcatraz)의 교도소에 수감된 죄수들 같이 느끼면서, 복음과 율법을 밖에서 일어나는 즐거운 일을 못하게 하는 교도소의 높은 철창살 같이 생각한다. 물론 이러한 생각은 다른 연령층의 사람들에게도 나타나지만 조금 더 잘 숨길 뿐이다. 중독자들이 씨름하는 문제는 사실 모든 사람들이 씨름하는 것과 같다.

우리는 신기하게도 이러한 원수의 기만 전략에 대해 잘 알고 있으면서도 쉽게 속는다. 그 이유에 대해서는 이 책의 1장에서 이미 다루었다. 우리가 말로 하는 '공식적인' 신학은 우리가 실제로 삶에서 행하는 실천신학과 상반되기 때문이다. 대부분의 그리스도인들은 사실, "하나님은 정말 선하신 분이 아니야. 그분은 좋은 것을 나에게 주지 않는 분이야"라고 실제로 말하지는 않는다. 대신 이러한 의심과 혼란스러운 믿음을 마음에 숨긴다. 이것은 우리가 무엇을 말하는지가 아닌 어떤 행동을 하는지를 보면 드러난다.

우리가 이러한 기만을 항상 인식하지 않고 있다는 사실에 절망할 필요는 없다. 다만 우리는 항상 경계하며 다음과 같은 권면을 따라야 한다. "오직 오늘이라 일컫는 동안에 매일 피차 권면하여 너희 중에 누구든지 죄의 유혹으로 완고하게 되지 않도록 하라"(히 3:13). 하나님께서는 우리가 영적 성장의 길을 혼자 걷게 하지 않으시고, 대신 다른 이들과 함께 걸으며 서로가 도움을 주고받도록 하셨다.

두 번째 기만: 나는 선하다(가끔 나쁜 일을 할 때도 있지만)

가장 큰 기만은 하나님에 관한 것이다. 그리고 두 번째 기만은 우리 자신에 관한 것이다. 우리 마음 깊은 곳에는 하나님이란 존재는 그분의 말씀만큼 선하신 분이 아니며, 우리 자신은 나름대로 괜찮은 사람이라는 믿음이 있다. 우리 스스로가 죄를 짓는 죄인이라는 것을 믿는 대신, 가끔 어쩌다가 나쁜 일을 하는 선한 사람으로 생각하는 경향이 있다.

이것은 그 어디보다도 중독에 대한 자료들을 살펴보면 명백히 나타난다. 세속적인 자료들 그리고 대부분의 기독교적 책자들조차도, 중독자들은 그들의 문제의 원인에 책임이 없다고 말하는 데에 열심을 내는 듯하다. 중독자들에게 변화될 책임은 있으나, 그들이 그렇게 된 것에 대해서는 직접적인 책임이 없다고 말한다.

많은 이들에 의하면 중독의 참된 원인은 유전자와 역기능 부모 그리고 자존감의 문제들이 얽힌 것에 있다고 한다. 이러한 관점에서 생각하면 문제의 원인이 바깥에 있기 때문에 중독자들은 하나님께나 다른 사람들에게 분노할 권리가 있다. 이것이 짐이 하나님께 화를 내는 중요한 이유라는 것을 우리는 이미 살펴보았다. 그는 자신은 꽤 괜찮은 사람인데 단지 운이 없었다고 생각한다. 이러한 관점에서 이제 그는 그의 능력 밖의 일들을 할 예정이다.

성경은 우리로 하여금 유전, 가족 문제, 불확실한 정체성이 중독자에게 크게 영향을 미쳤다고 말하는 것은 허락하지만, 죄악 된 행동의 궁극적인 원인은 항상 인간의 마음이다. AA의 "빅북"도 이에 동의할 것이다.

> 이기적이고 자기중심적이다! 우리는 이것이 우리 문제의 근원이라고 생각한다. 그러므로 우리의 문제는 우리 스스로 만드는 것이다. 그것은 우리에게서 일어난 것이며, 비록 당사자는 인정하지 않을 지라도 결국 알코올 중독은 자기의지가 제멋대로 날뛰는 극단적인 예라고 할 수 있다.(p. 62)

우리는 이기적이기 때문에 중독 된다. 이러한 우리의 죄악 된 갈망과 관련된 성경구절로 야고보서 1장 14-15절을 들 수 있을 것이다. "오직 각 사람이 시험을 받는 것은 자기 욕심에 끌려 미혹됨이니 욕심이 잉태한즉 죄를 낳고 죄가 장성한즉 사망을 낳느니라."

왜 이것이 중요한가? 왜 원인과 치료 모두에 대한 책임을 말하는 것이 중요한가? 첫째는 이것이 진실이기 때문이다. 우리는 죄인이며, 심지어 죄를 짓지 않을 때도 죄인일 수밖에 없다. 예수님이 다시 오실 때까지 죄는 우리의 일부이다(요일 1:9). 둘째는 다른 모든 관점은 본질적으로 그리스도의 십자가를 무효화하거나 제한하는 것이기 때문이다. 그리스도의 십자가는 모든 기독교적 상담이 궁극적으로 머무는 지점이다. 도덕적 책임을 제한하는 것을 출발점으로 한다면 십자가의 복음을 이해한다는 건 불가능한 일이다. 만약 우리가 선한 존재로 태어나 역기능적 환경이나 생물학적 변형으로 말미암아 황폐해진 것이라면, 우리가 받는 어떠한 도움도 결국 그 목적은 치유에 있다. 즉 중독자를 회복시켜서 원래의 선한 상태로 되돌려 놓는 것이다. 이러한 관점에서 보는 예수님은 오직 우리가 실족했을 때나 도우시는 분이고, 우리 자신에 대해서 기분 좋게 생각할 수 있도록 만들어 주시는 분일뿐이다.

그러나 이것은 복음이 아니다. 복음은 예수 그리스도가 죄인들을 위해 죽으시고 죽은 자 가운데서 다시 살아나신 것이다. 이것은 죄를 짓는 사람들을 위한 복음이다. 이것은 어쩌다가 나쁜 짓을 하는 선한 사람들을 위한 복음이 아니라 절망에 빠져 허덕이는 사람들을 위한 복음이다. 그러므로 복음의 목표는 더러운 것을 조금 닦아낸 정도의 사람이 아니라 완전한 새 사람이 되게 하는 것이다.

그리스도인 친구: 이러한 기만은 다른 사람들에게 거짓말하는 것보다 더 심각한 것이에요. 다른 사람을 기만하는 것이 곧 자신을 기만하는 것과 함께 간다는 것이 두려운 일이죠. 우리 인간은 하나님의 선하심에 대한 사탄의 거짓말을 먼저 믿고 그 후에 우리 자신에 대한 거짓말을 믿어 버리는 경향이 있어요. 그리고 우리는 스스로가 기본적으로 괜찮은 사람이라고 생각하고 있어요. 다른 사람과 갈등을 일으키는 대부분의 원인은 바로 이와 같은 생각 때문이지요. "나는 괜찮은 사람인데, 저 사람은 그렇지가 않아."

이것은 중독의 세계도 마찬가지예요. 혹시 중독자들 중 죄책감은 있지만 자신들이 괜찮은 사람이라고 생각하는 것을 본 적이 있나요? 그들의 문제는 그들 밖에서 오지요. 그렇기 때문에 그들은 하나님을 필요할 때 도움을 주는 유용한 버팀목으로만 생각해요. 결국 그들이 절제하면서 술을 마시고 있지 않을 때는 하나님이라는 존재가 아무것도 아닌 것이 되는 거예요.

그리스도께서 자신을 대적하는 사람들을 구하러 오셨다는 것이야말로 진실이에요. 그리고 중독은 하나님을 대적하지요. 이것은 하나님이 우리에게 좋은 것을 주지 않으시고, 우리는 우리의 정욕을 따라 살아야 한다는 거짓말을 믿고 있기 때문이에요.

어쩌면 이 말들이 가혹하게 들릴 수도 있겠지만, 이것은 진실이고, 자유로 가는 길이기도 해요. 성경은 우리의 생각과 행동을 다른 사람의 탓으로 돌리는 것을 용납하지 않는답니다(약 1:14-15).

중독자: 당신의 말이 틀린 건 아니지만 난 이미 나 스스로에게 충분히 상심해 있다고요.

그리스도인 친구: 당신이 무슨 말을 하는지 알 것 같아요. 우리 이것을 다른 말로 표현해 보도록 하지요. 복음은 진리이며 아름다

운 것이니까. 이것은 어떨까요? "모든 좋은 것은 하나님으로부터 오고, 그 밖의 것은 우리 마음에서 나온다." 당신의 인생에서 바로 지금 일어나는 모든 좋은 일들, 예를 들면 그리스도 안에서 성장하고 있다거나 술을 끊었다는 것은 명백히 하나님이 당신 가운데 역사하고 계시는 증거예요. 우리가 이 외에 다른 방법으로 생각한다면, 그것은 하나님으로부터 독립적으로 살기 위해 문을 여는 것과 다름없어요.

중독자: 그러니까 우리는 우리 스스로 한 일을 자랑할 수 없다는 말인가요?

그리스도인 친구: 맞아요. 하지만 우리는 훨씬 위대한 것을 자랑할 수 있어요. 그것은 바로 예수님이 우리를 위해 하신 일이랍니다. 우리는 그분이 우리를 사랑하시고 용서하셨다는 사실에 놀라지 않을 수 없어요!

세 번째 기만: 우상은 해를 끼치지 않는다

첫 번째 커다란 기만은 하나님에 관한 것이고, 두 번째는 우리 자신 그리고 세 번째는 우리가 숭배하는 우상에 대한 것이다. 사람들이 마약을 하는 이유는 그것을 좋아하기 때문이다. 더 정확하게 말하면 사랑하기 때문이다. 이것은 어떠한 중독에든 해당되는 사실이다. 당신은 중독자들이 회개의 과정에서 자신의 우상과 그의 관계를 정확하게 깨닫고 그것을 미워하도록 도와주어야 한다.

예전에 약물을 사용하던 사람들은 종종 약물에 대한 좋은 기억을 떠올린다. 이는 특히 인간관계나 직장 생활에 어려움을 느낄 때 더욱 그러하다. 이럴 때 그들은 예전에는 약물을 하며 스트레스를 해소하곤 했다. 중독자들이 과거를 아름답게 추억하는 것은 피할 수 없는 것이지만, 그를 돕는 친구나 상담자는 이에 대비해야 한다. 그들을 격려하여 자신들의 죄에 대한 성경적 관점을 계속 유지할 수 있도록 도와 주어야 한다. 이에 대해서 잠언이 특히 유용하다. 정확한 묘사들을 보면 "새가 보는 데서 그물을 치는 것"(1:17), "그의 집은 사망으로 … 기울어졌나니"(2:18), "두 날 가진 칼"(5:4), "소가 도수장으로 가는 것"(7:22), "새가 빨리 그물로 들어 가는 것"(7:23), 또한 "뱀 같이 물 것이요"(23:32). 잠언서는 코카인이라는 말 대신 창녀, 우상 혹은 뱀이라는 표현을 사용하였다. 그리고 성경은 소위 잘 나가는 친구들과 함께 약물을 사용하면서 자신이 중요한 사람이라고 생각한다는 표현 대신, 자신의 마음을 제어하지 않는 자, 성벽이 없는 성읍(25:28), 거짓 신의 노예라는 표현을 사용하였다. 그들의 믿음 안에서 이러한 표현들이 생생하게 남아 있을 수 있도록 격려하라.

약물 문제로 고군분투하는 자들에게 재빨리 속삭이는 소리가 들릴 것이다(예. 사탄, 육신). 그 속삭임은 끝이 없고 변화무쌍하다. 그것은 약물을 적당량만 사용하고 중독 되지 않으면 된다고 속삭인다. 그리고 이렇게 하는 것은 자기를 절제할 수 있다는 것을 증명하는 것이라고 유혹한다. "하나님은 너에게 절제할 수 있는 능력을 주셨어. 이제 그것을 증명해 보이면 돼" 혹은 그 목소리는 다음과 같이 말할 수도 있다. "너는 이미 벼랑 끝에 서 있어. 조금만 있으면 너는 제어할 수 없게 될 거야. 술 취하는 것은 어차피 피할 수 없으니까 지금 마시고 끝내 버려."

한때 중독에 빠졌던 사람들은 죄는 자기기만으로 가득 찬 것이라는 사실을 반드시 기억해야 한다(또는 배워야 한다). 이것은 게릴라 전쟁이다. 눈에 띄는 행동들만 죄라는 말은 꾸며낸 것이다. 사실 악한 자는 빛으로 가장한다. 우리 모두와 마찬가지로 약물 남용자들은 세상, 육신, 그리고 사탄의 기만적인 속성을 경계하여야 한다는 것을 배워야 한다. 아일랜드의 아란 섬에 이런 속담이 있다. "바다를 두려워하지 않는 자는 곧 물에 빠질 것이다. 왜냐하면 그는 바다에 나가지 말아야 하는 날에 바다로 나갈 것이기 때문이다. 그러나 우리는 바다를 두려워하므로 간혹 바다에 빠진다."

> 그리스도인 친구: 우리가 자기 자신을 기만하는 방법에 대해서 이야기를 나누면서, 꼭 한 가지 정말 중요한 기만의 방법에 대해서 이야기하기로 해요. 가끔 술병이 무척이나 매력적으로 보일 때가 있을 거예요. 그것을 추해 보이게 만들고 그것을 미워하는 법을 배우는 것이 바로 우리가 할 일입니다. 혹시 그것과 관련하여 제안할 만한 것이 있나요?
>
> 중독자: 그 술병이 나에게 무슨 짓을 했는지, 또는 내가 나에게 무슨 짓을 했는지 떠올리는 것부터 시작할 수 있을 것 같아요. 저는 가족과 함께 하는 나날들을 생각할 거예요. 이런 일이 없었으면 좋겠지만 말이에요.
>
> 그리스도인 친구: 도움이 되는 그림을 하나 생각해 보면 어떨까요? 잠언 9장에서 하나를 빌려서… '무덤에서의 축제' 어때요?

하나님께 진실을 말하기

기만이 밝혀졌을 때, 우리는 그것을 고백해야 한다. 그렇게 함으로써 우리는 하나님께 진실을 말하는 것이다. 우리는 다음과 같이 고백할 수 있다. "하나님께서 나를 살펴보셨고 나를 아십니다. 하나님만이 나의 모든 행위와 생각을 아십니다. 나의 마음이 주를 대적했다는 것을 이제 인정합니다. 하나님보다 나의 정욕에 더 관심이 많았습니다." 이것이 매일 빛 가운데로 걸어가는 본질적인 방법이다.

저는 우리가 분석하는 것보다 기도하는 데에 시간을 더 보내야 한다고 생각해 왔습니다. 주기도문으로 다시 시작해 봅시다. 고백이란 진실을 말하는 것입니다.

처음에는 다른 사람 앞에서 죄를 고백하는 것이 현명하다. 성경적으로 이것이 꼭 필수적인 것은 아니지만, 그러나 이는 빛 가운데로 걸어가는 또 다른 단계이다. 본 회퍼(Dietrich Bonhoeffer)는 위와 비슷한 결론에 도달했다.

형제 앞에서 자신의 죄를 고백하는 사람은 자신이 더 이상 혼자가 아님을 안다. 그는 다른 사람의 존재로 말미암아 하나님의 임재를 경험한다. 나의 죄를 조용히 혼자 고백하는 한 모든 것은 어둠에 머무르지만, 형제가 있는 곳에서는 죄가 빛으로 나아온다.[34]

우리 중 대부분은 죄를 하나님께는 쉽게 고백할 수 있지만, 여전히 다른 형제나 자매에게 고백하는 것은 부끄럽게 여긴다. 이것이 말이 되는가? 사실 하나님은 거룩한 분이시다. 우리와 같은 죄인들

34 D. Bonhoeffer, *Life Together* (San Francisco: Harper & Row, 1954),『말씀 아래 더 불어 사는 삶』(빌리브, 2010), 20.

앞에서보다 하나님 앞에 우리 자신을 드러내는 것이야말로 비교할 수 없이 더 어려운 것이다. 하나님께 진실로 죄를 고백하는 사람들은 상대적으로 다른 사람들이 자신의 비밀을 알게 되는 것에 대해 덜 걱정하게 된다.

만약 우리가 하나님께는 무언가를 쉽게 고백하면서 친구에게 고백하는 것을 부끄러워한다면, 이는 우리가 사람들의 생각은 너무 중요하게 여기는 반면 하나님의 거룩하심에 대하여는 충분히 생각하고 있지 않은 것이다.

실천신학

성경은 진실과 거짓에 대한 주제를 통찰력 있게 말씀하고 있다. 단순히 "거짓말하지 말라"라고 하지 않고 모든 종류의 기만 속에 연출되고 있는 영적 각본을 드러내 준다. 그리고 우리에게 진실을 말할 수 있는 이유와 능력을 준다.

당신 자신의 중독에 직면할 때

1. 기만의 굴레에 빠져드는 것을 멈추고 싶은가? 거기에도 중독과 마찬가지로 결정적인 순간이 있다. 거짓은 당신을 곤경에 빠뜨리지만 당신은 거짓이 곤경에서 구해 줄 것이라 생각한다. 진실을 말하고 싶은가? 그렇다면 소망이 있다. 하나님의 성령이 당신의 마음속에서 역사하고 계신다. 그분이 시작하신 일이 지속될 수 있도록 당신에게 은혜를 주실 것이다. 하나님께서는 죽은 자를 살리신다. 그분에게는 반드시 당신에게 진실을 믿고, 그것을 말할 수 있는 힘을 주실 수 있는 능력이 있다.

2. 거짓말은 어리석은 것이다. 가만히 살펴보면 그것은 미련해 보인다. 심지어 당신에게는 그것이 지혜롭고 진실처럼 보일지라도, 사실 기괴한 것이다. 거짓이 어리석은 것으로 보일 때까지 계속 살펴보라.

3. 거짓말은 위험하다. 이 세상에는 선의의 거짓말, 악의 없는 거짓말, 또는 해가 되지 않는 거짓말이란 없다. 모든 거짓말과 기만은 사탄과 시시덕거리는 것이다. 이 사실을 우리는 두려워해야 한다. 최근에 한 거짓말이 무엇인지 생각해 보라. 그것이 영적으로 속박되어 있는 우리의 마음속에서 어떻게 나온 것인지 알 수 있을 때까지 깊이 생각해 보라.

4. 거짓말은 악의가 가득하다. 겉보기에는 아무도 대적하는 것 같아 보이지 않는다. 해를 입을 것 같아 보이지 않는다. 하지만 그것은 사람들을 대적하고 다치게 한다. 인간관계를 파괴한다. 이 장에서는 거짓의 정확한 그림을 그리고자 노력했다. 이 노력의 목표는 당신의 기분을 상하게 하는 것이 아니라 진리를 보고 그것으로 인하여 축복을 받게 하는 것에 있다.

5. 인간 마음의 기만적인 형태들에 대해서 당신에게 통찰력을 줄 수 있도록, 이와 같은 상황에서 전투를 하고 있는 사람에게 질문하라. "어떻게 당신이 믿었던 그 거짓말을 볼 수 있게 되었습니까?" "지금은 어떻게 그것을 경계하고 있습니까?"

6. 특히 하나님에 대해서 당신이 믿고 있는 거짓말이 무엇인지 집중해서 살펴보라. 하나님에 대한 어떤 거짓이 당신으로 하여금 거짓말은 해도 되는 것이라고 생각하게 만드는가? 거짓, 기만, 자기기만은 보통 우리 마음에 자리 잡고 있는 하나님께 대한 불신과 거짓에까지 거슬러 올라갈 수 있다.

당신이 다른 사람을 도울 때

1. 당신은 진실을 말할 수 있도록 이끌고, 진실의 가치를 인정하는 분위기를 만들고 있는가? 혹시 당신이 돕고 있는 사람이 정직하게 말할 때, 불쾌한 반응을 보이고 있지는 않은가? 가끔은 중독과 씨름하고 있는 사람들이 당신을 시험할 때도 있다. 그들은 조그마한 진실을 말하고 나서 당신이 어떻게 반응하는지 보려고 할 것이다.

2. 기만은 다양한 형태로 나타난다. 예를 들면, 특정하게 선택하여 사용하는 말들을 통해 우리가 거짓을 믿고 있다는 것을 드러낼 수 있다.

> 나는 술 때문에 직장도 잃고, 돈과 가족도 잃었다고 생각하곤 했습니다. 그러나 그것은 진실이 아닙니다. 내가 그것들을 버렸다는 것이 진실입니다. 바로 나 자신이 그것들을 던져 버린 것입니다.

당신이 돕는 그가 다른 사람에게 책임을 떠넘기려는 듯한 말을 할 때, 지적하여 알려 주라.

3. 당신은 당신의 문제에 대해 정직하게 말하려고 하는가? 혹시 당신은 하나님께는 쉽게 고백하면서 다른 사람 앞에서 고백하는 것은 절대 불가능하다고 생각하는가? 당신이 하지 못하는 것을 다른 사람에게 하라고 말할 수 없다.

4. 하나님을 경외하는 것이 무엇인지를 마음에 새겨놓으라. 이것은 우리의 삶이 밝히 드러나 있다는 사실을 상기시킨다. 이것은 우리를 거짓말로부터 보호한다.

10장. "아니오"라고 말하기

하나님이 우리에게 주신 것은 두려워하는 마음이 아니요 오직 능력과 사랑과
절제하는 마음이니 (디모데후서 1:7)
오직 성령의 열매는 … 절제니 (갈라디아서 5:22-23)

솔로몬은 오늘날의 미국인과 같았다. "무엇이든지 내 눈이 원하는
것을 내가 금하지 아니하며 무엇이든지 내 마음이 즐거워하는 것
을 내가 막지 아니하였으니"(전 2:10). 그는 많은 미국인들이 돈과
시간이 있다면 하고 싶어 하는 일들을 하고 살았다. 그는 절제하지
않는 쾌락주의(hedonism)였다. 만약 율법, 절제, 금욕에서부터 음탕,
무절제, 쾌락까지 잇는 선이 있다면 지금 우리의 사회는 방종의 끝
에 서 있을 것이다. 욕망이 말하면 우리는 듣는다. 우리 모두는 절
제의 은사를 달라고 기도해야 하며 절제를 훈련해야 할 것이다.
　알코올, 약물, 섹스 그리고 음식 중독의 문제는 성경 시대부터
보편적으로 있어왔던 것이다. 겉으로 보기에는 그 모든 것이 단순
히 절제하지 못해서 생기는 문제들처럼 보인다. 그래서 중독과 관
련된 문제에 있어 절제가 가장 완벽한 해결책인 것 같지만, 사실은
그렇지 않다. 중독에 빠진 사람들은 아마 몇백 번이고 절제하려고
노력해 보았을 것이다. 사실 중독자들은 절제하려고 많이 노력해

보았다. 그러다 결국 절제를 시도하는 것 자체가 헛되고, 그것이 문제를 해결해 주는 것이 아니라 오히려 문제를 일으킨다고 확신하게 된다. 그들이 공통적으로 느끼는 것이 무엇인 줄 아는가? "나 스스로의 능력으로 절제하는 것을 포기해야 한다. 더 높은 능력자에게 맡겨야 한다."

AA에서 참가자들에게 절제하는 것을 포기하라고 할 때는, 가만히 앉아서 어떠한 더 높은 능력자가 그들을 위해서 일하기까지 수동적으로 기다리라는 의미가 아니다. AA의 근본적 문제는 아무 신이나 이를 할 수 있다고 가정하는 것이다. AA의 절제에 대한 관점이 문제가 아니다(비록 하나님에 대한 잘못된 가정이 시스템 전체를 무너뜨릴 수 있지만). 교회 내에서도 절제에 대해 많이 가르치는데, 어떤 점에서는 AA보다 더 문제가 많을 때도 있다.

복음주의적 그리스도인들은 아직도 "내려놓으라. 그리고 하나님께 맡기라"(Let go and Let God)를 따라야 하는 모토로 삼고 있다. 변화라는 것이 힘이 많이 드는 일이며 자기노력(self-effort)이 필요한 일이라고 느껴질 때 우리는 직감적으로 그 변화가 율법적이며, 성령님이 일하고 계시지 않는다는 생각을 한다. 정말 그러한가? 그러면 성령님이 변화를 위해 일하실 때는 우리의 힘이 들지 않는 것처럼 느껴져야 하는가? 절제는 자기노력인 것 같고, 자기노력은 복음과 반대되는 것처럼 보인다.

이처럼 우리가 혼동하고 있기 때문에 성경이 절제에 대해서 어떻게 가르치고 있는지를 다시 한 번 생각해 볼 필요가 있다.

무엇이 문제인가?

탐욕, 정욕, 집착, 갈망, 무절제 등 당신이 무엇이라고 부르건 간에 중독자들은 자신들의 욕망과 무질서한 방종에 사로잡혀 있다. AA에서는 이를 "자기의지가 제멋대로 날뛴다"라고 표현하는데, 이는 매우 적절한 표현이다. 일곱 가지 죽음에 이르는 죄 중 탐욕, 탐식, 정욕 이 세 가지가 무절제에 빠진 것이다. 사실 죄 자체를 요약하자면, "나는 원한다" 또는 "나는 더 많이 원한다"라고 할 수 있다. 이는 한 무분별한 소비자와 같다.

세계 어느 나라를 연구해 보아도, 당신은 그 나라의 제도에서 정욕 또는 억제하지 않은 욕망을 찾을 수 있다. 제1세계 부유한 선진국들은 자본주의 경제를 그 기틀로 삼고 있다. 자본주의가 가능한 이유는 인간의 마음의 탐욕에 바탕을 두고 있기 때문이다. 공산주의 국가에서는 중산층의 탐욕이 지배적인 관심사였다. 그러나 새로운 이데올로기와 정치 구조라 해도 탐욕을 없앨 수는 없었다. 오히려 지배 계층을 보면 더욱 확연히 탐욕이 드러난다. 제3세계 개발도상국에서는 뇌물, 타락, 절도를 통해 같은 종류의 탐욕이 드러나는데, 특히 권력을 더 얻고자 하는 사람들에게서 이런 모습을 찾아볼 수 있다.

이러한 탐욕은 우상숭배의 파트너이다. 우상숭배는 더 많은 것을 원하는 마음의 표현이다. 그것은 하나님으로 충분하지 않으므로 다른 곳에서 만족을 찾는 것이다. 우상숭배하는 자의 마음에는 무절제(recklessness)가 있다. 절제되지 않는 욕망이 거짓된 예배가 된다는 것은 놀라운 일이 아니다. 그 예로 이스라엘이 우상을 만들던 때를 들 수 있다. "모세가 본즉 백성이 방자하니 이는 아론이 그들을 방자하게 하여 원수에게 조롱거리가 되게 하였음이라"(출 32:25).

우상숭배에 대한 문제는 신약성경보다 특히 구약성경에 더 많이 기록되어 있다. 그렇다고 해서 신약시대가 구약시대에 비해 우상숭배를 덜 한다는 의미는 아니다. 구약성경에서 우상숭배를 주제로 표현된 것이 신약성경에는 정욕, 갈망, 죄악 된 욕망으로 바뀐 것이다. 이것은 신약성경이 눈에 보이는 것을 숭배하는 것보다 눈에 보이지 않는 마음을 더 강조하는 것과 일치한다. 성경을 펴 보면 실제 우상보다 우리의 욕구와 욕망에 더욱 집중하는 것을 알 수 있다.[35] 성경은 우상의 무능력함을 조롱하고, 눈에 보이는 우상에 대해 관심을 보이기보다는 우리 마음의 음탕한 본능에 대해 계속적으로 경고하고 있는 것이다.

신약성경에 나열되어 있는 몇 가지 죄를 주목하라. 호색과 원수 맺는 것과 분쟁과 시기와 분냄과 당 짓는 것과 … 투기와 술취함과 방탕함(갈 5:19-21). 이것들은 무절제한 욕망으로 인한 죄들이다. 이 죄들은 "나는 모든 것을 원하고, 지금 당장 원한다"고 말한다. 또는, "좋았어. 한 번 더 해 보자"라고 말한다.

죄는 쾌락적이다

죄에 대해 한 가지 간과하고 있는 사실이 있다. 처음 훈련되지 않은 마음에는 죄가 즐거움을 제공한다는 사실이다. 우리는 죄를 짓는다. 왜냐하면 죄를 짓고 싶어 하기 때문이다. 이것은 물론 따로 증명할 필요도 없다. 우리 자신과 다른 사람을 파괴하는 행동을 충

---

35 이 관점에서 보면, 신약성경은 탐심을 금하는 열 번째 계명을 강조하고 있다.

동적으로 할 다른 이유가 있겠는가? 그러나 사람들이 "문제는 제가 그것을 즐긴다는 것입니다"라고 말하는 것을 들어 본 적이 없다. 당신은 한 번이라도 어떤 사람이 죄 짓는 것이 좋아서 죄를 지었다고 말하는 것을 본 적이 있는가? 별로 없을 것이다. 성적인 죄의 경우, 남자는 자신은 정말 그 죄를 짓기 싫었다고 말하며 아내를 설득한다. 그러나 진실은 그 죄의 결과가 얼마나 비극적이든지 간에 어느 정도의 즐거움이 그 안에 있다는 것이다.

중독에 빠진 사람에게 지혜로운 첫 걸음이란 단순히 진실을 받아들이는 것이다. "나의 좌우명은 '그것이 좋았다. 또 하고 싶다'이었다." 과거에도 그랬고 지금도 그렇듯이 죄는 재미있는 것이다. 당신은 그것을 좋아했고 **사랑했다**. 물론, 때로는 굴곡이 있어 그것과 멀어질 때도 있었다. 다시는 돌아가지 않겠다고 수없이 말했다. 그러나 어느 새 나쁜 점은 망각하고 좋은 점만 기억하게 된다.

색욕은 즐거움을 동반한다는 것을 인정하면 어떠한 이득이 있는가? 첫째, 정직이다. 우리가 중독을 얼마나 증오하는지를 되새기는 것은 본질적으로 기만인, 수치심을 피하는 한 방법이 된다. 누가 배우자나 자녀보다 약물을 더 사랑했다고 솔직하게 인정하겠는가? 대부분의 사람들이 인정하고 싶은 것에는 한계가 있다. 우리의 진정한 본성은 쉽게 세상에 드러나지 않는다. 이는 우리 자신에게나 다른 사람에게나 마찬가지다. 우리는 자기 자신을 기만하며, 우리가 행한 일이 열정적으로 원한 것이라기보다 단지 실수였으며 덫에 빠진 것이라고 생각하기를 더 좋아한다. 이것이 AA에서 모임을 시작하면서 "나는 빌이다. 나는 알코올 중독자이다"라고 말하게 하는 이유 중 하나이다. 정직해지는 것이 한 방법인 것이다.

중독에서 얻는 즐거움을 인정해야 하는 두 번째 이유는 그것이 우리로 계속 전투하게 한다는 것이다. 만약 우리의 옛 소욕이 죽었다고 생각한다면, 그것들과 싸울 필요가 없다. 그러나 만약 옛 소욕이 여전히 살아서 공격하고 있다는 것을 기억한다면, 우리는 방심하지 않고 경계해야 하는 것이다.

이렇게 의식하는 것은 특히 중독에 사로잡혀 있을 때 중요하다. 중독에 빠진 사람들은 다시는 그것을 하지 않겠다고 맹세하고, 다시는 하지 않을 것을 진심으로 믿는다. 그러나 곧 비참함을 느낀다. 그들은 탐욕적인 삶의 결과와 또 그로 인해 부서진 관계들의 결과를 톡톡히 맛본다. 그러나 그들이 이러한 감정을 느낀다고 해서 욕망이 사라졌다고 오해해서는 안 된다. 그들은 추수감사절 만찬을 먹고 더부룩함을 느끼는 사람들과 공통점이 있다. 다시는 먹지 않을 것 같지만 다음날 아침이 되면 그들은 육체적 고통을 더 이상 기억하지 못하고 더 먹을 준비가 되어 있는 것이다.

죄의 쾌락은 일시적인 것이다

무분별한 방탕은 결코 그것의 즐거움이 기껏해야 순간이라는 것을 드러내지 않는다. 성경에는 죄의 즐거움이 단지 일시적인 것이라는 것을 알고 어려운 선택을 한 지혜로운 사람들이 나온다(히 11:25). 또한 한때 즐거움에 굴복했으나 결국 그것이 헛되다는 것을 깨달은 사람들도 있다(전 2장). 그러나 너무 많은 사람들이 "딱 한 번만 더 하면 만족할 수 있어"라는 거짓말을 받아들인다. '한 번만' 더 하는 것은 일시적으로 만족을 줄 수도 있지만, 그 '한 번만'이 그 다음에 또 '한 번만' 원하는 욕망을 키운다.

이러한 현상은 다음의 성경구절에 잘 나타나 있다. "자신을 방탕에 방임하여 모든 더러운 것을 욕심으로 행하되"(엡 4:19). 이러한 방탕에도 불구하고 모순인 것은, 우리는 갈수록 만족하지 못하게 되며 오히려 우리의 욕망의 대상만이 우리를 만족시키는 유일한 것이라고 세뇌당하는 것이다.

갈망은 다시 찾아오게 되어 있다. 성경은 갈망, 육체적 의존 그리고 중독에 대한 새로운 관점을 제시한다. 지난 수십 년에 걸친 중독에 관한 연구에서 갈망은 단순한 화학적 현상으로 여겨졌다. 즉 약물과 알코올은 습관적으로 섭취하였을 때 저항할 수 없는 극심한 육체적 의존 상태를 야기하도록 화학적으로 만들어졌다는 것이다. 그러나 이론과 쉽게 맞지 않는 증거들은 항상 있기 마련이다. 예를 들어, 어떤 사람들은 갑자기 약물을 끊고도 심각한 금단현상이나 육체적 갈망을 경험하지 않는 경우도 있다. 베트남전 참전용사들이 베트남에서는 헤로인에 중독 되었다가 집에 돌아오는 비행기를 타는 순간부터 즉시 끊었다는 것은 자주 언급되는 실례이다.[36] 만약 약물이나 알코올이 자동적으로 누구에게나 육체적 의존을 야기한다면 아무도 피할 수 없을 것이다. 모든 사람들이 금단현상을 경험할 것이다. 물론, 집에 돌아와 약물을 끊은 참전 용사들이 단순한 생물학적 중독 성향을 가지고 있었던게 아니라고 주장할 수 있다. 이 주장은 증명될 수도 없고 또한 부인될 수도 없다. 중독에 관한 연구를 하는 대부분의 사람들은 인간의 이 문제가 복잡한 것이라는 것을 인정한다. 인간의 성적 반응과 마찬가지로, 중독은 생물학적이면서도 단순히 생물학적인 것만은 아니다. 중독의 문제는 생물학의 영역으로만 축소될 수 없다. 그것은 생물학에 또 다른 것을

---

36 L. Robins, "Vietnam Veterans' Rapid Recovery from Heroin Addiction: A Fulke or Normal Expectation?" *Addiction 88* (1993): 1041-1054.

더한 것이다.

갈망과 의존은 특별히 중독적인 물질에만 생기는 것이 아님을 강조할 필요가 있다. 우리는 우리가 즐기는 것이 무엇이든, 특히 육체적으로 즐거움을 주는 것이라면 반복해 보기를 원한다. 예를 들어, 도박과 포르노물은 몸에 어떠한 화학적 물질을 제공하지 않는다. 그러나 그것들의 매력은 우리 몸에 크랙코카인과 같은 강력함을 경험하게 할 수 있다. 아무도 육체적인 중독으로 분류하지 않는 오르가즘은 아마 모든 인간이 가장 갈망하는 경험일 것이다. 그것은 아마도 포르노물의 힘과 성적인 죄의 전반을 넘어서는 문제일 수도 있다. 이런 것들을 생리학으로 축소할 수 없다. 사람은 누구나 "한 번만 더"라는 죄의 치명적인 유혹에 직면한다.

다음의 제안을 깊이 생각해 보라. 갈망은 영적인 문제임과 동시에 육체적인 문제이다. 우리가 경험하는 것은 모두 육체적이다. 그러나 생리학보다 더욱 깊이 있는 설명이 있다. 갈망은 어떤 종류의 약물에만 해당되는 것이 아니다. 갈망이란 오히려 우리가 진정 원하는 것들을 의미한다. 우리가 지나치게 많이 원하는 그것이 욕망이다. 우리는 승리를 '맛'본다. 우리는 한 잔의 커피와 딸기 케이크 마지막 한 조각에 '죽을 지경'이다.

위의 제안에 예외가 있다. 어떤 의식적인 욕망과 상관없이 이러한 기분들이 난데없이 들 때가 있다. 이는 우리가 갈망하는 대상이 또 다른 어떤 것과 연결되어 있기 때문이다. 예를 들면, 어떤 사람이 술을 끊었는데, 술과 담배가 하나의 패키지였다면, 흡연이 알코올에 대한 욕구를 일으킬 수도 있다. 이러한 경우 갑자기 생긴 욕구는 현재의 진짜 욕구가 아닐 수도 있다. 이것은 중독적인 행동의 슬픈 결과 중 하나로 설명하면 더욱 정확할 것이다. 그것에 대한 많은 기억들이 남아 있다. 비록 그 사람에게 있어 그 기억들은 이제 유혹이라기보다 방해일 뿐인데도 말이다.

위 제안의 미묘한 의미를 설명하고 다듬을 여러 가지 방법이 있다. 그러나 예외보다 원칙에 좀 더 집중해 보자. 우리의 갈망은 일반적으로 무엇이 또는 누가 우리를 지배하는지 드러내지 않는가? 당신은 하나님을 향한 갈망이 있는가? 아니면 당신 자신의 즐거움에 대한 갈망이 있는가? 우리 몸에 일어나는 많은 종류의 화학적 작용이 이러한 탐욕과 욕망들을 수반한다고 연구되고 있고, 이러한 관점에서 믿을 만한 관찰 결과가 설명된다. 단순히 세포 단계에서 무엇인가 발견되었다고 해서 세포가 그것을 야기했다는 의미는 아니다. 우리는 인간은 영혼과 육신의 결합이라는 것을 반드시 명심해야 한다. 우리의 영적인 실체는 몸 속 좁은 방에 거하는 혼이 아니다. 대신에 우리는 육체화 된 영혼이다. 모든 영적인 것은 육체적으로 표현된다. 우리가 만약 영적으로 하나님을 증오하면, 이는 우리 뇌 신경 세포에 나타날 것이고 우리의 실제 언어와 행동에 표현될 것이다. 우리가 만약 무엇인가를 갈망하면 그것은 육체적으로 표현된다. 우리가 만약 절제를 선택하면 그것 또한 육체적으로 드러난다.

사탄은 우리의 욕망에 호소한다

죄 자체는 본질적으로 인간의 갈망으로, 그것이 한 번 충족되면 더욱 갈망하게 되고 내성을 지니게 된다. 그것은 "달라! 달라!"라고 하지만 결코 "충분하다!"라고 하지 않는다(잠 30:15-16). 그것이 충분하지 않듯이 사탄은 사악한 욕망과 함께 다가와서 우리를 유혹한다. 사탄이 광야에서 예수님이 약해지고, 곤하고, 굶주릴 때까지 기다린 것에 주목하라(마 4:1-11). 물론 사탄은 예수님을 과소평가했다. 사탄은 죄 없는 분이 어떻게 인간이라는 존재로 사셨는지 이해하지 못했다. 사탄은 자기 탐닉을 넘어서서 하나님 아버지의 영광을 변함없이 찾는 인간을 한 번도 만나본 적은 없었다. 그러나 포착된 약점 부분을 공격하는 그의 작전은 아주 분명했다. 사탄은 자기가 보기에 우리가 더욱 약해질 때를 기다리고 있다. 그는 유혹자다. 그는 우리가 즐기는 것들을 꼬집어 내고 그것들이 우리 삶 자체가 되도록 속삭인다. 말하자면, 우리가 평소 어느 정도 즐기는 것들을 더 많이 갖고 있다면 얼마나 더 **좋겠는가**. 사탄은 에덴동산에서 그랬듯이 우리의 죄악 된 욕망이 악한 것이 아니라 오히려 좋은 것이라고 제안한다. 심지어 우리가 원하는 것은 우리에게 필요한 것이고, "원하는 것을 하지 않는 것이 어떻게 옳은 일인가"라고 넌지시 말한다.

사탄은 죄에 관한 한 전문가이다. 그는 죄의 일거수일투족을 다 알고 있으며 또한 우리의 죄악 된 욕망이 갈망하는 것과 혐오하는 것을 알고 있다. 그 결과 사탄은 각 사람에게 특별히 매력적으로 보이는 것으로 유혹할 수 있다. 당신이 토요일 오후에 다음날 주일학교에서 가르칠 것을 준비하고 있다고 하자. 친한 친구가 전화해서 허름한 중고물품 가게에 같이 쇼핑 가자고 했다. 고맙지만 더 중요한 일을 하고 있어 바쁘다고 말하기는 쉬울 수 있다. 그러나 만약 같은 친구가 집에 찾아 와서 당신이 정말 좋아하는 것을 하자고 한다면? 그렇다면 집에서 주일학교 준비를 계속하기란 더욱 힘들 것이다.

사탄은 죄를 잘 안다. 그것이 그의 전문 분야이다. 그는 죄는 그렇게 악한 것이 아니며 하나님은 그렇게 선하신 분이 아니라고 우리를 설득하는 데 이미 증명된 전략을 가지고 있다. 사탄은 기회주의자로 우리 마음에 창조주가 아닌 피조물이 있을 때마다 재빠르게 접근한다.

절제란 무엇인가?

이러한 관점에서 보면, 절제(self-control)는 율법적인 의무가 아닌 커다란 축복으로 다가온다. 그것은 (사탄의 거짓뿐만 아니라) 우리 마음의 거짓에 대항하며 우리를 생명의 길로 계속 가게 한다. 여기에 절제를 설명하고, 정의하고, 규정하는 여러 가지 방법이 있다.

자기 절제는 경계 안에서 사는 것을 의미한다

인간은 경계(boundary)를 거부한다. 죄가 처음 세상에 들어왔을 때부터, 경계란 우리 개인의 자유를 침해하는 것이고, 축복이기보다는 저주라고 여겨왔다. 그러나 성경에 의하면 오히려 개인적 경계가 없을 때 우리는 노예 상태가 된다.

> 자기의 마음을 제어하지 아니하는 자는 성읍이 무너지고 성벽이 없는 것과 같으니라(잠 25:28).

성경 시대에 성벽 없는 성읍이란 생각할 수도 없었다. 그것은 더할 나위 없이 어리석은 것으로 결국 파멸을 부른다. 성벽이 없는 성읍은 언제 강도의 무리나 주변 국가의 공격을 받아 온 백성이 고통을 겪을 지 알 수 없다. 오직 강한 성벽만이 밤에 평화롭게 잘 수 있게 해준다. 이와 마찬가지로 훈련되지 않은 중독자들은 약탈자들이 들락날락하는 무방비의 성읍과 같다. 이때 가장 지혜로운 대안은 재빨리 우리가 애호하는 우상으로부터 우리 자신을 보호할 성벽을 부지런히 다시 세우는 것이다.

성벽 재건을 위해서는 많은 구체적이고 실제적인 단계가 필요하다. 만약 우리가 음식 때문에 고민한다면 공공장소에서만 먹기로 작정한다. 다른 사람에 의해서만 인터넷 계정을 열 수 있도록 비밀번호를 설정해 놓는다. 과거 우상숭배적인 관계를 상기시키는 오래된 것들을 버리고, 술집 주변을 절대 혼자 돌아 다니지 않는다. 이러한 종류의 성벽은 방어의 일차선이다. 가장 중요한 성벽은 동네 술집에서 그 사람을 지켜내는 것이 아니라 자신의 영혼을 지키는 것이다. "모든 지킬 만한 것 중에 더욱 네 마음을 지키라 생명의 근원이 이에서 남이니라"(잠 4:23)

술집이 위험할 수 있고, 우리의 육체를 이루는 성분이 우리를 연약하게 할지라도, 진짜 적은 "당신의 영혼에 대항하여 싸우는"(벧전 2:11) 죄악 된 정욕이다. 적은 안에 있다. 절제는 죄악 된 정욕과 상대로 싸우는 것을 돕는 성령의 선물이다.

절제는 행동하기 전에 생각하는 것이다

절제의 또 다른 표현은 바로 생각이다. 죄는 너무 시끄러워 생각할 수 없고 들을 수 없는 소음과 같다. 물론 전달되는 메시지는 있다. 예를 들어 하나님의 선하심에 대한 의심이라든가, "하나님은 나를 용서하실 거야"라는 생각들이다.

잠언과 야고보서는 지혜를 가르치기 위해 지어진 책이다. 이 두 권의 책에서 중요한 주제는 사려 깊음이다. 물론 아무 종류의 사려 깊음을 말하는 것이 아니다. 우리는 잠깐 무언가에 대해서 생각해 볼 수도 있고, 그 결과 그 생각이 아주 틀릴 수도 있다. 성경이 말하고자 하는 사려 깊음은 하나님의 생각을 깊이 생각하는 것이다. 철학자이자 신학자인 코넬리우스 반틸(Cornelius Van Til)은 그리스도인의 생각이란 "하나님의 생각을 생각하는 것"이라고 자주 말했다.

이렇게 사려 깊다는 것은 지혜의 한 측면이라기보다 오히려 지혜의 동의어이다. 지혜는 성경의 지식을 삶으로 사는 것이다. 그것은 하나님을 경외하는 것이며 행하기 전에 그분의 훈계를 먼저 기억하는 것이다(잠 4장). 우리가 행동하기 전에 생각하는 것이며 "생명의 평탄한 길을 찾지 못하는"(잠 5:6) 것과는 대조적으로 우리 행동의 결과를 생각하는 것이다. 그것은 하나님이 미워하시는 것이 무엇인지 기억하고 나도 그것들을 미워하기로 선택하는 것이다(잠 6:16-19; 8:13). 과거의 교훈으로부터 배우는 것이고, 우리가 받은 좋은 훈계들을 묵상하고(잠 16:20) 우리의 계획과 욕구를 정당화하는 능력에 의혹을 갖는 것이다.

우리가 교만하고 자만하며 갈망에 사로잡혀 있을 때, 그리고 심지어 두려움에 빠져 있을 때 성급하게 행동하고 싶은 유혹을 느낀다는 것을 주목하라. 우리가 무엇을 강력하게 느낄 때는 즉시 행동하고 싶다는 생각이 든다는 것에 주목하라. 그러나 지혜는 충동적으로 행동하기 전에 기꺼이 열까지 또는 천까지 세는 것이다. 그것은 지혜로운 말을 구하고 그것에 복종하는 것이다. 사려가 깊은 사람은 다른 지혜로운 사람들이 자신에게 무엇을 하라고 말해 주는 것을 좋아하며, 하나님이 그렇게 해 주시기를 간절히 바란다.

절제는 정서적으로 무미건조하고 냉담한 것이 아니다

언뜻 보기에 절제를 "하나님을 경외하는 자는 이 모든 일에서 벗어날 것임이니라"(전 7:18)는 말씀으로 요약할 수 있을 것 같지만 이는 사실 쉽게 오해될 소지가 있다. 절제(Moderation)란 금욕주의의 한 종류처럼 우리의 정욕을 저 높은 곳에 올려놓고 그것을 금하는 것으로 인식될 수 있기 때문이다. 그러나 이것은 성경이 말하고자 하는 것이 아니다.

조나단 에드워드(Jonathan Edward)는 그의 저서인 『신앙 감정론』(*Treatise Concerning Religious Affections*)에서 이러한 주제에 대해 특별히 관심 있게 다루었다. 그는 감정을 두 가지, 즉 사람을 압도하거나 사로잡는 하나의 감정과 인간 전체의 지적 반응으로 절제의 형태로 드러나는 또 하나의 감정으로 구분하였다. 신자로서 우리의 정욕은 반드시 하나님의 영광에 적극적으로 반응하는 후자와 조화를 이루어야 한다.

성경도 마찬가지로 우리의 정욕을 구별하고 있다. 성경은 정욕과 욕망이 선하거나 또는 악하다고 말하고 있다. 또한 우리에게 경건하지 않은 정욕을 죽이고 진실한 성령의 소욕을 키우라고 명령한다. 그리스도 안에서 우리와 하나님과의 관계의 특징은 경건과 강한 사랑이어야 한다. 우리는 자신의 죄에 대해 증오와 눈물로 반응해야 한다. 우리는 타인을 사랑하되 진심으로 그들의 즐거움과 슬픔을 함께 할 수 있어야 한다. 성경은 강한 정욕 자체를 반대하지 않는다. 오히려 그것을 허락하고 명령한다. 문제는 우리가 왜 하나님이 아닌 다른 어떤 것에 열망하느냐는 것이다. 우리의 열정이 그리스도의 영광을 추구하는 마음을 드러내고 있는가? 예수님이 열망하셨던 그것을 나도 열망하고 있는가? 혹시 중독에 관하여 회개하고자 하는가? 그러면 그리스도에 대한 열망과 그리스도께서 사랑하신 것에 대한 열망이 없었음을 반드시 포함시켜야 한다.

절제는 자기의존이 아니다

절제는 자신의 통제 능력을 의지하는 자기의존(self-dependence)이 아니다. 대신 절제는 예수 그리스도를 믿는 믿음을 통하여 성령님이 주시는 선물이다. 자기의존은 우리 자신에게 초점을 맞추는 것이다. 절제가 우리 자신과 중독을 개선하는 수단이라면 그 목적은 실제 예수님을 피하는 것이 될 수도 있다. 이러한 종류의 자기 노력은 자기 자신이 주인이 되고자 하는 사람들의 특징이며, 그들은 하나님이나 동료가 필요 없다고 느낀다. 이와 같이 그들의 경건하지 않은 방종은 궁극적으로 자기 섬김이며, 그리스도 없이 자신을 개혁하고자 하는 자기중심적 추구이다. 우리는 술 취하지 않은 자기중심적 사람들이 술 취한 자기중심적 사람들보다 낫다고 주장할 수 있다. 어떤 의미에서 이것은 사실이다. 때로는 중독이 사회적으로 끔찍한 결과를 가져오기도 하고, 금욕하며 술 취하지 않음으로써 무분별한 한 개인의 방종으로 많은 사람에게 상처를 주는 것을 막아주기도 하기 때문이다. 그러나 깊이 생각해 보면 자기의존적인 사람들이 중독 된 사람보다 더 나을 것이 없다.

사람들이 그리스도를 믿는 믿음 없이 자기 내면의 삶에 질서를 추구하는 것에 대해 성경은 "나갔던 귀신이 더 악한 귀신을 데리고 온 것과 같다"고 말한다(마 12:43-45). 다시 말해 성경은 궁극적으로 우리 자신이 우리의 주인이 아니라고 말한다. 우리가 만약 한 주인을 쫓아내려고 노력하면, 다른 주인이 그 자리를 재빨리 차지할 것이다. 음식 대신 운동, 간음 대신 일에 노예와 같이 헌신한다. AA 모임에서 한때 술잔을 다 비우면서 마시던 사람들이 변화되어 더 이상 술 취하지 않게 되었다고 말하더라도, '마시는 것'으로 몰아가는 악마가 여전히 그들의 주인이다. 난폭하지 않으며 우리를 비참한 노예로 삼지 않는 단 하나의 주인은 그리스도 한 분뿐이다. 실제로 우리가 종으로서 그분을 주인으로 섬길 때 우리는 진정한 자유를 경험하게 되고 큰 기쁨과 축복을 누릴 수 있다.

어떻게 절제할 수 있는가?

절제는 끝없는 죄의 욕망에 전략적으로 대응할 수 있는 방법이며, 그것을 발견하는 것은 큰 축복이다. 자기절제의 결여는 광범위한 문제이고, 이것은 거의 인간됨(humanness)과 동의어이며 이에 대한 참고 구절이 성경에 많은 것은 놀라운 일이 아니다.

> 어리석은 자는 자기의 노를 다 드러내어도 지혜로운 자는 그것을 억제하느니라(잠 29:11).

> 오직 성령의 열매는 사랑과 희락과 화평과 오래 참음과 자비와 양선과 충성과 온유와 절제니…(갈 5:22-23).

각각 거룩함과 존귀함으로 자기의 아내 대할 줄을 알고, 하나님을 모르는 이방인과 같이 색욕을 따르지 말고(살전 4:4-5).

너희 마음의 허리를 동이고 근신하여 예수 그리스도께서 나타나실 때에 너희에게 가져다주실 은혜를 온전히 바랄지어다(벧전 1:13).

근신하라 깨어라 너희 대적 마귀가 우는 사자 같이 두루 다니며 삼킬 자를 찾나니…(벧전 5:8).

너희가 더욱 힘써 너희 믿음에 덕을, 덕에 지식을, 지식에 절제를…(벧전 1:5-6).

문제는 이러한 성경 구절들이 세련되거나 예리하게 느껴지지 않는다는 것이다. 부모들이 "그만해!"라고 하는 말과 별반 다르게 느껴지지 않는다. 예를 들면, 사도 바울이 디도에게 경건하지 않은 정욕에 대해 "아니오"라고 말해야 한다고 권면한 것에 주목하라. "'아니오'라고 말하기"(Just Say No) 캠페인은 수년 전에 효과가 없는 것으로 밝혀졌다. 그러면 우리는 어떻게 올바르게 절제할 수 있는가?

디도를 향한 바울의 권면을 좀 더 자세히 살펴보자. 여기에는 디도가 그레데에서 그리스도의 교회를 확장하고 있을 때, 우리와 유사했던 문화에 대해 썼다. 그레데 사회는 중독의 사회였다. 그레데 시민들의 방종은 로마사회에서 악명이 높았다. 그레데는 절제와 금욕의 문화와는 거리가 먼, 서구 스타일의 탐욕을 잘 보여 준다.

방종함이 만연해 있을 때 당신은 무엇을 가르치겠는가? 바울은 네 그룹을 타깃으로 목회적 전략을 세웠다. 네 그룹은 나이 든 남자, 나이 든 여자, 젊은 남자 그리고 젊은 여자를 말한다. 바울의 가르침의 중심은 '절제'였다.

나이 든 남자에게 바울은 다음과 같이 말했다. "늙은 남자로는 절제하며 경건하며 신중하며 믿음과 사랑과 인내함에 온전하게 하고"(딛 2:2). 오늘날의 제자훈련에 사용되는 광범위한 내용들과는 달리, 바울은 몇 가지만을 강조하며 나이 든 남자에게 주의할 것을 당부하였다. 그 중, 두 가지 절제와 신중이 있는데 그것은 방종에 둔해지지 않은 정신을 뜻한다. 그 방종이 게으름이든 알코올이든지 말이다.

나이 든 여자에게 바울은 "늙은 여자로는 이와 같이 행실이 거룩하며 모함하지 말며 많은 술의 종이 되지 아니하며 선한 것을 가르치는 자들이 되고"(2:3)라고 말했다. 여기서도 절제가 핵심 요소로서, 명시적으로 술을 언급하고 있다. 선한 것을 가르친다는 것은 나이 든 여자들이 특히 젊은 여자들을 지도하는 것을 말한다. 바울은 여기서도 '절제'를 강조한다. 나이 든 여자는 젊은 여자에게 "그 남편과 자녀를 사랑하며 신중하며 순전하며 집안일을 하며 선하며 자기 남편에게 복종하게 하라"(2:4-5)고 교훈할 것을 전했다.

네 번째 그룹은 젊은 남자들인데, 가장 간략하게 지시하고 있다. "신중하도록(be self-controlled) 권면하되"(2:6). 끝! 분명히 이것 하나면 충분했던 것이다. 젊은 남자들이 만약 앞으로 몇 십 년 동안 자기 절제를 배운다면, 그들은 더 많은 가르침을 받을 준비가 된 셈이다.

나이와 상관없이 절제는 가장 중요한 일이다. 삶에 있어서 절제의 중요성은 플라톤과 아리스토텔레스의 4주덕(four virtues)에 정의, 지혜, 용기와 함께 절제가 있는 포함되어 있는 것을 보아도 분명하게 알 수 있다.[37] 절제는 구약성경의 지혜서 전반에 강조되고 있고, 디도의 목회 사역에 있어 중요한 부분을 차지하는 것이었다. 절제의 기본적인 이념은 우리가 우리의 욕망에도 불구하고 옳은 일을 하는 가운데 반드시 사려 깊고 신중한 삶을 사는 기술을 배양하는 것이다. 우리가 홀로 있을 때나 불만족스러울 때 테스트해 볼 수 있다. 아무도 보고 있지 않을 때 우리는 무엇을 하는가? 너무 갈망한 나머지 고통을 느낄 때 무엇을 하는가? 누가 또는 무엇이 당신을 지배하고 있는가? 당신의 욕망인가 하나님인가? 고통을 느낄 때라도 우리의 죄악 된 욕망에 "아니오!"라고 말할 수 있는 능력이 바로 절제이다.

나는 절제를 원하는가?

성경은 죄의 본질적 특징은 경계를 혐오하고, 대신 죄악 된 욕망을 따르기를 더 좋아한다는 것에 관해 매우 명확하게 말하고 있다. 그러한 욕망을 추구하는 결과로서 우리는 불만족하고, 미혹되며, 경건하지 않은 정욕의 노예가 된다. 이러한 관점에서 절제는 자비로운 삼위일체 하나님의 축복이다. 그렇다면 여기서 한 가지 질문할 것이 있다. 당신은 정말 절제를 원하는가?

위 질문을 주의 깊게 고려해 보라. 그리고 생각해 보라. 위 질문에 대해 "네, 물론입니다. 나에게 중독 이후 일어난 일을 보십시오"라고 쉽게 대답할 수 있다. 그러나 현실적으로 훨씬 더 복잡한 문제다.

---

37 플라톤은 그의 네 가지 덕목을 *The Republic, Aristotle in Nicomachean Ethics*에서 개진하였다.

- 당신은 절제를 원하나 땀 흘리며 열심히 노력하지 않고 아주 적은 양(in pill form)만 원한다.
- 당신은 절제란 당연히 해야 하는 것이기 때문에 원하는 것일 뿐, 그것에 관해 아직 진지하게 생각해 보지 않았다.
- 당신은 절제를 원하나 자신이 사랑하는 무언가에 영원히 "아니오"라고 대답할 만큼은 아니다.
- 당신은 절제하기를 가끔 원한다.
- 당신을 내일 절제하기 원한다.
- 당신은 절제하기를 원하지만, 하나님이 먼저 당신의 갈망을 없애 주시기를 기다린다.
- 당신은 절제하기를 원하는데, 그건 단지 삶을 좀 편하게 살 수 있거나 돈을 절약할 수 있기 때문이다. 다시 말하면, 당신은 중독의 비극이 떠나기를 원할 뿐 하나님의 은혜나 그것을 대체할 하나님의 뜻을 원하는 것은 아니다.

만약 예상했던 대로 당신의 대답이 분명하지 않을 경우, 기본으로 돌아가라. 죄는 우리를 속이는 것이기 때문에 우리 자신의 생각을 믿을 수 없다는 것을 기억하는가? 당신은 하나님이 선하시고 그분의 은사들이 축복임을 알고 있는가? 당신은 (특별히 성경이 절제에 대해 얼마나 자주 언급하고 있는가를 생각할 때) 그것을 이해할 수 있는가? 당신은 하나님이 정말 절제를 우리에게 주기 원하신다는 것을 이해하고 있는가? 당신은 죄와 연합된 비극적 결말을 기억하고 있는가? 아니면 C. S. 루이스가 말한 것과 같이 당신은 하나님이 해변에서의 멋진 휴가를 제공하셨음에도 불구하고 진흙탕에서 노는 것을 더 좋아하는가?

승리의 면류관을 바라보라(고전 9:25). 우리가 순종의 축복을 잘 모르는 아이를 캔디로 유인하는 것과 같이, 하나님은 그리스도에 대한 순종으로 달려가는 자들에게 썩지 아니할 면류관을 준다고 말씀하신다. 물론 면류관이 최종적인 상급은 아니다. 그것은 단지 그보다 더 좋은 것의 암시일 뿐이다. 진정한 상급은 그리스도 자신이다. 이것이 우리의 절제심을 더욱 고취시키는 것을 기억하며, 급하지만 경건하지 않은 것보다 중요하고 진실한 일을 하도록 격려한다.

절제의 방법은 여러 가지이다. 죄악 된 욕망을 추구하지 않는 것도 그 중 하나이다.

하나님의 은혜를 기억하라

디도서에서 바울은 절제에 대한 가르침이 어떻게 모든 연령대에 적용될 수 있는지 먼저 설명하였다. 그런 후 바울은 우리에게 "경건하지 않은 것과 이 세상 정욕을 다 버리고"(딛 2:12)라고 권면하였다. 그러나 이 간단한 권면을 정확히 이해하기 위해서는 바울의 가르침을 더 넓은 맥락에서 살펴보아야 한다.

모든 사람에게 구원을 주시는 하나님의 은혜가 나타나 우리를 양육하시되 경건하지 않은 것과 이 세상 정욕을 다 버리고 신중함과 의로움과 경건함으로 이 세상에 살고 복스러운 소망과 우리의 크신 하나님 구주 예수 그리스도의 영광이 나타나심을 기다리게 하셨으니 그가 우리를 대신하여 자신을 주심은 모든 불법에서 우리를 속량하시고 우리를 깨끗하게 하사 선한 일을 열심히 하는 자기 백성이 되게 하려 하심이라(딛 2:11-14).

이 본문은 모든 것을 변화시킨다. "아니오"라는 말은 비록 간단하지만 그것은 예수 그리스도로 온통 둘러 싸여 있다.

성경은 한 번도 하나님이 그리스도 안에서 우리에게 행하신 일을 진지하게 숙고하지 않은 채로 하나님의 명령에 따르라고 말하는 법이 없다. 바울의 모든 서신서는 "은혜가 너희에게 있을지어다"로 시작하고 "은혜가 너희에게 있을지어다"로 끝난다. 절제는 예수 그리스도 안에 거하는 우리에게 주신 은혜로 말미암아 가능하다. 우리에게 "아니오"라고 말하는 법을 가르치는 은혜는 항상 우리에게 임재하고 있다.

"하나님의 은혜"는 사도 바울에게 의미심장한 구절이다. 그것은 하나님이 사랑과 자비로 우리를 대하시는 것을 말한다. 더 나아가 하나님의 은혜는 매우 구체적이고 실제적이며 분명하다. 하나님의 은혜란 그분이 행하신 일과 현재 하고 계신 일이다. 하나님은 정욕의 노예가 된 우리를 해방시키시기 위해 예수님을 보내셨다. 믿음으로 말미암아 하나님은 우리를 자유롭게 하시고 이제 우리 자신을 위해서가 아니라 그분을 위해서 살아갈 수 있게 하신다(고후 5:15). 아버지께서는 우리를 그리스도 안에서 살리시고, 이제 우리에게 성령으로(갈 5:22-23) 절제하는 마음을 주셨다(딤후 1:7). 이 성령은 아들의 이름으로 아버지를 부르는 자들에게 값없이 주어진다.

이것은 우리의 경건치 않은 정욕을 버리는 일에 매우 적합하다는 의미이다. 한편으로 죄악 된 갈망이 우리에게 남아 있지만, 또 한편으로는 우리에게 죽은 자 가운데서 예수 그리스도를 일으키신 성령님이 함께 계신다. 우리의 갈망이 깊을지라도 그것은 살아 계신 하나님의 성령과는 비교가 될 수 없다. 물론 이것은 싸움이 끝 났다거나 우리가 '내려놓으면 하나님이 하신다'는 의미가 아니다. 오히려 우리가 싸움에 뛰어들 수 있는 능력을 받았다는 것을 의미 한다. 이스라엘이 약속의 땅을 선물로 받았지만 전쟁을 하며 한 번 에 한 성읍씩 취해야 했던 것과 같이, 우리도 절제의 은사를 약속 받았기에 하루하루 그것의 권리를 주장해야 한다.

예수 그리스도의 재림을 묵상하라

하나님의 은혜는 소망 없는 자기변혁의 영역에서 우리가 변화될 수 있는 사람이라는 큰 자신감의 영역으로 자기절제를 옮겨 주시 는 것이다. 바울은 조금 더 나아가 설명한다. 그는 하나님이 우리에 게 주신 은혜를 기억함으로 "'아니오'라고 말하라"고 권면하고 더 나아가 장차 주실 은혜를 깊이 생각하라고 말하고 있다.

절제와 예수님의 재림을 연결하는 방식은 성경에서 일반적으로 쓰인다. 예를 들어, 베드로전서 1장 13절에서는 "너희 마음의 허리 를 동이고 근신하여 예수 그리스도께서 나타나실 때에 너희에게 가져다주실 은혜를 온전히 바랄지어다"라고 말한다. 성경은 우리 에게 죄와 싸우며 경계하라고 말할 때마다 종종 미래의 소망에 주 목하게 한다.

예수님의 재림을 묵상하는 것에는 어떤 이점이 있는가? 첫째, 그 것은 우리에게 기한이 있다는 것을 상기시킨다. 죄와 싸우는 것은 힘든 일이다. 하지만 언젠가 끝이 난다. 죄와 싸우는 것에 끝이 없 어 보인다면, 우리는 쉽게 지치고 포기할 것이다. 그러나 기한이 다 가오고 있다는 것을 알면 우리는 좀 더 깨어 있을 수 있다. 마치 신랑을 기다리는 처녀들처럼 혹은 특정 날짜에 반드시 과제를 끝내야 하는 학생처럼, 기한은 우리가 해야 하는 일을 끝내기 위해 기꺼이 잠자는 것을 포기하게 만든다. 기한이 있다는 것은 현재에 긴박성을 불어넣고, "한 번만 더 ○○을 하고 끊어야지" 라는 이 말을 하지 않게 한다.

그리스도의 재림에 대해 묵상하는 두 번째 이점은, 영원성이 중요한 사실들을 밝혀 준다는 것이다. 현재에만 정신이 팔려 있다면, 전혀 주의 깊게 귀 기울이지 않는 우리의 양심은 "한 번 더"를 허락할 가능성이 높다. 그러나 그리스도의 재림의 관점으로 생각과 행동을 고려할 때, 주인이 되려고 하는 우리의 욕망이 더욱 분명하게 드러난다.

이러한 원동력은 심지어 비밀스러운 중독에 탐닉하는 것을 다른 사람에게 들켰다고 생각할 때도 적용된다. 예를 들어, 어떤 사람이 약물을 파는 밀매소에 잠깐 들르는 행동을 정당화할 수 있다. 이것은 정부(lover)의 집이나, 술집, 웹사이트 등에 방문하는 것도 마찬가지다. 왜냐하면 그것은 '단지 잠깐 들른 것'이고 '그냥 안부를 물으려고 했던 것'이기 때문이다. 그러나 그 생각이 정말 어떤가는, 그의 아내가 갑자기 나타났을 때 그가 어떻게 할 것인지를 생각해보면 알 수 있다. 다른 사람이 올 가능성만으로도 우리 행동의 불경건함이 드러나는데, 그리스도께서 직접 오신다면 어떠하겠는가?

세 번째 이점은 우리의 진정한 마지막을 안다는 것이다. 이것은 매우 강력한 유인책이 될 수 있다. 우리의 끝은 모든 것을 알지 못하는 피조물인 우리가 완전해진다는 것이고, 순결해진다는 것이다. 우리는 종종 '인간은 다 그런 거야. 나는 어쩔 수 없어'라고 생각하며 우리가 중독에 빠지는 것을 합리화하지 않는가? 그러나 진정한 의미에서 인간됨이란 피조물이 가능한 한 모든 면에서 예수님을 닮아가는 것이다. 우리가 자신의 정욕이 아닌 오직 살아 계신 성령의 지배만 받는 사람이 되는 것을 의미한다. 진정한 의미에서 인간이란 경건하지 않은 정욕에 고통스럽지만 "아니오"라고 말할 수 있는 것이다.

무분별한 방종과 죄악 된 정욕에 사로잡히는 것은 그야말로 하나님이 인간에게 원래 의도하셨던 바가 아니다. 이런 행동은 우리를 향한 하나님의 설계라기보다는 오히려 개와 관련이 깊은 것이다. 우리가 경건하지 않은 정욕에 방종하는 것은 자기가 토한 것을 핥고 배설물을 먹는 인간 이하(sub-human)의 존재들이 하는 것과 같다. 이러한 행동들은 개에게는 허용될지 몰라도, 하나님의 형상대로 만들어진 사람에게는 창피하고 구역질 나는 것이다. 우리는 배설물을 먹는 것보다 더 존귀한 일을 위해 창조되었다. 우리는 하나님의 영광을 위한 열정을 가지도록 창조되었다.

당신이 만약 그리스도를 믿는다면, 마지막에는 언젠가 온전히 순결해진다. 지금은 앞으로 되어야 할 사람처럼 행동할 때이다.

분명하고 공표된 전략을 개발하라

지금까지 절제에 대하여 성경이 가르치고 있는 신학적 기초 내용을 살펴보았다. 거의 모든 것들이 이러한 내용의 적용점이다. 한 가지 적용할 수 있는 예를 들어보면, 자기절제를 하고자 한다면 이는 반드시 계획이 있어야 한다는 것이다. 만약 절제가 신중함을 요구한다면, 그리고 그것이 궁극적으로 우리 육체와 사탄의 유혹에 대한 전쟁을 선포하는 것이라면, 반드시 전략이 있어야 한다. 우리의 전쟁이 하찮은 적을 상대로 하는 것이라면 계획을 짤 필요 없이 그 냥 나가서 이기면 된다. 그러나 적이 교묘하고 교활하다면, 전략이 필수적이다.

새해 목표가 쓰레기통에 버려지는 주요한 이유 중 하나는 전략 이 없었기 때문이다. 폭식을 하고난 후 더부룩함 때문에 불편해 하 며 '다음에는 지혜롭게 먹어야지'라고 생각한다. 그러나 이러한 결 심은 그 다음날 점심까지도 잘 지켜지지 않는다. 마약을 사려다 걸 린 후 양심의 가책이 희미하게 들어 끊고자 결심하게 된다. 그러나 그 다음 주만 되어도 같은 약을 구하려고 애를 쓰고, 같은 공급책 에게 접근한다. 이러한 상황에서는 신중한 계획과 영적인 영역이 포함된 일이라는 생각이 전혀 없고, 자신의 영혼을 책망할 마음이 없거나 그리스도 안에서 하나님의 은혜를 구하지 않으며 다른 형 제나 자매에게 도움이나 상담을 요청하지도 않는다.

당신이 절제하는 데 있어 성장하기를 정말 원하는지 아닌지 를 알아보는 좋은 지표가 하나 있다. 당신에게 분명하고 공표된 (publicized) 전략이 있는가? 만약 어떤 사람이 "나는 정말 이번만큼은 변화되고 싶습니다. 그러나 제 생각에는 도움은 필요 없습니다"라 고 말한다면 그 사람은 아직 성경이 절제에 대해 뭐라고 가르치고 있는지를 이해하지 못한 것이다. 목표로 삼아야 할 한 가지가 있다. 그것은 회개하기, 상담 받기 또는 다른 사람의 도움을 받아 구체적 이고 그리스도 중심적인 계획을 세우는 것과는 전혀 다른 것이다.

어떠한 계획이든 그 중심에는 예수 그리스도가 있어야 한다. 절 제는 지혜의 여느 다른 항목들과 같다. 그것은 사람을 깊게 숙고하 는 것으로 얻어진다. 전략적인 면에서 여기에는 전례가 없다. 우리 는 하나님이 간단히 우리에게 소리지르며 개선하라고 다시 말씀해 주시기를 기대한다. 그러나 하나님의 방법은 우리의 생각보다 훨씬 더 나은 것이다. 하나님은 믿을 만한 12가지 단계 같은 것 대신 우리가 알아야 할 한 분을 주신다. 우리 가운데 예수님이 알려지고 높여지면, 절제는 더욱 명백해진다. 이 두 가지가 죄를 치유하며 모든 변화의 기초가 된다. 복음 안에서 우리는 죄의 심판과 죄의 능력으로부터 해방되고 자유롭게 되었다. "살아계시고 참되신 하나님을 섬기는지와 또 죽은 자들 가운데서 다시 살리신 그의 아들이 하늘로부터 강림하실 것을 너희가 어떻게 기다리는지를 말하니 이는 장래의 노하심에서 우리를 건지시는 예수시니라"(살전 1:9-10).

잠언에서는 하나님에 대한 경외가 지혜의 근본이라고 말한다. 하나님을 경외하는 것은 무엇을 의미하는가? 그것은 두려움과 기쁨으로 우리와 함께하시는 하나님과 함께 걷는 것이다. 그리고 우리가 거룩하신 하나님께 순종과 사랑과 헌신으로 반응하는 것이다. 그분은 우리를 찾아 오셨고, 사랑하셨고, 우리를 위해 아버지의 분노를 대신 받으셨고, 성령으로 함께 하시는 분이시다. 앞에서 말했던 것처럼, 하나님을 경외하는 것은 우리가 코람데오(coram deo) 즉, 하나님의 존전에서 살고 있음을 아는 것이다. 그것은 거룩한 하나님이 우리 삶의 모든 부분을 보고 계신다는 것을 아는 것이다. 하나님이 보신다는 것은 그분을 피하려고 노력하는 사람에게는 저주이며, 예수 그리스도를 알기 위해 나아온 우리와 같은 자들에게는 보호의 성벽이다. 또한 우리로 하여금 하나님의 뜻을 분별하고 행할 수 있도록 하는 것이며 당장 급하게 느껴지는 것보다 중요한 일을 하는 것을 뜻한다.

실천신학

사람은 법적으로 자유를 보장받을 권리가 있다고 믿는 서양 문화가 우리의 신학에 침투했다. 규제하는 것 같으면 무엇이든 율법적인 것으로 치부된다. 그러나 절제는 하나님의 놀라운 선물이다. 그것은 축복이며 지혜로운 사람의 주된 특징이다.

당신 자신의 중독에 직면할 때

1. 당신은 실제로 죄악 된 욕망에 "아니오"라고 말한 적이 언제인지 기억하는가? 만약에 있다고 해도 잘 기억나지 않는 것이 보통이다.

2. "아니오"라고 말하는 것을 연습하는 한 가지 방법으로 짧은 시간동안 끊는 것을 고려해 보라. 음식, 디저트, 컴퓨터 게임 또는 당신에게 있어 중요한 다른 활동들을 포기해 보는 것이다. 이는 당신이 한 일에 대해 벌 받는 것이 아니다. 단지 절제를 더욱 연습하기 위한 하나의 방법이다. 절제는 연습을 통해 발전되는 기술임을 기억하라.

3. 당신은 지혜로운 사람들과 함께 시간을 보내고 있는가? 지혜로운 사람은 어떤 사람인지 알 수 있도록 잠언을 읽으라. 그런 사람들과 시간을 보내라. 어떻게 그들이 절제의 축복을 알게 되었

는지 물어 보라.

4. 만약 절제에 관한 다른 책을 읽고 싶다면, 존 파이퍼의 『하나님
께 굶주린 삶』(*A Hunger for God*)를 구하라. 그것은 특별히 음식에 대
하여 다루고 있지만 모든 중독 문제에 바로 적용할 수 있다.

당신이 다른 사람을 도울 때

1. 지혜는 중요한 성경의 가르침을 항상 염두에 둘 때 생기는 것이
다. 이 교훈을 쉽게 흘려 보내지 말라. 성경을 계속 읽으라. 그것
에 대해 이야기하라. 어떻게 절제가 축복이 될 수 있는지에 관해
서로 나누라.

2. 만약 어떤 한 부분에서 절제가 부족하다면, 다른 부분에서도 그
렇다는 것을 발견할 것이다. 언어 사용은 어떠한가? 그것 또한
절제하지 못하는가? 그렇다면 야고보서 3장을 함께 읽으라.

3. 지혜에 관한 한 잠언이 제일 잘 알려진 책이지만 야고보서가 함
께 공부하기에 더 쉽다. 야고보서 전체에 걸쳐 절제에 대한 주제
뿐 아니라 또 다른 주제들도 찾아볼 수 있다. 만약 절제에 대한
것보다 다른 주제를 살펴보는 데 더 많은 시간을 보내고 있다 할
지라도 너무 걱정하지 말라. 어느 한 분야에서 지혜가 자라면 그
것이 절제에 영향을 미칠 것이다.

4. 당신이 만약 누군가를 돕고 있고, 그가 간단한 금식을 하기 원한
다면 함께 하라. 그것은 당신 자신에게 좋은 활력을 불러일으킬
것이다.

11장 . 맹렬한 전투

세례 요한의 때부터 지금까지 천국은 침노를 당하나니 침노하는 자는 빼앗느니라
(마태복음 11:12)

만일 네 손이나 네 발이 너를 범죄하게 하거든 찍어 내버리라 (마태복음 18:8)

진정한 절제에는 거친 면이 있다. 정욕에 지배당하지 않는 사람들의 평온한 태도 밑에는 전사의 심장이 있다. 절제는 겁이 많은 소심한 자의 것이 아니다. 절제심을 키우려면 예수 그리스도를 향한 충만한 기쁨과 우리 자신의 죄에 대한 증오심이 필요하다.

그러므로 다시 한 번 생각해 보라. 그리스도께 순종하기 위하여 "아니오"라고 말하기 매우 어려운 상황에서 그렇게 한 적이 있다면, 마지막으로 언제였는가? 아마 당신은 코카인에 대하여 아주 쉽게 "아니오"라고 말할 수 있을 것이다. 그러나 외설적인 광고에 대해서는 망설인다. 아마 당신은 술을 마시며 2차, 3차까지 가는 것에 대해 안 된다고 말할 수 있지만, 식습관의 변화를 위해 맹세하고 있는 순간에도 디저트를 꼭 챙겨 먹을 것이다. "아니오"라고 대답하지 못하는 세상적인 욕망은 그 어느 것이나 예수님 그분에 대한 열정을 넘어서는 것이다. 이것을 염두에 두고 보면, 절제가 단순히 자기계발을 위한 훈련이 아님을 곧 깨닫게 된다. 절제는 위험이

큰 영적 전쟁을 위한 훈련에서 필수적인 요소이다. 통제할 수 없는
욕망에 대해 유일하게 취할 수 있는 태도는 전면전의 선포이다.

사실 전쟁은 이미 선포되었다. 적군은 이미 선제공격을 했다. 육
체의 정욕은 이미 "영혼을 거슬러 싸우고"(벧전 2:11) 있다. 우리는
반격하기 위해 믿음으로 깨어 있어야 한다.

그런즉 너희가 어떻게 행할 지를 자세히 주의하여(엡 5:15).

하나님의 전신 갑주를 입으라(엡 6:11).

너희는 마음의 허리를 동이고(벧전 1:13).

더욱 힘써(벧후 1:5).

근신하라 깨어라(벧전 5:8).

이러한 구절들은 전쟁의 함성이며 성경은 이와 같은 함성들로
가득 차 있다. 그러나 전선이 명확하고 시기를 거의 예측할 수 있
었던 구시대 전쟁과는 달리, 오늘날의 전쟁은 적군이 어디에 숨어
있는지 항상 확신할 수가 없다. 오늘날의 전쟁은 게릴라전이다. 전
략적으로 배치된 저격수들이 있다. 잠시 경계를 풀고 안전하다고
생각되는 마을에 들어섰을 때, 갑자기 총알이 우리에게 날아올 수
도 있다.

전쟁을 선포하라

전쟁은 우리의 감각을 민감하게 만드는데, 특히 적군들이 계속 숨어 있을 때 그렇다. 이것은 삶과 죽음의 문제이다. 잔가지 부러지는 소리가 나거나 나뭇잎이 바스락거리는 소리가 들리면 당신은 바로 공격태세를 갖춘다. 누군가의 기침 소리가 나면 당신은 방아쇠를 당길 준비를 한다. 심지어 며칠 동안 제대로 잠을 못자거나 아예 못 잤을 때에도 전쟁은 우리를 바짝 긴장하고 깨어 있게 만든다.

문제는 우리가 그리스도인으로서 전쟁에 참여하고 있음을 망각한다는 것이다. 더 나아가 심지어 전쟁이 있는 것조차 모르는 것이다. 특히 영적인 전쟁은 최소한 적이 어디엔가 있다고 알고 있는 대부분의 전쟁과는 달리, 은밀한 경향이 있다. 아무도 총에 맞지 않으며 많은 사람들 심지어 중독에 빠진 사람들조차도 자신의 인생을 꽤 잘 관리하는 것처럼 보인다. 모든 것이 예사로운 일처럼 보인다. 여기에다 우리가 사실은 적을 좋아하고 있다는 사실을 보탠다면, 왜 대부분의 사람들이 휴가 나온 것처럼 행동하는지 쉽게 이해가 된다.

휴가는 일반적인 평화의 시간보다 훨씬 더 평화롭다. 평화로울 때도 사람들은 일하며, 보통의 임무를 다 한다. 그러나 휴가 때는 휴식과 오락만이 있을 뿐이며 힘든 일은 하지 않는다. 힘들 때까지 무엇인가를 한다는 생각은 절대 금물이다. "삶 속에서 스트레스를 줄여라." 이것이 휴가의 표어다.

성경은 인생이 힘들고 바쁘다는 것을 이해하고 있다. 안식일과 쉼을 만드신 분은 바로 하나님 그분이시다. (안식일이 주말과 다른 점은, 그것이 우리가 하나님 안에서 궁극적으로 안식을 얻을 수 있다는 것을 상기시킨다는 것이다.) 또한 하나님은 '위로'(사 40장)와 '평화'를 선언하신 분이며 안식의 장소로 우리를 초대하신다. 사실 그분이 주시는 평화는 우리가 상상하는 것보다 훨씬 더 깊은 것이다(빌 4:7). 그러나 성경 전체를 보았을 때, 그것은 '평화'보다 더 많은 것을 말한다. 마치 평화가 여러 번으로 나뉘어서 오는 것 같다. 만약 믿음으로 그리스도께 향한다면, 하나님과 화평을 누리고 더 이상 거리낌 없는 양심을 가지게 된다. 그러나 확실한 것은 막상 현재 이 순간 우리는 모든 관계에서 완벽한 평화를 이루지 못한다(마 10:34)는 것이다. 우리는 분명 우리 자신의 죄와의 싸움과 사탄과의 싸움에서 평화를 이룰 수 없다. 대신 믿음으로 그리스도에게 향할 때, 우리는 죄의 종노릇하던 것에서 벗어나 자유함과 싸울 능력을 얻는다.

킹 제임스 성경은 "폭력을 쓰는 자들이 힘으로 그것을 차지하느니라"(마 11:12)라고 표현한다. 이것이 하나님의 나라가 나아가는 방법이다. 밖에서는 박해로, 안에서는 우리 자신의 정욕과 유혹으로 사탄은 우리를 공격한다. 그리스도의 모든 제자들은 항상 영적 강건함과 끊임없는 경계가 요구되는 전투 중에 있다.

당신의 죄악 된 정욕에 자비를 보이지 말라

사도 바울은 우리를 권면하기 위해 운동 선수 비유를 사용하였다.

운동장에서 달음질하는 자들이 다 달릴지라도 오직 상을 받는 사람은 한 사람인 줄을 너희가 알지 못하느냐 … 이기기를 다투는 자마다 모든 일에 절제하나니 그들은 썩을 승리자의 관을 얻고자 하되 우리는 썩지 아니할 것을 얻고자 하노라 그러므로 나는 달음질하기를 향방 없는 것 같이 아니하고 싸우기를 허공을 치는 것 같이 아니하며 내가 내 몸을 쳐 복종하게 함은 내가 남에게 전파한 후에 자신이 도리어 버림을 당할까 두려워함이로다(고전 9:24-27).

바울은 우리의 몸은 악하고 혼과 영은 선하다고 가르치는 영지주의적 이원론자가 아니다. 그는 우리의 욕구, 즉 억제하지 않을 때 우리를 지배하는 자연적인 육체의 정욕을 말할 때 "몸"이라는 말을 사용한다. 그것은 식탐, 음주, 성욕을 뜻한다. 이러한 욕구들 자체가 악이라고 말하는 것이 아니다. 이러한 욕구들은 주의 깊게 경계할 필요가 있다는 것이다. 좀 더 정확하게 말해서 우리의 죄성이 이러한 욕구에 조심성 없이 방종하려는 경향이 있기 때문에 바울은 전쟁과 같은, 공격적이고 엄격한, 여지를 두지 않는 삶을 살라고 간청하고 있는 것이다. 바울이 말하고자 하는 것은 우리의 욕구들이 경건하지 않은 방향으로 자라나기 시작할 때, 바로 두들겨서 항복시키라는 것이다.

이 부분을 병으로 은유하는 것은 약하다. 병은 맹렬함의 의미를 포함하고 있지 않다. 아마 경계 정도의 의미는 있을 수 있으나 맹렬함은 없다. 죄와 전쟁을 할 때 당신은 준비를 해야 하며 이것을 당신의 삶에서 완전히 뿌리 뽑겠다는 마음을 가져야 한다. 휴전을 한다거나 평화롭게 공존한다는 것은 욕망했던 것과 다시 사랑에 빠지겠다고 희미하게 작정하는 것과 같다.

좋은 예가 있다. 35세의 남편이자 아버지인 한 남자는 매일 아침 같은 말을 하면서 일어난다. "나는 오늘도 전쟁을 하러 간다." 그가 상상하는 그 적은 반드시 커피를 마시는 시간에 더러운 농담을 하는 사람이나 승선장의 마약 밀매꾼만을 가리키는 게 아니다(물론 이런 사람들과 함께 있을 때도 조심해야 한다). 그가 진정 싸워야 할 대상은 무엇보다도 '자기 자신'과 그의 안에서 적으로 다가오는 유혹이다.

우리 안의 유혹과 싸우기

모든 유혹은 우리 앞에서 왔다갔다 하며 우리를 낚아채기 위해 기다리는 미끼와 같다. 우리는 그 모든 것들과 전쟁을 하라고 명령받았다. 그러나 모든 유혹이 다 똑같은 것은 아니다. 어떤 것은 우리의 내면에서 오고, 또 어떤 것은 외부에서 온다. 전쟁을 하고 있을 때 유혹의 근원을 알 필요가 있다. 그렇지 않으면 유혹과 죄의 사이클에서 우리가 보태는 바가 무엇인지 간과하기가 쉽다.

유혹에 대해 잘 알려진 성경적 상징으로 요셉과 보디발의 아내의 이야기를 들 수 있다. 이는 요셉을 유혹하기 위해 기다리는 매력적인 여자의 모습을 통해 유혹이 우리에게 어떻게 다가오는 지를 잘 보여 주는 이야기이다. 그것은 부르지 않았을 때에도 우리를 찾아온다. 그러나 다른 유혹들은 우리 자신의 마음과 상상에서부터 일어난다. 이러한 유혹에 대해 야고보서에서는 다음과 같이 말씀하고 있다.

사람이 시험을 받을 때에 내가 하나님께 시험을 받는다 하지 말지니 하나님은 악에게 시험을 받지도 아니하시고 친히 아무도 시험하지 아니하시느니라 오직 각 사람이 시험을 받는 것은 자기

> 욕심에 끌려 미혹됨이니 욕심이 잉태한즉 죄를 낳고 죄가 장성한
> 즉 사망을 낳느니라(약 1:13-15).

만약 하나님이 우리를 시험하시지 않는다고 믿는다면, 어떻게 우리를 시험에 빠지지 않게 해 달라고 하나님께 기도할 수 있겠는가(마 6:13)? 예수님은 야고보가 시험과 연관시켰던 악한 정욕을 한 번도 가진 적이 없으신데, 어떻게 예수님이 우리와 똑같이 시험을 받으셨다고(히 4:15) 말할 수 있는가? 모순 되어 보이는 가르침은 성경이 두 가지의 다른 유혹에 대해 이야기하고 있다는 것을 인식할 때에 명확해진다.

야고보는 성경에서 금하고 있는 정욕이 어느 것이든 악한 것이며 우리의 마음에서부터 오는 것이라고 명확하게 말하고 있다. 우리의 정욕 중 어떤 것이 어둠 속에 머무르고 싶어 하는지 스스로에게 물어 보는 것으로 재빨리 이러한 유혹의 정체를 밝혀낼 수 있다. 어떠한 욕구를 특정한 사람들로부터 숨기기를 원하는가? 불법 마약? '딱 한 잔만'이 '딱 한 잔만 더'로 이어질 줄 알면서도 '딱 한 잔만' 하는 것? 인터넷 사이트? 포르노물? 필요한 양 이상의 진통제? 사람들이 내가 먹었다고 생각하는 양보다 더 많은 양의 아이스크림? 우리는 이러한 유혹에 대해 우리 자신 외에 다른 어떠한 것에게도 책임을 떠넘길 수 없다. 그러므로 "유혹이 오면 도망가라"라는 해결책은 충분하지 않다. 어떤 사람이 실제로 그가 깊이 욕망하던 것으로부터 도망가고 외부의 유혹을 제거했다고 할지라도 그는 반드시 자기의 마음을 책망으로 마무리해야 한다. 우리 속에 머물고 있는 죄악 된 욕망 때문에 외부의 유혹에 끌리는 것이다.

점진적 성화

내면의 유혹과 전쟁을 하고 우리 마음을 책망하는 과정을 점진적 성화(progressive sanctification)라고 부른다. 이는 우리 자신의 죄악 된 정욕과 싸우는 전쟁이 시간이 지나면서 점점 더 커진다는 것을 의미한다. 하나님의 주권적 계획에는 거듭남이 즉각적인 도덕적 완전성을 가져오지는 않는다. 대신 죄 없음(sinlessness)은 예수님의 재림 때나 가능하다. 하나님은 그때까지 우리가 우리 속에 있는 죄들과 싸우도록 계획하셨다. 바로 하나님 그분이 전쟁을 선포하셨기에 그 전쟁에 참여하는 것은 칭찬받기에 합당한 무언가가 있다. 이 전쟁 자체가 하나님께 영광을 돌리는 것이다.

이것은 매우 중요한 것이다. 전쟁은 선한 것이며 실패의 표시가 아니다. 그것은 성령님이 일하고 계시다는 증거이다. 그것은 우리가 영적으로 살아있고 점진적 성화 중이라는 표시이다. 어떤 중독자들은 죄에 대한 전쟁이 '말하고 종결하는'(name-it-and-claim-it) 짧은 전초전 후에 끝난다고 믿는다. 그들은 승리를 주장하고 전쟁이 끝났다고 생각한다. 그래서 피할 수 없는 유혹이 다가오면 무시하거나 부정해 버린다. 앞으로 생길 일에 대한 자신들의 해석과 들어맞지 않기 때문이다. 결국 중독자들은 과연 성령님에게 자신들의 중독을 정복할 만한 힘이 있는지 의심하게 되고, 성경은 점차 무용지물이 되며 나아가 일상생활로부터 떨어져 나간다.

성경에서 말하는 진정한 영적 전쟁은 이스라엘이 애굽에서 해방되어 약속의 땅으로 들어가는 그 길과 비슷하다.

"내[여호와]가 내려가서 그들을 애굽인의 손에서 건져내고 그들을 그 땅에서 인도하여 아름답고 광대한 땅, 젖과 꿀이 흐르는 땅에 … 데려가려 하노라"(출 3:8).

그것이 하나님의 약속이었다. 하나님은 자신의 백성을 노예 생활에서 건지시고 그들에게 그들 소유의 땅을 주리라고 말씀하셨다. 그 땅은 그들의 것이었다. 그리스도를 믿는 자들은 훨씬 더 극적인 구원을 경험한다. 성령으로 단련된 믿음의 기적을 통해 우리는 그리스도에 연합되어, 이제 그분의 소유는 우리의 소유이며 우리 소유였던 죄는 그분께로 옮겨졌다. 죄의 형벌과 능력에 대해서 우리는 그리스도와 함께 죽었고, 하나님의 사랑하는 자녀로서 그분을 위해 살도록 그리스도와 함께 일으켜 세워졌다.

성경은 그리스도 안에서의 우리 인생에 대해 매우 담대하게 말하고 있다. 그것은 이제 우리가 더 이상 죄를 짓지 않는다고 말하

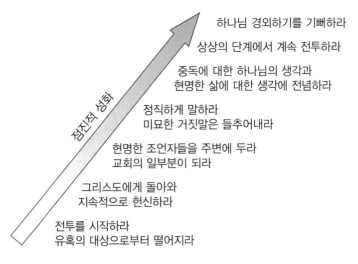

〈그림 11.1〉 변화의 과정

고 있다. 예를 들어 로마서 6장 6절에서 "우리의 옛 사람이 예수와 함께 십자가에 못 박힌 것은 죄의 몸이 죽어 다시는 우리가 죄에게 종노릇 하지 아니하려 함이니"라고 말씀하고 있다. 이것은 약속의 땅이 이스라엘에게 속하였다고 하나님께서 말씀하신 것과 비슷하다. 그들은 그 땅을 약속받았으나 여전히 그것을 얻기 위해 전쟁을 해야 했다. 더욱이 모든 전쟁에서 승리했던 것도 아니다. 이스라엘 백성이 여호와 하나님 없이 전쟁을 해야 하는 경우도 있었다. 마찬가지로 우리도 참으로 놀라운 것을 약속받았다. 거룩하고 순결한 삶을 약속받았고, 그것을 얻기 위해 싸우라고 명령받았다(그림 11.1).

소망을 가지고 싸우라

역사나 영화는 작은 무리의 군대가 훨씬 크고 강한 군대를 막아내려고 하는 이야기로 가득하다. "알라모를 잊지 말라!"(Remember the Alamo!)에서부터 "라이언 일병 구하기"(Saving Private Ryan)에 이르기까지 이러한 이야기들은 우리 문화의 무의식에 자리 잡고 있다. 전쟁이 시작된 지 얼마 되지 않았을 때는 수적으로 우세한 힘으로 계속해서 용감무쌍하게 싸운다. 그러나 모두가 알다시피 피할 수 없는 결말이 있다. 그 영웅적인 군대는 적군에 의해 무참히 짓밟힌다. 다시 싸움이 시작되기 전까지 모든 희망을 잃는다. 기정사실과 같은 결말이 현실이 되기 전까지는 시간이 관건이다. 점차 부대원들은 전투할 열정을 잃는다. 전우가 한 명 한 명 죽음을 당한 후에야 병사들은 전쟁이 최대한 빨리 자비롭게 끝나기를 바라면서 움직이기 시작한다.

이것은 우리의 소욕이나 죄악 된 정욕과 비슷해 보인다. 많은 사람들이 그것들을 상대로 용맹스럽게 싸우려고 했지만 이내 그 싸움이 지고 있는 것처럼 느껴진다. 우리는 승리에 대한 희망을 가지기보다 패배를 늦추어 보려고 애를 쓴다. 그러나 그리스도 안에서는 놀라운 변화가 있다. 사탄은 정복당하였고, 우리는 정죄되지 않으며 죄는 더 이상 우리의 주인이 아니다. 죽음에서 일으키시는 성령의 능력으로 우리는 전쟁을 수행하시는 새로운 지휘관과 연합되었다.

사탄은 이미 패배했다

사탄에 대해서 말하는 것이 이상하게 들리는가? 보통 한 번도 중독에 종노릇해 보지 않은 사람에게는 그렇게 들릴 수 있다. 사탄의 권세가 숨겨진 곳에는 많은 죄들이 있다. 정중한 대화 속의 미묘한 거짓말이나 소득세의 날조가 그런 것이다. 그러나 중독에 관해서 사탄이 지시하는 것을 알아차리기란 힘들지 않다. 종노릇, 거짓말 그리고 고소는 노골적이다.

사탄의 힘은 구약성경, 특히 욥기에 잘 나타나 있다. 그러나 예수님이 다시 오실 때 사탄의 어두운 왕국이 다 드러날 것이다. 신약성경은 예수님이 귀신들린 자를 만나시는 장면이 많이 나온다. 각각의 만남은 예수님이 여신 하나님의 나라가 사탄의 나라를 압도한다는 증거가 된다. 일찍이 모든 사람들은 아주 쉬운 먹잇감이었으며 사탄의 계책에 잘 넘어갔다. 그러나 이제 그리스도 앞에서 이 세상의 임금은 심판 받았다(요 16:11). 사탄은 그리스도와 그분의 성령을 소유한 자들을 지배할 수 없다.

그 결과 성경은 분명히 우리에게 사탄을 경계하라고 경고하고 있지만, 또한 우리는 "주 안에서와 그 힘의 능력으로 강건"할 수 있고, "마귀의 간계를 능히 대적"할 수 있다고 강조한다(엡 6:10-11). 우리는 "믿음을 굳건하게 하여 그는 대적"(벧전 5:9) 할 수 있다. 사탄이 한때 백성들을 눈멀게 했던 힘을 가진 그 곳에 예수님이 새로운 시대를 열었다.

이것은 우리의 전투 방법을 바꾼다. 전쟁에서 질 것이라는 가정이나 적군의 피할 수 없는 맹공격을 늦춰서 오래 버텨 보겠다는 노력 대신에, 그리스도 안에서 우리는 이미 승리를 약속받았다. 우리는 전쟁에 필요한 예수 그리스도의 모든 자원을 받았다. 그렇다. 이 전쟁은 반드시 해야 하며, 이미 전세가 뒤바뀌었다는 것을 아는 군사로서 열정적으로 치러야 한다. 맹렬한 싸움일지라도 승리할 수 있고, 승리할 것을 아는 자들은 흥겹게 싸울 수 있다.

우리는 정죄되지 않는다

사탄이 절박함을 느끼면 기를 쓰고 우리를 고소하며, 우리는 실수 하나하나로 심판 받는다고 말한다. 그의 목표는 우리를 전쟁 밖으로 끌어 내어 절망으로 무능력하게 만드는 것이다. 원수의 사기를 꺾기 위해 거짓 선전을 사용하는 적군처럼 사탄은 우리가 지휘관에게서 버림받았다고 말할 것이다. 즉 우리에게는 더 이상 소망이 없어서 우리 상관은 지원군을 더 이상 보내 주지 않을 생각이라는 소식이 들린다. 중독자들은 이런 고소에 쉬운 먹잇감이 된다.

314 중독의 성경적 이해

중독자들에게는 자만, 교만 그리고 교훈을 듣지 않으려는 모습들이 있지만 또한 절망감과 무용지물이라는 생각이 자리 잡고 있다. 중독자들은 그들 자신이 받을 만한 대가를 받고 있다고 느낀다. 물론 이런 절망을 그들이 중독에 계속 탐닉하는 핑계로 사용하기도 한다. 하지만 그것은 실제로 그들이 느끼는 감정이기도 하다. 모든 중독자들은 속으로 자책하며 살아간다.

이것은 중독자들을 상담하는 상담자들이 죄에 대한 언급을 피하는 이유이기도 하다. 그들은 중독자들과 시간을 보내면서 이미 그들이 심한 죄책감을 가지고 있다는 것을 알고 있다. 그들을 더 비판하는 것(그리스도인들이 하리라고 생각되는)은 오히려 상황을 악화시킬 뿐이다. 모든 연륜 있는 일반 혹은 기독교 상담자들은 죄책감과 자책감으로는 변화가 이루어지지 않는다는 것을 알고 있다. 술을 마시지 않는 것과 죄책감은 양립할 수 없다. 이 죄책감에 대처하기 위해 상담자들은 중독자들에게 자신에게 일어난 일에 대해서는 책임이 없다고 가르칠 수 있다. 대신 그들에게 질병이 있는 것이다.

어떤 중독자들은 이것이 진실이라고 쉽게 설득되지 않는다. 그러나 대부분은 결국 중독성 있는 사회의 압력에 굴복한다. 일단 그들이 그렇게 하면 모든 것이 다르게 느껴진다. 중독자들은 자유를 느낀다. 왜 그러한가? 그들은 자신들의 죄책감을 다룰 한 방법을 제공받았기 때문이다. 중독자는 지금껏 내내 죄책감과 수치심 때문에 괴로워했고 이러한 짐을 가지고는 변화가 불가능하다고 생각했다. 그러나 이제 그들이 죄에 대한 책임이 없다는 소식을 듣고 자유를 느낀다. 아마 그들은 처음으로 희망을 가져 보았을 것이다.

보편적으로 죄를 언급하는 상담자들이 무시당하는 것은 이상한 일이 아니다. 죄책감과 변화는 공존할 수 없다. 죄책감은 자기변혁

의 어떠한 노력도 다 짓누른다. 그래서 그리스도인들이 죄를 언급
할 때 사람들이 왜 거의 듣지 않는지 우리는 이해할 수 있다. 사실,
죄를 언급하는 것이 단지 죄책감을 증폭시키는 것이라면 우리도
듣지 않을 것이다. 그러나 그것은 성경이 말하는 죄에 대한 교리가
아니다. 앞에서 살펴본 것과 같이 죄는 단순히 현실이다. 그러나 성
경은 중독의 죄에 근거한 모델이 아닌 은혜에 근거한 모델을 수용
하기를 요구한다. 성경의 강조점은 우리의 죄가 아니라 믿음을 통
해 하나님으로부터 나오는 은혜(엡 2:8)에 있다. 죄에 대해 우리가
알아야 할 지식은 예수 그리스도를 통해 우리가 받을 수 있는 구속
의 은혜로 향한다는 것이다.

은혜는 두 가지 중요한 진리를 전달한다. 다른 무엇보다도 은혜
는 하나님의 성품을 나타낸다. 하나님은 그분 앞으로 나아오는 자
들에게 은혜 주시기를 기뻐하신다. 그러하므로 사도 바울은 이 질
문을 던진다. "은혜를 더하게 하려고 죄에 거하겠느냐"(롬 6:1). 그
대답은 "그럴 수 없느니라!" 은혜는 우리를 죄로부터 자유롭게 한
다. 그런데 어떻게 그것을 우리의 옛 주인으로 돌아가는 핑계거리
로 사용하겠는가? 바울은 은혜 주시기를 원하는 하나님의 열망은
우리를 놀랍게 한다고 계시하고 있다.

은혜의 두 번째 특징은 하나님께 대적했던 우리의 죄를 우리 스
스로 갚을 수 없다고 말해 준다는 점이다. 성경은 보상에 대해 명
확하게 가르치고 있다. 만약 당신이 누군가에게 죄를 지었다면, 당
신은 그 사람에게 벌금을 포함해 보상해야 한다. 그러나 이는 오
직 사람과 사람 사이의 거래에서만 가능하다. 당신이 만약 누군가
의 자전거를 훔쳤으면, 당신은 자전거와 그 이상의 것을 보상해야
한다. 그러나 우리는 하나님께 보상을 할 수가 없다. 이런 가능성을

생각하는 것은 우리의 죄의 성질을 축소시키는 것이고, 그리스도의
십자가를 축소시키는 것이다. 은혜는 우리가 갚을 수 없는 것을 우
리를 위해 그리스도 자신이 갚으셨다는 것을 상기시킨다. 이러한
맥락에서 은혜에 기반을 둔 상담은 죄를 언급하지만 재빨리 우리
의 죄를 없애주시는 분을 가리킨다. 많은 사람들이 생각하는 것과
는 반대로, 성경에서 말하는 것과 같이 죄를 하나님께 반항하는 것
이라고 볼 때, 그것은 사실 우리를 더 큰 기쁨으로 인도한다.

> 이르시되 빚 주는 사람에게 빚진 자가 둘이 있어 하나는 오백 데
> 나리온을 졌고 하나는 오십 데나리온을 졌는데 갚을 것이 없으므
> 로 둘 다 탕감하여 주었으니 둘 중에 누가 그를 더 사랑하겠느냐
> (눅 7:41-42).

은혜 없이 죄를 폭로하는 것은 더 큰 구원을 가져올 수 없으나,
값없이 주시는 용서의 관점으로 죄를 폭로하는 것은 감사와 찬양
으로 인도하는 큰 기쁨이 된다.

그럼에도 불구하고 은혜는 정해진 값을 가지고 있다. 은혜를 받
기 위해서는 우리가 의롭지 않다는 것을 인정해야 한다. 그 결과
우리 인간은 하나님 앞에 참회하는 방법으로 비참해지거나 자기혐
오를 선택하는 본능이 있다. 이것은 아마 겉으로는 종교적으로 보
일 수 있을지 모르겠지만, 자기혐오는 사실 죄이다. 그것은 기본적
으로 하나님을 거짓말쟁이라고 부르는 것이다. 그것은 하나님의 은
혜를 경험하기 전에 우리 자신의 죄에 대해 어떠한 형태로든 속죄
의 보상을 해야 한다고 말하는 것이다. 우리에게 심각한 죄가 있다
면, 우리가 보상할 계획을 찾는 것은 이해할 수 있으나 그리스도

안에서 우리에게 보여 주신 하나님의 은혜의 관점에서는 그것은 생각할 수 없는 것이며, 하나님께서 하신 일에 대한 모욕이다.

수잔의 경우 이러한 악순환이 시작될 때는 폭식을 한 후 심한 죄책감을 느낀다. 그러면 그녀는 자신을 청결케 하기 위해 구토하고 며칠 동안 금식을 한다. 이로써 하나님을 기쁘시게 하고 그의 노를 달랠 수 있기를 희망하면서 말이다. 그러나 수잔은 하나님께서 그녀의 금욕과 자책감을 보시며 기뻐하신다고 느끼기도 전에 허기를 느끼게 되고 다시 이 악순환을 시작한다. 이것이 많은 중독 사이클의 전형이다.

당신은 수잔의 마음에 대해 어떻게 이야기할 수 있겠는가? 가장 좋은 방법은 단순히 그녀에게 그리스도께서 무엇을 하셨는지 상기시켜 주는 것이다.

수잔, 당신은 그리스도를 믿는다고 말하고 있습니다. 당신은 그리스도께서 당신의 모든 죄를 지셨고 그분의 모든 의를 받는다고 믿고 있습니다. 그러나 당신은 그 믿음대로 살고 있지 않습니다. 여전히 세상의 가장 위대한 선물을 받은 자녀처럼 살지 않고, 접시를 깨는 실수를 해서 초과로 더 일해야 하는 노예와 같이 살고 있습니다. 당신은 은혜가 아닌 율법의 사람같이 살고 있습니다. 당신은 과거의 죄는 이미 깨끗하게 되었다는 것을 잊었습니다(벧후 1:9).

금식하지 말고, 자기 자신을 증오하기를 반복하지 마십시오. 대신 그리스도께서 무엇을 행하셨는지 기억하십시오. 그분은 단지 당신이 믿음으로 돌아오는 것만을 원하십니다. 믿음이란 그분에게 아무것도 가져가지 않는 것을 의미합니다. 금식, 자해, 그 어느 것도 가져갈 필요가 없습니다. 무엇인가를 가져간다는 것은 우리의 죄 값을 우리가 하나님께 갚을 수 있다고 말하는 것과 같으며, 그것은 죄를 축소시키는 것입니다. 사실, 그것은 교만이며 하나님에게서 떠나 우리가 무엇인가 독립적으로 해 보겠다는 태도의 예입니다. 예수님은 우리에게 아무것도 가져오지 말라고, 그가 우리에게 모든 것을 주시는 분이 되겠다고 하십니다. 이것이 하나님께 영광을 돌리는 진정한 은혜입니다.

당신이 만약 무엇인가를 하고 싶다면, 여기 가장 어려운 일이 있습니다. 믿으십시오! 그리고 은혜의 복음을 믿고 감사하십시오!

이 세상이 죄에 대한 언급을 피하는 이유는 놀라운 하나님의 은혜를 전혀 알지 못하기 때문이다.

죄는 더 이상 우리의 주인이 아니다

우리가 은혜에 대해서 제한된 관점을 가지고 있을 때, 죄에 대해 하나님께 보상해야 된다고 가정한다. 이것은 보편적인 오해이다. 다른 하나의 오해는 우리가 은혜로 인해 원하는 것을 할 수 있는 자유를 누릴 수 있다고 가정하는 것이다. 은혜가 독립을 갈망하는 마음과 섞이면 우리에겐 주인이 없다는 것으로 오해될 수 있다. 사탄의 지배에서 자유하게 되었고 이제 우리 자신 외에 다른 누구도 섬기지 않는다고 생각하게 된다. 그러나 독립은 하나의 선택이 아니다. 우리는 정욕(과 사탄)의 노예이든지 그리스도의 노예이다. 우리는 최고로 비싼 값을 주고 종노릇하는 데서 건짐 받았다. 우리 자신을 섬기기 위해서가 아니라 살아계신 하나님을 섬기고 사랑하기 위해서 자유를 얻게 되었다.

"모든 것이 내게 가하나 다 유익한 것이 아니요 모든 것이 내게
가하나 내가 무엇에든지 얽매이지 아니하리라"(고전 6:12).

하나님의 사람들에게 성령이 주어졌을 때, 율법의 어떤 행실들
은 더 이상 구속력이 없다는 것은 사실이다. 그러나 자유란 우리로
하여금 그리스도를 전심을 다해 섬기도록 인도하기 위한 것이지
우리 자신의 정욕을 만족시켜도 된다는 방종으로 인도하기 위한
것이 아니다. 우리가 하나님의 진리를 자신을 섬기는 것으로 왜곡
하기를 좋아하는 것을 알고 바울 사도는 "자유는 부지중에 방종으
로 빠져들고, 방종은 종노릇하는 것으로 인도한다"라고 말한다. 그
는 욕망에 얽매이지 말라고 강조하였다. 왜 그러한가? 그것은 우리
가 자유를 얻은 것이 쉽게 다시 종노릇하게 하는 정욕을 추구하기
위해서가 아니기 때문이다. 대신 "너희는 너희 자신의 것이 아니라
값으로 산 것이 되었으니 그런즉 너희 몸으로 하나님께 영광을 돌
리라"(고전 6:19-20).

우리는 확신을 가지고 우리의 죄악 된 정욕에 대항하여 싸울 수
있다. 왜냐하면 우리는 의로우신 하나님의 것이기 때문이다. 하나
님은 우리에게 성령님을 보내 주셨고, 그 성령님은 우리를 의의 길
로 인도한다. 죄는 더 이상 우리에게 무엇을 하라고 말할 자격이
없다.

유혹받으나 죄 짓지 않기

죄를 짓지 않는 자유와 능력이란 지상 천국을 기대할 수 있다는 말이 아니다. 죄는 더 이상 예수 그리스도를 믿는 자들의 주인이 아니다. 그러나 죄의 집단, 곧 사탄과 이 세상이 우리를 다시 노리는 것을 막아 주는 것은 아니다. 외부에서 오는 시험은 반드시 있지만, 우리 마음속에서 오는 시험은 꼭 그렇지 않다. 우리가 상상 속에서 즐기던 유혹들이 밖으로 표현된다. 그것들은 원치 않고 혐오스러운 그 무엇처럼 끈질기지만 이미 죽음을 당하였다. 계속되는 외부의 유혹 (또는 '시험'이라고 불린다)이 있다. 사실 하나님께서 그것을 허락하신다.

이러한 유혹은 우리가 어디에 사는지, 어떻게 출근하는지, 주말에 무엇을 하는지 알고 있다. 우리가 신호를 보내지 않아도 유혹은 우리를 어떻게 찾을지 알고 있다. 먹는 것 때문에 고심하는 사람들은 외부에서 오는 유혹이 끈질기게 다가올 것이다. 우리는 매일 먹어야 할 뿐만 아니라 음식을 먹고 즐김으로 우리 자신을 높이는 많은 광고들을 접한다. 음식 광고가 외설스러운 광고보다 더 많다. 약물이나 술 때문에 씨름하고 있는 사람들에게는 자주 드나들던 술집을 피할 방법은 있지만, 거의 모든 모퉁이와 골목마다 예전에 중독 되었던 것을 상기시키는 것들이 있다. 그리고 성적 유혹은 어디에나 있다.

에덴동산에서 했던 뱀의 유혹의 말은 여전히 계속되고 있다. 우리가 걷고 있거나 일에 신경 쓰고 있을 때 예상치 않은 곳에서 유혹이 나타난다. 우리는 어떤 유혹은 예상할 수 있지만 모든 유혹에 대해 그럴 수는 없다. 예전에 함께 술 마시던 친구나 술집, 모임을 멀리하고, 마약 거래상을 우연히 만날 수 있는 지역들을 멀리할 수 있다. 그러나 누가 신문의 기사나 라디오의 노래, 또는 갑자기 생각 나는 예전의 좋은(또는 나쁜) 기억들을 통해 유혹이 올 거라고 예상 이나 하겠는가? 아마 시험에 빠지지 않았을지라도 그 유혹들을 꾸 짖기보다 대화하는 경우가 많다. 거짓말하는 뱀이 당신의 길에 들 어올 때, 당신은 재빨리 피하거나 그것을 밟아 없애야 한다. 결코 함께 앉아서 친절한 대화를 나누어서는 안 된다.

중독의 죄는 그냥 나타나서 우리를 지배하려 드는 것이 아니다 (유 1:13-15). 그것은 조용히 파고든다. 그것은 우리의 상상을 자극한 다. 또한 당신이 그것 없이 어떻게 살아 왔는지 놀라도록 허위 선 전을 보여 주면서 최고의 상업 광고를 제공한다. 바로 여기서 전쟁 이 이루어진다.

유혹이 다가올 때, 우리는 그것을 염두에 두며 생활해야 한다. 과거를 되돌아보며 일시적 쾌락은 허울뿐임을 기억하고 그 안에는 사망의 냄새가 있다는 것을 알아 차려야 한다. 만약 유혹이 우리의 욕망을 갈고리로 걸어 낚아채려고 하면, 그것을 공개하면 된다. 친 구에게 그것을 고백하고, 주께 고백하고, 우리를 위해서 기도해 줄 다른 사람들을 찾고, 또 뱀이 위험하다는 것을 알게 도와 줄 교훈 을 구해야 한다. 무엇보다 더 우리는 하나님의 명령이 선한 것임을 기억해야 한다. 하나님의 명령은 우리를 축복하기 위해 의도된 것 이다.

성경이 우리에게 주는 강력한 애원과 권고를 주목하라.

너희가 전에는 어둠이더니 이제는 주 안에서 빛이라. 빛의 자녀들 처럼 행하라 (빛의 열매는 모든 착함과 의로움과 진실함에 있느니라) 주를

기쁘시게 할 것이 무엇인가 시험하여 보라. 너희는 열매 없는 어
둠의 일에 참여하지 말고 도리어 책망하라 … 그런즉 너희가 어
떻게 행할지를 자세히 주의하여 지혜 없는 자 같이 하지 말고 오
직 지혜 있는 자 같이 하여 세월을 아끼라(엡 5:8-15).

왜 하나님은 시험을 허용하셨을까? 그것은 우리 마음을 드러내
는 신성한 시험이다. 사실 우리는 시련을 당하기 전까지는 우리가
누구인지 잘 모르지 않는가? 어떤 온화한 사람이 영웅적인 용기와
강인함을 보여 주는 반면 매우 강인한 사람처럼 보였던 사람이 첫
번째 총성에 얼어 버리기도 한다. 우리의 진정한 본성은 시험 당할
때에 드러난다. 누구든지 친절히 대접받으면 친절히 대할 수 있다.
그러나 만약 누가 운전하는 차 앞에 갑자기 끼어들거나 뒤에서 당
신의 험담을 한다면 어떻게 하겠는가? 이러한 경험들은 기쁘지 않
을 뿐더러 이 중 어떤 것들은 책망 받아야 하는 악한 자들의 손에
서 오는 것이다. 그러나 하나님께서 그 모든 것 끝에 계시고 우리
를 드러내셔서 더욱 전심으로 그분을 믿을 수 있도록 인도하신다.
유혹을 좇지 않는 사람에게는 하나님의 성령께서 선하신 일을 하
신다는 기쁨과 감사가 있다. 유혹에 끌리는 자에게는 용서를 배우
고 미래의 전투를 위해 더 강해지는 기회가 된다.
　우리의 마음이 이러한 유혹들을 껴안을 때 우리가 즉시 심판당
하지 않는 이유는 우리의 옹호자 예수님이 겪으신 시험에서 승리
하셨기 때문이다. 믿음으로 우리는 우리의 것이 아닌 그분의 기록
을 가지게 된다(마 4:1-11). 예수님은 우리가 매일 시험과 외부의 유
혹을 직면하는 것을 깊이 동정하신다. 그분은 그런 것들로 둘러싸
인다는 것이 어떤 것인지 정확히 알고 계신다.

그 결과 예수님은 때를 따라 돕는 은혜와 긍휼을 주시기를 원한다고 성경은 강조하고 있다(히 4:15). 이 은혜와 긍휼은 쉬운 전쟁의 형태로 오지 않을 것이다. 우리가 유혹을 오만하게 무시할 수 있는 능력이 있다고 생각하지 말라. 대신 은혜는 피할 길을 내시는 것이다(고전 10:13). 하나님의 말씀은 더 이상 분명할 수는 없다. 저항할 수 없을 정도로 우리를 죄로 인도하는 시험이란 없다.

사랑에서 고통으로

우리는 얼마나 오래 싸워야 하는가? 우리는 일생 동안 우리의 영혼 속에서 전쟁하는 욕망과 싸워야 한다. 이것이 평범한 그리스도인의 삶이다. 그것은 우리가 죽거나 예수님이 재림하셔서 온전해질 때 끝난다. 그러나 중독에 빠지는 것에 단계가 있듯이 그것에서 빠져나오는 것에도 단계가 있다. 매일 아침 일어나 같은 옛 싸움을 마주한다는 것은 매우 실망스러운 일이다. 그 전쟁이 사실상 시간이 지남에 따라 변한다는 것도 알아차리기 힘들 수 있다. 그리스도의 몸의 과업 중 하나는 이러한 변화를 지적해 주고 중독자들이 하나님의 성령께서 그들을 변화시키는 것을 알 수 있도록 격려하는 것이다.

중독적인 죄에 대해서 성화는 이러한 패턴을 따라 천천히 진행된다. 처음에 우리는 중독적인 물질과 사랑에 빠진다. 우리는 그것들 없이는 어떻게 살아야 하는지 이해할 수 없게 된다. 그것들이 얼마나 우리에게 매력적인지 알기 때문에 어떤 외부의 시험으로부터 우리 자신을 분리시킬 명확한 계획을 세운다.

이 전쟁이 계속될수록, 우리가 제거한 외부의 장애물보다 우리 자신의 마음에 초점이 맞춰진다. 우리의 탐욕스러운 상상에 무자비해지기로 결심한다. 그렇게 할수록 애정을 품었던 그 대상이 점차적으로 고통스럽게 느껴진다. 다시 말해 우리는 여전히 우리 마음의 정욕이 과거의 우상을 갈망한다는 것을 알아차리지만, 이러한 정욕은 큰 사랑의 대상이라기보다 붙어서 떨어지지 않는 세일즈맨과 같이 느껴진다. 정욕이 사라지기를 바라지만, 그것은 여전히 종종 나타난다. 그것을 만났을 때, 우리는 괴로워하며 완전해지는 날을 기다린다.

어떤 한 가장이 분노에 얽매여 있다고 생각해 보자. 그는 화가 나면 가족들에게 심한 욕설을 하며 집안 물건을 부순다. 분노는 그의 중독이다. 그는 그것을 원한다. 그가 자신의 영혼을 책망하기 시작한다고 해서 갑자기 어떤 상황에서든지 활기차게 웃음을 보일 가능성은 희박하다. 아마 여전히 화를 내는 순간들이 있을 것이다. 그러나 그것을 사람이나 물건에 분출하지 않을 것이고, 화낸 것에 대해 매우 뉘우칠 것이다. 이것이 점진적 성화의 증거이다. 더 많은 변화가 필요하지만, 그럼에도 불구하고 성령께서 강력히 역사하고 계신다고 우리는 그를 격려한다.

몇 달이 지난 후, 그는 그의 화를 누군가에게 토해 내기 전에 삼십 분 동안 집을 나갔다 온다. 이것은 또 다른 단계로 나아간 것이다. 그는 그의 분노를 좀 더 정확하게 보고, 그것을 키우는 것 대신 피하길 원한 것이다. 육 개월 후 그는 그의 아들이 왜 집에 늦게 왔는지 설명할 때 소리 지르지 않고 조용히 들었다. 그의 가족은 하나님을 찬양할 이유가 생겼다. 그들은 성령의 능력을 증언하였다. 일 년 후 그의 부인은 그가 서투른 집수리를 보며 얼굴이 울그락불

그락했던 것을 가볍게 놀린다. 지금은 축하할 때이다.

이것이 점진적 성화의 과정이다. 24시간의 단위로 보았을 때 어린아이의 성장은 그렇게 눈에 띄지 않는다. 지난 계절에 입었던 바지가 무릎 아래로 올라 온 것을 보며 우리는 아이가 성장하였음을 깨닫는다. 중독에서 떠나는 사람들도 이와 마찬가지이다. 당신이 매우 유심히 보지 않는 한, 하루하루의 변화는 그렇게 눈에 띄지 않는다. 그러나 만약 그 사람이 진실로 그리스도를 믿는 믿음이 있다면 변화가 있을 것이다. 그것을 찾아보라. 그것을 보았다면 알려주라. 당신이 그렇게 함으로써 모든 이들은 하나님의 은혜의 역사에 격려를 받는다. 심지어 전투가 계속되고 있는데도 말이다.

그렇다면 빠져 나오지 못하고 있거나 퇴보하는 것처럼 보이는 사람들은 무엇인가? 예를 들어 중독자가 다시 중독의 삶으로 돌아가려다 걸렸다면? 이는 단지 성화의 과정 중에서 잠시 미끄러진 것인가? 아니면 그 사람이 중독의 어두움을 갈망하고 다시 적극적으로 우상을 숭배한다는 증거인가? 처음에는 확실히 알기 어렵다. 그러나 우리가 확실히 아는 것이 있다. 종노릇하던 것에서 빠져 나오는 방법이나 잠시 넘어진 것에서 일어나는 방법은 같다는 것이다. 우리는 회개한다. 하나님이 누구시며 그리스도 안에서 그분이 어떤 일을 행하셨는지 기억한다. 그리고 우리 마음의 연약함을 다시 배우고 전쟁의 전략을 다시 수정하도록 도움을 얻는다.

만약 어떤 사람이 그리스도에게로 돌아왔고, 진정 전쟁에 참여한 것으로 보이지만 여전히 변화가 더디다고 느껴진다면? 차분히 앉아서 성장과 변화를 위한 전략을 다시 점검하라. 그 전략은 분명한가? 혹시 그가 더 많은 도움이 필요하다고 느끼는가? 그녀는 여전히 하나님에 대한 거짓을 믿고 있진 않은가? 죄책감이 그를 지배하는가? 만약 그 사람이 진실로 변화되기 원한다면 그리고 그 열망이 하나님을 점점 더 경외하는 데 뿌리를 두고 있다면, 하나님의 능력은 반드시 그를 변화시킬 수 있다. 만약 변화가 눈에 띄지 않는다면, 문제는 그 사람의 마음에 있거나 아니면 그리스도의 몸으로부터 적당한 도움을 받지 못하고 있기 때문이다.

실천신학

중독에 빠진 사람에게 "싸워라"라고 말하는 것은 신경질적인 사람에게 진정하라고 말하는 것과 같다. 그것이 좋은 조언일 수 있지만 그들 가운데 있는 모든 것과 반대되는 것이다. 어려운 것들로부터 가까스로 도망쳐 온 중독자에게 당신은 "싸워라"라고 말하는 것이다. 그건 그렇게 쉽지가 않다. 이러한 생활 양식의 변화는 발전하는 데 있어 여러 달이 걸린다. 물론 이것이 일생 동안 중독 된 상태로 계속 지내는 것을 의미하는 것은 아니다. 그것은 단지 중독자가 지금 싸울 준비가 안 되어 있다는 것을 의미할 뿐이다. 그들은 처음에는 그들 스스로 쌓았던 울타리보다도 그들 자신과 중독 사이에 더 많은 울타리를 필요로 할 수도 있다.

당신 자신의 중독에 직면할 때

1. 하나님의 말씀에 대한 당신의 관심은 당신 자신의 성장을 알아보는 척도이다. 이것에 관해 우리의 마음에 간직해야 할 성경구절이 있다면 바로 마태복음 4장 1-4절이다. 이는 예수님이 사탄에게 시험을 당하시는 이야기이다.

   그때에 예수께서 성령에게 이끌리어 마귀에게 시험을 받으러 광야로 가사 사십 일을 밤낮으로 금식하신 후에 주리신지라. 시험하는 자가 예수께 나아와서 이르되, "네가 만일 하나님의 아들이어든 명하여 이 돌들로 떡덩이가 되게 하라." 예수께서 대답하여 이르시되, "기록되었으되 '사람이 떡으로만 살 것이 아니오 하나님의 입으로부터 나오는 모든 말씀으로 살 것이라' 하였느니라 하시니."

이스라엘이 광야로 이끌린 것과 같이, 예수님도 그러셨다. 그러나 이스라엘은 시험 당할 때 불평하고 항의했으며 우상을 좇았다. 예수님은 시험 당하실 때 아버지의 모든 말씀을 알고 신뢰하고 믿는 것에 생명이 있음을 알고 있었다.
무엇이 당신의 광야인가? 시험 당할 때 당신은 무엇을 보는가? 실패를 경험했다 하더라도 절망하지 말라. 그리스도의 성령을 부르고, 그분에게 하나님을 떠난 삶은 하나님과 함께 하는 삶과 비교가 될 수 없음을 알 수 있게 해 달라고 요청하라.

2. 이 장은 마태복음 18장 8-9절의 말씀으로 시작하였다.

만일 네 손이나 네 발이 너를 범죄하게 하거든 찍어 내버리라 장애인이나 다리 저는 자로 영생에 들어가는 것이 두 손과 두 발을 가지고 영원한 불에 던져지는 것보다 나으니라. 만일 네 눈이 너를 범죄하게 하거든 빼어 내버리라. 한 눈으로 영생에 들어가는 것이 두 눈을 가지고 지옥 불에 던져지는 것보다 나으니라 당신이 중독과 벌이는 전쟁은 아주 유순한가? 만약 그렇다면, 당신이 친구와 싸운다고 생각하고 있기 때문이다. 또는 싸울 마음이 없는 것이다. 당신은 보험약관처럼 중독을 더 이상 가지지 못할까봐 걱정되어 예수님이 가르쳐 준 방식으로 싸우는 것을 두려워하지는 않는가? 중독이 '마치 거기에 있어야 하는 그 무엇'이 아닌가?

3. 선하고 지혜로운 일이지만 그럼에도 불구하고 당신이 하기 힘든 일은 무엇인가? 미팅에 나가는 것? 좋은 교회에 정기적으로 출석하는 것? 하기 싫더라도 그렇게 해야 한다. 이곳이 전투 장소이다. 유혹은 이렇게 느껴지는 것이다.

당신이 다른 사람을 도울 때

1. 이 장에서 변화의 과정, 즉 점진적 성화는 굴곡이 있음을 살펴보았다. 이는 어떤 주는 좀 더 심각하게 허우적거리고, 또 어떤 주는 덜 그러하다는 의미이다. 그것은 당신이 가끔 심각한 죄를 대한다는 의미는 아니다. 예를 들어, 만약 살인자가 한 달에 두 번이 아닌 한 번만 살인을 저질렀다면 이를 축하할 이유가 없다. 만약 매일 마약을 습관적으로 복용하는 중독자가 그것을 끊고 코카인을 어쩌다가 흡입한다면 그것은 점진적 성화의 증거가 아니다.
모든 죄는 하나님을 대적하는 것이다. 그러나 어떤 죄는 다른 것보다 좀 더 중대하다. 실제로 중독에 빠져드는 것은 개인적인 환상 속에서 과거의 우상 생각에 빠지는 것보다도 심각하다. 사실 둘 다 잘못된 것이지만 그 중 하나가 더 심각한 결과를 낳는다. 실제 약물을 사용하는 것을 절대 용납하지 않는 방침을 세우라.

2. 당신은 단지 추적당하는 것이 아니라 추적하기를 원하는가? 당신은 이 싸움이 얼마나 어려운 것인지 이해하겠는가? 도움이 필요한 사람이 때때로 도움을 청하지 않는 이유는 이미 수천 번 도움을 청했다고 느끼기 때문이다. 평소에 그 사람은 도움을 청하기를 원하지 않는다. 많은 시간과 노력이 드는 일에 기꺼이 참여하는 사람이 되라.

12장. 그리스도의 몸의 지체

몸은 한 지체뿐만 아니요 여럿이니 (고린도전서 12:14)
모이기를 폐하는 어떤 사람들의 습관과 같이 하지 말고 오직 권하여 그 날이
가까움을 볼수록 더욱 그리하자 (히브리서 10:25)

영적인 전투는 혼자 할 수 없다. 자신의 힘든 싸움을 혼자 가지고
있거나 비슷한 사람들에게만 드러내는 것이 훨씬 쉬워 보일지라도
우리는 예수 그리스도의 교회의 다양한 인도가 필요하다. 이것이
하나님의 의도이다.

중독적 행동으로 고통을 받고 있는 사람들을 만나 보면, 당신은
그들이 두 집단으로 분류되는 것을 발견할 수 있을 것이다.

하나는 혼자 행동하는 부류이다. 그들은 AA 모임을 시도해 보았
으나 마음에 들지 않았다. 그래서 문제를 스스로 다루기로 계획한
다. 이러한 그룹은 우리가 생각하는 것보다 훨씬 더 많을 것이다.
또한 스스로 금주하는 것에 있어서 이러한 그룹이 우리가 생각하
는 것보다 더 성공 확률이 높을 것이다. 당신이 술을 끊기 원하거
나 종노릇하는 죄를 컨트롤하기 원한다면, 모임 등에 참여하는 것
이 필수적인 것은 아니다. 많은 사람들이 이것을 증명할 수 있다.

두 번째는 AA 모임에 지속적으로 나가는 것에 가치를 두는 부류

이다. 사실 그들은 AA 모임이 없다면 다시 출발점으로 돌아갈 것이라고 믿는다. 이 모임은 곧 그들의 가족이자, 교회나 직업이 된다.

어떠한 부류이든지 그리스도인의 교회를 생각할 때, 보통 열등감과 우월감 중 한 가지를 느끼거나 또는 두 가지를 다 느낀다. 그들은 자신들이 잘못 살아온 것을 알고 있기 때문에 열등감을 느끼며, 교회라는 말만 들어도 죄책감을 느낀다. 그러나 그들은 또한 우월감도 자주 느낀다. 교회가 위선적이고, 판단하기를 좋아하며 중독의 의미에 대해 무지하다고 쉽게 판단해 버린다.

세 번째 부류라는 것이 있는가? 지금 당장은 아주 작은 부류가 있다. 세 번째 부류가 필요는 한 것인가? 물론 그러하다. 만약 중독에 대항하는 전투가 진정으로 영적 전투라면, 우리는 사용가능한 모든 영적 자원들 중에서도 그리스도의 교회로부터 공급되는 자원들이 필요하다. 비록 교회가 연약하다고 여겨지고 있음에도 불구하고, 교회는 변화를 위한 하나님의 주된 대리자의 역할로 여전히 남아 있다. 심지어 이 세상도 중독의 문제가 영적인 것이라고 진단하면서 이것을 암시하고 있다.

물론 교회는 영적 문제들을 다루는 병원이다. 중독 상담은 '영적'이란 단어를 자주 사용하지만, 그것은 중독의 싸움이 하나님을 향한 싸움으로 우리 마음에 성령님이 일하셔야 한다는 것을 가르치지는 않는다. 대신 중독은 대중적으로 준의학적(quasi-medical) 문제로 간주된다. 중독자들이 의학적 도움이 필요한 상황은 아닐지라도, 중독에 대한 전문가들의 도움이 필요하다. 목사들과 교회 성도들은 전문가로 결코 여겨지지 않으므로 교회는 중독자들이 첫 번째로 도움을 구하는 곳이 되지 못하고 있고, 교회도 또한 그렇게 생각하지 않는다.

다음의 가능성들을 생각해 보라.

- 중독자들이 도움을 찾을 때, 세상에서 떠도는 말이 지역 교회가 사람들을 진실로 사랑한다고 할 것이다.
- 중독자들이 도움을 찾을 때, 세상에서 떠도는 말이 지역 교회에 가 보았던 중독자들이 변했다고 할 것이다.
- 모든 교회가 중독에 빠진 성도들이 매주 모여 기도하는 모임과 서로 권면하고 돌보며 위로하는 모임을 가진다.
- 그들의 강점이 전 회중의 축복이 될 수 있기 때문에, 교회가 중독으로 고투하는 남자나 여자를 교회로 많이 인도하도록 기도한다. 그들은 고투하는 사람들을 돕기에 빠르며, 사랑 안에서 참된 것을 말하는 사람이 될 가능성이 있다.
- 모든 교회 성도들이 그들의 마음에 우상숭배하는 경향이 있음을 알게 된다. 그 결과 우리는 모두 중독자들이 우리 자신과 다르지 않다는 것을 알게 된다.

신학용어로 이러한 범주를 교회학(ecclesiology), 또는 교회론(the doctrine of the church)라고 한다. 1900년대 하반기에 걸쳐, 교회는 중독자들이 의지할 곳으로서의 목소리를 잃었다. 그러나 중독 문제가 점점 커질수록 교회가 지체들을 보살필 새로운 기회를 얻었고, 더욱 많은 교회들이 중독자들의 삶에 변화의 도구가 되는 것에 대해 진지한 관심을 가지게 되었다.

교회란 무엇인가?

간단히 말해서, 교회는 사람들이다. 예수님을 구주로 고백하고 하나님과 이웃, 세상을 사랑하는 데 자라 가는 사람들이다. 교회를 주일에 방문하는 어떤 건물이 아닌 하나의 국가라고 생각하라. 하나의 국가로서 교회는 우리 이전에 있었던 믿음의 사람들과 우리가 이 땅에서는 만나지 못할 사람 전 세계의 사람들을 포함한다. 그러나 교회는 예수 그리스도께서 왕으로 계시는 진정한 한 나라이다.

교회는 실제로 어떤 모습인가? 신약 성경에서의 교회는 함께 모이는 지역 회중을 말하는 것이다. "교회는 성령께서 믿는 자들을 어떤 장소로 데리고 오셔서 예수님의 이름으로 모여 교제하는 사람이 되게 하실 때마다 생긴다."[38]

결국 교회는 죄인들이 모인 곳이므로 혼란스러울 수 있다. 그러나 그들은 자기 안에 하나님의 성령(골 1:27-28)을 가지고 있는 죄인들이다. 즉 일어날 수 있는 일들을 기대해야 한다. 변화하고 있는 사람들을 찾아 보라. 다른 사람들을 사랑하고 섬기는 것처럼 '평범'하지 않아 보이는 일들을 하는 사람들을 찾아 보라. 삶이 힘들 때조차 그리스도 안에서 기쁨을 갖는 법을 배우고 있는 사람들을 찾아 보라. 모두 거기에 있다. 그리고 하나님께서 실제로 그분의 사람들을 교회에 위임하였다는 것을 기억하라. 다시 말해서 모든 문제들이 있고, AA가 때때로 훨씬 더 따뜻하게 맞이하는 것처럼 보일지라도 하나님께서 우리의 삶에 그의 목적을 성취하시기 위해 교회를 사용하시기로 결정하셨다는 것을 기억해야 한다.

---

38 Stanley Grenz, *Created for Community* (Wheaton, Ill: Victor, 1996), 209.

교회가 주는 유익

교회의 탁월성을 가지고 왜 유난을 떠는가? 왜 혼자 힘으로 하거나, 그들이 신자든 아니든 간에 다른 중독자들의 도움을 받으면 안 되는가? 모든 신학이 그러하듯이 만약 우리가 성경이 교회에 대해 말하는 것을 무시한다면 결국 나쁜 열매를 맺게 될 것이다. 변화를 위해서 당신이 선택한 수단이 당신 자신이든, 12단계 프로그램이든, 교회이든, 그것은 당신이 당신 자신을 어떻게 보는지 그리고 변화의 과정을 어떻게 이해하는지에 중대한 영향을 끼칠 것이다.

교회는 우리의 정체성을 바꾼다.
"나는 짐이다. 나는 알코올 중독자다"라는 말과 "나는 짐이다. 나는 그리스도의 몸의 한 부분이다. 나는 왕 같은 제사장이고 거룩한 나라고 하나님의 소유된 백성의 일부이다"(벧전 2:9)라는 말의 차이점을 주목하라. 그리스도를 믿는 자들에게는 그리스도께 연합되었으므로 우리를 정의하는 것은 인종, 재정 상태, 취미, 관심 또는 특별한 문제들이 아닌 그리스도 자신이시다. 우리의 가족, 즉 우리와 가장 가까운 사람들은 예수 그리스도를 믿는 자들이다. 우리 정체성의 핵심이 '알코올 중독자', '마약 중독자', 또는 '성 중독자'라고 한다면, 그것은 우리의 문제들이 우리를 정의하고, 교회는 그런 특정한 문제를 나누는 사람들이 모인 곳이 된다.

교회는 우리가 기억하도록 가르친다.
가장 중요한 것을 기억하기란 매우 어려운 일이다. 얼핏 보기에는 저지른 잘못이 들키지 않는 것, 고통을 피하는 것, 독립심을 갖는 것이 가장 중요해 보인다. 그리고 점차 지혜가 자람에 따라 우리는 과감히 끊는 것과 절제하는 것이 매우 중요하다는 것을 알게 된다. 그러나 하나님의 특별계시와 그것을 상기시키는 하나님의 사람들은 우리에게 '하나님'이야말로 가장 중요하다는 것을 가르쳐 준다. 하나님의 영광을 위하여 교회는 존재한다. 이것은 모든 창조물의 목적이기도 하다(시 19편). 그러나 하나님의 영광은 특별히 교회를 통해 드러난다.

그것은 설교, 함께 드리는 찬양, 성경봉독, 그리고 공동기도를 통해 가장 분명하게 증명된다. 이 모든 것이 우리의 정체성과 목적을 상기시킨다. 이것이 중독과 무슨 상관이 있는가? 중독은 궁극적으로 예배 장애이다. 우리는 하나님보다 정욕을 더 예배한다. 우리는 세상을 다스리시는 그분보다 세상의 물질들을 더 열망한다. 그렇기 때문에 모든 사람이 그렇듯이 중독자들의 진정한 깊은 욕구는 예배이다. 우리가 가장 온전하게 인간다운 순간은 예배 드릴 때이다.

우리는 예배를 드리고, 성령님은 우리를 변화시킨다. 때때로 이 변화는 어린 아이의 성장과 비슷하게 평범하고, 눈에 띄지 않는 점진적인 변화이다. 어떤 때에는 좀 더 극적으로 예배가 우리를 변화시키기도 한다. 어떤 방법이든 우리의 마음이 다시 사신 그리스도를 향해 있을 때, 우리는 변화될 수밖에 없다. 하나님께서 사람들을 어떻게 변화시키셨는지 말해 주는 이야기를 들을 때, 그것은 그분이 우리를 "하나님을 따라 의와 진리의 거룩함으로 지으신다"(엡 4:24)는 것을 상기시킨다. 그것은 그는 진실로 살아계신 하나님이라는 것을 우리로 하여금 기억케 한다.

당신이 들을 수 있는 가장 최고의 이야기는 무엇인가? 나의 경우는 중독에 종노릇하던 사람들이 하나님의 은혜로 전쟁을 치른다는 이야기들이다. 그리고 교회가 중독자들이 변할 수 있도록 도와준다는 이야기처럼, 중독자들의 이야기가 교회를 거룩하게 하는 이야기들이다.

교회는 우리가 필요로 하는 모든 것을 가지고 있다.

예수님이 승천하셨을 때, 그분의 사람들에게 영적인 선물을 주셨다. 예수님이 다시 돌아오기까지 그분의 목적을 성취하는데 필요한 모든 것을 교회에 허락하셨다(고전 1:7). 물론 이렇게 하신 원대한 목적은 우리로 하여금 하나님을 영화롭게 하는 것이다. 교회의 목적은 물론 여러 가지의 다른 방법으로 표현할 수 있겠지만, 그 중 하나는 우리가 더욱 효과적으로 죄와 투쟁하도록 하는 것이다.

죄와의 전쟁에서 우리는 팀이 필요하다. 성경을 이해할 수 있도록 도와줄 교사들이 필요하며, 그것을 적용할 수 있도록 도와줄 선지자들이 필요하며, 기도해 줄 중보자들과 우리의 초점을 그리스도께 맞추게 하는 설교자들, 실패자처럼 느껴질 때 하나님의 은혜를 다시 기억할 수 있도록 하는 격려자들, 어리석을 선택을 할 때 분별할 수 있도록 도와줄 지혜로운 형제와 자매 그리고 하나님께서 말씀하신 모든 것을 그리스도 안에서 진실이라고 말해 줄 믿음의 사람들이 필요하다.

즉 하나님께서 우리에게 주시는 선물들은 바로 사람들이다. 단지 한 명의 사람이 아닌 교회이다. 이것이 그리스도께서 우리를 만나는 방법이다. 우리가 그렇게 많은 사람들이 필요한 이유는 우리에게 그리스도 그분이 필요하기 때문이다. 그의 영광과 선물들이 헤아릴 수 없이 크기 때문에 우리는 단순히 한 명의 개인이 아닌 많은 사람들이 필요한 것이다.

교회의 연합

하나님의 사람들이 받는 모든 선물들은 우리를 거룩하고 하나님의 기쁘신 자녀로 만듦으로써 하나님을 영화롭게 할 목적을 가지고 있다. 거룩함은 성령님이 우리의 마음속에 역사하시는 것에 국한되지 않는다. 그것은 하나님께서 그렇지 않고서는 절대 함께 할 수 없는 다양한 사람들을 연합시킴으로써 그 속에 하나님이 스스로를 영화롭게 하는 공동체적 거룩함을 포함한다.

> [성령 은사의 목적은] 이는 성도를 온전하게 하여 봉사의 일을 하게 하며 그리스도의 몸을 세우려 하심이라 우리가 다 하나님의 아들을 믿는 것과 아는 일에 하나가 되어 온전한 사람을 이루어 그리스도의 장성한 분량이 충만한 데까지 이르리니(엡 4:12-12).

독립적인 사람들의 나라에 사는 우리는 보통 우리가 공동체에 연합되어 있다는 생각을 하지 않는다. 너무 자주 우리 자신의 삶을 먼저 생각하고 그 후에 교회에 가야하는 의무를 생각한다. 대부분의 사람들은 자신의 직계가족에게서 이런 유사한 연합을 찾으려고 애를 쓴다. 교회 안에서도 이런 연합을 찾는 것은 마치 불가능한 꿈처럼 보인다. 그러나 하나님께서는 이렇게 불가능한 일을 행하시는 것을 기뻐하신다. 그분을 영화롭게 할 이보다 더 좋은 방법이 어디 있겠는가?

사실 이 임무는 벅차 보인다. 하지만 우리는 예수님 자신이 우리를 위해 기도해 주셨기 때문에 담대할 수 있다.

내가 비옵는 것은 이 사람들만 위함이 아니요, 또 그들의 말로 말미암아 나를 믿는 사람들도 위함이니, 아버지여, 아버지께서 내 안에, 내가 아버지 안에 있는 것 같이 그들도 다 하나가 되어 우리 안에 있게 하사 세상으로 아버지께서 나를 보내신 것을 믿게 하옵소서 내게 주신 영광을 내가 그들에게 주었사오니 이는 우리가 하나가 된 것 같이 그들도 하나가 되게 하려 함이니이다. 곧 내가 그들 안에 있고 아버지께서 내 안에 계시어 그들로 온전함을 이루어 하나가 되게 하려 함은 아버지께서 나를 보내신 것과 또 나를 사랑하심 같이 그들도 사랑하신 것을 세상으로 알게 하려 함이로소이다(요 17:20-23).

이 말씀이 중독과 무슨 상관이 있는가? 얼핏 보기에는 연관이 있는 것 같지만 핵심에서 벗어난 듯 보인다. "내 문제는 교회와 아무 상관이 없는데 왜 당신은 교회와 연합에 대해서 말하는 것입니까?" 그러나 중독은 우리 삶의 다른 부분과 고립되어 있는 것이 아니다. 중독에 빠지는 것은 깨어진 관계, 분노, 용서하지 못하는 것, 다른 사회 문제 전반과 연관이 있다. 사실 대부분의 경우 중독의 주요한 문제는 '관계'이다. 이것은 단순히 중독자 자기 자신과의 관계에 국한되지 않고 중독자와 다른 사람들과의 관계까지 포함한다.

중독자들이 다른 사람들과의 관계에서 미성숙하다는 것에 대한 관련 증거가 많다. 중독에 빠진 기간이 오래일수록, 관계를 맺는 데 미성숙하다. 다른 사람들이 관계의 문제에 직면하고 그것을 해결하기 위해 노력하면서 성장하는 동안, 중독자들은 자신의 문제를 치료하기에 급급했다. 그들은 하나님께서 인격과 지혜를 기를 수 있도록 우리 삶에 주신 상황들을 회피해 왔다.

이러한 이유로 하나님의 사람들과 연합하는 것은 중독자들에게 특히 중요하다. 그들은 사랑하고 화해하는 방법 그리고 사랑받는 방법을 배울 수 있다. 그것은 쉽지 않지만 우리를 향한 하나님의 뜻이기 때문에 우리가 기대하지 않는 방법으로 우리를 축복할 것이다. 중독자가 교회 안에서 다른 사람들과 하나님의 영광에 집중하다 보면 우리를 꽉 쥐고 있던 정욕들이 느슨해 질 것이다. 당신이 만약 한 부분에서 그리스도를 따른다면, 우리 삶의 다른 부분도 유익을 얻을 것이다. 한 부분에서 이루어진 경건한 변화는 그 사람의 삶 전체의 다른 노력들과 떼려야 뗄 수 없는 것이다. 만약 관계의 문제에서 변화가 있다면, 중독 문제 그 자체에도 변화가 있을 것이다.

다른 사람들이 필요하다

그리스도의 지체로서 연합되는 것을 연습하는 간단한 방법은 다른 사람에게 "○○해 주세요"라고 말하는 것이다.

- 저를 위해서 기도해 주세요.
- 저에게 지혜롭게 사는 방법을 가르쳐 주세요.
- 저를 따끔히 혼내 주세요.
- 저에게 은혜의 복음을 상기시켜 주세요.
- 저에게 경외 받으실 하나님에 대한 이야기들을 해 주세요.
- 집에 오는 길에 포르노물 파는 가게에 갈 수 없도록 퇴근시간에 저를 데리러 와 주세요.

이 밖에 더 많은 것을 추가할 수 있다. 리스트가 더 길수록 우리가 하나님께 돌릴 영광은 더 커진다. 우리는 소망 없는 사람들이고, 그분만이 우리가 필요한 것을 가지고 계시다는 것을 인정하게 된다.

만약 중독자가 도움을 필요로 하지 않는다면? 그 이유는 다음과 같을 것이다.

- 그는 자신이 숭배하고 있는 그것으로부터 돌아서길 원치 않는다.
- 그는 그리스도의 지체들을 필요로 한다는 것 자체가 어떻게 보면 이기적이라고 생각한다.
- 그는 그가 그리스도의 지체들로부터 떨어져 있어도 하나님께서 어떤 기적적인 방법으로 역사하셔서 자신의 중독적 열망들을 가져 가실 것이라 믿는다.
- 그는 이미 종교적인 방법을 시도해 보았지만 별로 효과가 없었다.

이유가 무엇이든 간에 그것들은 아마 사탄의 거짓말과 뒤섞여 있을 것이다. 사탄의 목적은 항상 하나님의 것과 반대이다. 하나님께서 사람들을 모아 묶으시는 반면 사탄은 분노, 죄책, 두려움을 사용하여 갈라 놓는다. 이렇게 갈라 놓는 것은 절망으로 향하는 첫 번째 단계이며, 결국 어둠의 지배를 받게 된다. 중독도 아주 멀리 있는 것이 아니다. 만약 중독자가 자신들의 고투에 교회의 총체적 자원을 활용하기 위해, 변화의 1차적인 도구인 교회를 추구하지 않는다면 그것은 위험신호이다. 교만, 죄책감 또는 다른 사람들과 함께 살아가기를 거부함은 그리스도의 지체로부터 멀어지게 하고, 아직 타락하지 않았다 할지라도 타락의 임박을 암시하는 것이다.

당신이 해를 끼친 사람들과 화해하라

교회의 연합을 이루는 또 다른 방법은 사람들과 화해하는 것이다. 어림잡은 추산으로도 각 중독자당 최소한 열 명은 그들에 의해 심 각하게 고통당한 사람들이 있다. 이것은 아주 적게 추산한 것이겠 지만 이것은 중독자들이 세상의 아주 큰 범법자라는 것을 의미한 다. 그러므로 그들의 전투에서 가장 중요한 단계 중 하나는 다른 사람과 화해하는 것이다.

화해는 AA에서도 처음부터 강조하고 있는 방법이다. 다른 사람 들과의 해결되지 않은 갈등은 다시 퇴행하도록 하는 중요한 요인 이 된다. 이런 관점에서 AA와 갱생에 대한 글들은 갈등을 해결하고 잘못된 것을 가능한 한 빨리 바로 잡으라고 하는 성경적 원칙을 따 르고 있다.

화해의 긴급성. 깨어진 관계와 다른 사람들에게 죄를 짓는 것은 하나님의 나라와 매우 상반되는 것이므로, 화해에 대한 아주 명확 한 원칙은 지금 당장 하라는 것이다.

> 그러므로 예물을 제단에 드리려다가 거기서 네 형제에게 원망들 을 만한 일이 있는 것이 생각나거든 예물을 제단 앞에 두고 먼저 가서 형제와 화목하고 그 후에 와서 예물을 드리라(마 5:23-24).

이것이 해를 입힌 사람들에게 해야 하는 첫 번째 일이다. 그들이 누구인가? 고용주, 동료, 친구, 교회 사람, 부모님, 자녀, 그리고 배 우자이다. 몇 년 전으로 돌려 생각해 보라. 만약 중독이 아주 오래

된 것이라면, 분명 수많은 희생자들이 있을 것이다.

얼마나 오래된 것까지 되돌려 생각해 보아야 하는가? 여기서 분별해야 할 것이 있다. 우리가 짜증냈던 사람들이나 심술을 냈던 사람들까지 다 세어 본다면 아마 끝이 없을 것이다. 당신을 계속 화나게 했던 중학교 선생님은 어떠한가? 5학년 때 싸운 그 친구는? 당신이 거짓말했던 그 옆집 사람은? 여기서는 주로 중독과 관련된 죄에 집중해서 생각해야 할 것이다. 또한 공적인 죄, 다른 사람들이 잘 알고 있는 죄에 집중해서 생각해야 할 것이다. 분명히 말하지만 당신이 다른 사람에게 했던 모든 죄악 된 생각을 고백하라는 의미가 아니다.

그것은 AA의 여덟 번째 단계에 해당된다. "우리가 해를 끼친 모든 사람의 명단을 만들어서 그들 모두에게 기꺼이 보상할 용의를 갖게 되었다." 이것은 오랫동안 변화의 과정에서 중요하다고 생각되어 왔던 상식적인 좋은 원리이다. 이 원리가 가르쳐 주지 않는 것이 하나 있다면, 모든 화해의 기반인 복음에 우리의 시선을 고정해야 한다는 사실이다.

> 모든 것이 하나님께로서 났으며 그가 그리스도로 말미암아 우리를 자기와 화목하게 하시고 또 우리에게 화목하게 하는 직분을 주셨으니 곧 하나님께서 그리스도 안에 계시사 세상을 자기와 화목하게 하시며 그들의 죄를 그들에게 돌리지 아니하시고 화목하게 하는 말씀을 우리에게 부탁하셨느니라(고후 5:18-19).

화해의 길. 성경을 통해 우리의 죄를 철저히 인정할 때 화해를 추구할 준비가 되어 있다는 것을 이미 알고 있다. 이것은 책임을 전가할 어떠한 숨은 시도도 없다는 것을 의미한다.

> 그리스도인 친구: 짐, 우습게 들릴 수도 있지만, 이것이 많은 사람
> 들이 용서를 구하는 방법이에요. "샐리, 내가 당신에게 소리 지르
> 고 화내면서 술 먹으러 나가버린 그 날 기억나? 나를 용서해 줄
> 래?" 엄밀히 따지자면, 이 사람은 용서를 구했다고 할 수 있죠. 자
> 기 행동이 잘못된 것이라고 말했고, 용서를 구했잖아요. 그런데
> 사실 그가 진짜 말한 것은 이거예요. "샐리, 당신이 그때 바가지만
> 안 긁었어도, 내가 나가서 술 마실 일은 없었어."
> 짐: 그렇지만 때로는 그게 진실일 때도 있어요. 어떤 때는 두 사람
> 다 문제일 수가 있잖아요. 그럼 어떻게 하라는 건가요?

다른 사람이 우리를 화나게 만들 수 있다. 그러나 화해의 첫 번째 단계에서는 다른 사람의 죄에 대해서 논하지 않는다. 그 사람들의 죄가 문제가 아니다. 지금 우리는 우리 자신에 대한 것만 생각해야 한다. 불공평하게 보이는가? 궁극적으로 아무도 우리를 죄 짓게 만들 수 없다는 것을 기억하라. 다른 사람들이 분명 우리에게 죄를 지었고, 그때문에 우리가 나쁘게 반응하여 죄를 지었을지라도, 그들에게는 우리로 하여금 죄를 짓도록 할 능력은 없다. 기껏해야 그들이 할 수 있는 것은 죄가 튀어나올 때까지 우리를 쥐어짜는 것이다. 그러나 그것도 여전히 우리 마음에서 죄가 튀어 나오는 것이지 그들의 마음은 아니다. 그러므로 용서를 구할 때 절대로 "그러나" 또는 "왜냐하면"이라는 말을 하지 말라. 상대도 용서를 구해야 한다는 미끼를 던지지 마라. 누구든지 즉시 당신의 고백을 무효화할 것이다.

만약 중독자가 자신이 행한 나쁜 일을 기억하지 못한다면? 술에 취해서 필름이 끊긴 상태에서 살인을 저지르고도 그것을 기억하지 못한다 할지라도, 그는 여전히 하나님과 다른 사람에게 큰 죄를 지은 것이다. 이러한 상황이 판단하기 까다롭기는 하지만, 결국 원리는 같다. 사람이나 약물이 우리로 하여금 죄를 짓게 만들지 못한다. 약물이 우리로 하여금 부주의하게 할 수 있고, 기억상실증에 걸리거나, 순발력이 떨어지게 하거나 헷갈리게 할 수는 있다. 그러나 그것이 죄를 짓게 만들 수는 없다. 그것들은 단순히 죄악 된 마음을 억제하고 있던 많은 것들을 제거하는 역할을 했을 뿐이다.

워싱턴 시의 시장 마리온 배리(Marion Barry)가 코카인 소지로 붙잡혔을 때, 그는 약물 문제에 대해 왜 지속적으로 거짓말해 왔는지 질문을 받았다. 그의 대답은 전형적인 것이었다. "그것은 질병과 같은 것이었습니다. 전 의도적으로 그런 것이 아닙니다. 저도 피해자입니다."

말할 필요도 없이 성경은 좀 더 현실적인 접근을 한다. 성경은 항상 의식적으로 의도해야만 죄가 되는 것은 아니라고 말한다. 우리가 알고 지었건 모르고 지었건, 우리는 우리 죄에 대한 책임이 있다. 이를 근거로 우리가 기억하지 못하는 죄라 할지라도 용서를 구하는 것이 합당하며 중요하다고 말할 수 있다.

일단 모든 변명거리를 내려놓고, 지은 죄를 생각하며 우리가 해를 끼쳤던 사람들에게 다가가라. 이때 과거에 잘못한 것을 자세하게 말하는 것으로 이야기를 시작해야 하며, 마지막에 용서해 달라고 말해야 한다. "미안합니다"라고 말하는 것으로 충분하지 않다. 만약 우리가 행한 일에 대한 슬픔에 대해 말한다면 반드시 "용서해 주세요"라고 말해야 한다.

그리스도인 친구: 그럼 용서를 구하면서 이렇게 말하는 것을 어떨까요? "샐리, 지난 주 일에 대해 계속 생각해 보았는데, 내가 폭음하는 것을 당신 탓이라고 했었지. 당신이 좀 더 나를 지지해 준다면, 내가 술을 그렇게 많이 마시지 않았을 거라고 말했잖아. 기억나? 내가 그렇게 말한 것, 정말 미안해. 내가 잘못했어. 내 잘못을 숨기기 위해 당신 탓을 했던 거야. 내가 자주 이러지? 나를 용서해 줄래?"

짐: 그렇게 하기 어려울 것 같은데요.

그리스도인 친구: 당신 말이 맞아요. 잘 이해한 거예요. 누군가에게 용서를 구한다는 것은 겸손한 마음 없이는 할 수 없어요. 이것은 우리의 본성에 반대되는 것이지요. 분명히 어려운 일이에요.

그러나 용서의 과정은 "나를 용서해 주겠느냐?"는 질문 하나로 끝나는 것이 아니다. "그래"라는 단순한 대답 하나로 피해자들이 받은 피해가 종료되는 것이 아니다. 다음과 같이 덧붙여 말하는 것이 합당할 것이다. "샐리, 이것에 대해 할 말이 많지? 분명히 당신이 상처를 많이 받았을 거야." 당신이 죄를 지었던 피해자들에게 어떤 상처가 있는지 말할 기회를 주어라. 그가 이 문제에 대해 넘어가기 전까지 막지 말라.

꼭 필요한 또 하나의 단계는 배상이다. 이는 특히 중독자가 도둑질한 경우에 해당되지만, 금전적인 손해를 끼치지 않은 죄도 배상과 관련이 있다. 그러나 이러한 손해배상은 복잡하다. 만약 중독자가 수십 개의 가게에서 훔쳤다면? 만약 중독자가 회개는 했는데 갚을 능력이 없다면? 만약 그 사람이 집행 유예로 있을 때 과거의 도둑질에 관한 보고가 다시 그를 감옥에 넣는 결과를 초래한다면? 위에서 제시한 것보다 더 많은 상황들에 대해 질문해 볼 수 있을 것이다. 많은 상담자의 지혜가 필요하다. 그러나 다소 분명한 것이 있다면 회개하는 마음은 배상하기를 원할 것이라는 점이다(눅 19:1-9).

화해의 함정. 화해를 위한 영적인 준비에는 명확한 원리가 있지만, 실제로 화해하는 것은 종종 함정 투성이다. 회개하고자 하는 사람은 반드시 다음의 몇 가지 반응들에 대해 준비하고 있어야 한다.

1. "듣기 싫어요." 어떤 사람들은 어떠한 고백도 듣기조차 거부할 것이다. 그들은 중독자들이 무슨 말을 하든 무의미하다는 것을 이미 너무 많이 들었고, 지금까지 한 약속들은 지켜지지 못했다. 만약 이러한 일이 일어난다면 중독자들은 반드시 이것은 자신이 뿌린 불신의 씨라는 것을 깨달아야 한다. 그리고 이 관계를 변화시킬 한 가지 방법이 있다면 그것은 그가 예전과 다른 성실한 모습을 꾸준히 보여 주는 것임을 반드시 깨달아야 한다. 그리고 그것은 시간이 걸린다.

2. "아니오." 어떤 사람들은 용서하기를 거부할 것이다. 그들은 화가 나 있다. 그들은 중독자가 용서를 구하는 것으로 수년 간 해 왔던 거짓말과 이기적인 것들은 지울 수 있을 거라고 생각하는 것을 원하지 않는다. 아마 그들은 이미 이러한 고백들을 많이 들었을 것이다. 중독자였던 그들이 너무나 자주, 사과하고 있는 그 행동을 계속할 것을 계획하면서 용서를 구했던 것이다.

중독자에게 희생 당한 어떤 사람이 단순히 용서하기를 거부했다면, 영적인 전쟁을 준비해야 한다. "희망이 없어. 내가 할 수 있는 일이란 아무것도 없어"라는 생각은 사탄이 미혹하고 있다는 확실한 표시이다. 만약 중독자의 목표가 한때 가까웠던 관계에서 느겼던 따스한 감정에 다시 불을 지피기 원하는 것이라면, 아마 희망이 없다고 생각되는 이유들이 있을 것이다. 특히 만약 희생자가 복음을 모르는 사람이라면, 화해가 불가능하다. 그러나 목표는 반드시 우리가 원하는 것을 얻는 것보다 훨씬 더 깊은 곳에 두어야 한다. 그것은 "먼저 그의 나라와 그의 의를 구하라"(마 6:33)이다. 이러한 목표는 희망이 없는 것과는 거리가 멀다. 그것은 하루하루의 목표로 채워져 있고, 그것을 성취하기 위한 영적인 능력이 함께 한다.

이 목표는 어떠한 모습으로 나타날 수 있는가? 가능성은 수도 없이 많다. 그것은 사랑의 구체적인 표현 방법으로 나타날 수 있다. 그것은 회개한 사람이 관계에 대해서는 조금 느슨하게 그러나 유혹과 갈망에 대한 전쟁에는 더 집중하는 모습으로 나타날 수 있다. 또한 이 목표는 단순히 열심히 직장생활을 하는 모습으로 나타날 수 있다.

3. "그래요, 당신이 진실로 죄를 뉘우치고 있다면." 때로는 피해자가 조건 없이 용서를 할 때가 있을 것이다. 그는 "그래요"라고 말했지만 다시 예전 죄를 끄집어 내어 벌을 주거나 죄책감을 들게 할 기회를 엿본다. "만약 당신이 한 일 때문에 내가 계속 상처를 받게 된다면, 당신도 똑같이 상처를 받을 거예요." 또는 "상처를 받는다는 건 이런 거예요. 기분이 어때요?" 중독자들은 항상 그들을 측정하는 율법 아래 있는 것 같이 느껴질 것이다.

이것은 관계에 있어 위험한 역학(dynamic)이다. 앞으로 관계에 더 금이 갈 것이라는 분명한 결과뿐만 아니라 율법 아래에 살아야 한다는 것은 진저리나는 일일 수 있다. 우리가 그리스도 안에서 받은 좀 더 기본적인 용서에 대해 지속적으로 생각하지 않는다면, 그것은 절망을 낳고, 과거의 중독이 좀 더 매력적으로 보이게 만든다.

이러한 문제는 특히 배우자와 화해할 때 더욱 중요하다. 대부분의 경우 누군가가 이것을 지도해 주어야 한다. 우리가 기대하는 것과 달리, 배우자와 가족들은 종종 중독자가 깨끗해지기 이전보다이후에 더 많은 문제를 경험한다. 만약 중독자가 남편이자 아버지라면, 보통 술을 끊는다는 말과 함께 온갖 종류의 약속을 함께 한다. 예를 들어, 더 이상 집에서 아무 문제가 없을 것이라든지, 모든사람들이 앞으로 행복하게 살 것이라든지 등으로 말이다. 그러나이 거품은 보통 즉시 사라진다. 단지 종류가 다를 뿐 문제는 여전히 존재하기 때문이다.

또 다른 복잡한 상황은 배우자의 정체성 자체가 중독과 완전히얽혀 있을 때이다. 비록 이것이 이상하게 들릴 수 있겠지만, 종종중독자의 배우자들은 중독자들이 자신들에게 의존하고 있다는 것에 존재감을 느끼곤 한다. 때로는 희생적으로 상대방을 돌보는 역할이 그들에게 있어 매우 의미 있는 일이었는데, 이제 이것이 사라지려고 하는 것이다. 아마 배우자는 지금은 깨끗해진 중독자들을지배하고 다루는 방법으로, 더 이상 그들의 죄책감을 이용할 수 없음을 깨달았을 것이다. 또한 어떤 경우는 부부생활을 거부하는 데중독이 편리하게 사용되었던 경우도 있다. 이제 배우자들은 관계를멀리 할 핑곗거리가 없어진 것이다.

이 모든 것이 복잡하게 들리겠지만, 이것은 현실이다. 죄는 우리의 삶에 이런 식으로 영향을 미친다. 그러나 당신은 다른 사람을돕는 데에 있어서 너무 복잡해질 필요가 없다. 단지 수면 밑에는많은 것이 진행되고 있다는 것만 잘 인식하여, 그것에 귀를 기울이라. 가족들에게 정직하라고 격려하고 그들의 어려운 상황 가운데서도 하나님께서 함께 하신다는 희망을 주라.

당신에게 해를 끼친 사람들과 화해하기

용서를 구함으로 화해를 하는 것은 하나님의 영광을 구하는 데 있어 근본적인 것이다. 우리는 겸손하게 그리고 빨리 이를 행함으로 사람들을 모든 화해를 가능케 하시는 하나님께로 향하게 한다. 화해의 과정에서 생략하기 쉬운 또 하나의 단계가 있다. 그것은 한때 중독자였던 사람들이 자신들에게 해를 끼친 사람들을 용서해야 한다는 것이다. 예전에 중독에 빠졌던 사람들은 자신들의 죄가 무엇인지 정확하게 알고 있기 때문에, 자기에게 해를 끼친 다른 사람들의 죄를 생각할 자격이 없다고 생각할 수가 있다. 그러나 성경적 화해의 일반적인 특징은 다음과 같다. 우리는 용서를 구하고 또한 용서를 한다. 이것은 특히 중독에 있어 중요한데, 왜냐하면 다른 사람들로 인해 짜증이 나도록 자극받는 것은 다시 퇴보할 기회를 유발하는 것이기 때문이다.

명심해야 할 몇 가지 성경적 원리가 있다.

1. 그리스도께서 어떻게 당신을 용서하셨는가를 기억하라. 예수님은 우리의 과거, 현재, 미래의 죄를 용서하셨다. 우리가 믿음으로 그에게 나아갈 때, 다시는 심판받지 않을 것이다. 우리에게는 대언자, 즉 항상 살아 계셔서 하나님의 보좌 앞에서 우리를 위하여 간구하시는(히 7:25) 피고측 변호인이 있다. 우리는 하나님의 은혜로 산다. 만약 우리가 다른 사람을 용서하기 어렵다고 느낀다면, 우리가 어떻게 용서를 받았는지 잊어 버린 것이다.

2. 하나님께서 우리의 적은 죄가 아니라 많은 죄를 용서해 주셨다는 것을 기억하라. 다음과 같은 생각의 함정에 빠지지 말라. "나는 원래 착한 사람인데 어쩌다가 자주 나쁜 일을 하는 것이다." 만

약 우리가 적게 용서 받았다고 생각한다면, 적게 용서할 것이다(눅 7:26-50; 마 18:21-35).

3. 당신에게 해를 끼친 그 사람과 같은 일을 행한다는 것을 기억하라. 그러므로 다른 사람과 맞서기 전에 당신 자신의 죄를 먼저 주께 고백해야 한다(마 7:3-5).

4. 모든 죄는 궁극적으로 하나님께 짓는 것이며 그러므로 심판도 하나님의 일이라는 것을 기억하라(벧전 2:23). 이것이 하나님의 율법이다. 침해 당한 것은 우리의 영광이 아닌 하나님의 영광이다.

이러한 원리를 마음에 새기고, 용서해야 한다. 우리는 우리에게 죄 지은 자를 사해 주어야 한다. 우리에게 죄 지은 사람들이 우리에게 빚진 것은 아무것도 없는 것처럼 믿음으로 행동해야 한다. 더욱이 이는 개인적으로 할 수 있으므로, 그 사람에게 가기 전에 하나님께 먼저 행해야 한다.

한 가지 질문은 "하나님 앞에서 그를 용서하는 것이(막 11:25) 실제로 그 사람을 만나 용서를 하는 것에 선행되어야 하는가?"이다. 즉 우리는 우리에게 죄를 지은 그 사람에게 애정을 기울여 맞서 대해야 하는 것인가? 성경은 분명히 우리에게 죄 지은 모든 사람을 맞서 대하라고 요구하지 않는다. 그러나 관계를 위해 다른 사람에게 말하는 것이 현명할 때가 있다. 그것이 이때인지 잘 모르겠다면, 죄를 지은 그 사람을 격려하여 그리스도인 형제나 자매에게 가서 권고를 듣도록 하라.

우리가 그 사람에게 갈 때, 온유함과 겸손함으로 하되 우리의 형제나 자매의 잘못이 무엇인가 보여 주라(마 18:15). 예전의 중독자들은 이 시점에서 두 가지 실수를 했다. 첫째는 화를 내면서 말하는 것이다. 이는 하나님과 함께 준비해야 할 것이 아직 미흡한 경우이다. 둘째는 "내가 지금까지 저지른 잘못을 생각하면 이 사람한테 뭐라고 말할 자격이 있는가?"라고 생각하는 것이다. 그러나 좋은 관계는 죄를 지었을 때 기꺼이 가서 권고하는 애정 어린 정직을 포함한다.

마지막으로 당신에게 죄를 지은 사람과 당신이 죄를 지은 사람이 동일 인물일 경우, 용서를 비는 것과 그 사람을 권고하는 것을 동시에 하지 않는 것이 지혜롭다. 그 사람을 권고하기 훨씬 이전에 당신의 용서의 고백이 있어야 한다.

다른 사람을 사랑하고 섬기기

사랑과 섬김을 말하지 않고서는 다른 사람들과의 관계에 대한 그 어떠한 이야기도 완성될 수 없다. 그리스도를 따르는 것의 커다란 축복 중 하나는 우리의 이목을 우리 자신에게서는 멀어지게 하고 하나님과 다른 사람들에게 향하게 한다는 것이다. 이러한 가운데 우리는 예수님 그분에게 직접 인도함을 받는다. 죽음이 가까웠을 때 예수님은 제자들의 발을 씻기시며 섬기는 방법을 가르쳐 주셨다(요 13:1-15). 이로써 예수님은 하나님의 나라가 확장되는 방법을 몸소 보여 주신 것이다. 믿음은 사랑과 섬김으로 반드시 표현되어야 한다.

한 남자가 최근에 마약중독치료 프로그램을 마쳤는데, 그는 왜 사랑과 교회의 연합이 중요한 것인지, 왜 지금 당장 중요한 것인지 알지 못했다. "제가 그 프로그램에서 배운 것은 지금 당장 나를 잘 다루어야 한다는 것이었습니다." 그의 말은 일리가 있었다. 그에게는 그 프로그램에 참여할 수밖에 없었던 수많은 이유들이 있었다.

가족들과의 관계는 깨어졌고, 직장에서는 계속 거짓말을 하는 바람에 해고 당했다. 이 모든 문제들을 생각했을 때 그는 어찌할 바를 몰랐다. 그가 생각하기에 여기서 벗어날 수 있는 유일한 방법은 어딘가에 몰두하는 것이었다. 그러나 이런 문제들은 해결되지 않았다. 관계의 문제, 특히 이 남자의 가족들과의 관계와 그리스도의 지체들과의 관계를 배제한 체 술을 끊는 문제만을 다룰 방법은 없다. 두 가지 다 중요하기 때문에 하나님께서는 이 모두에게 은혜를 주실 것이다.

이 남자에게 해 줄 수 있는 지혜로운 권면은 아마 "○○해 주세요"라고 교회 사람들에게 말하라는 것이다. 그는 많은 문제들 중 우선순위를 정하는 것에 도움이 필요했다. 그는 각각의 문제들을 해결할 수 있는 현실적이고 그리스도 중심적인 실천 계획이 필요했다. 그리고 죄를 용서하는 것을 기억할 수 있는 도움이 필요했다. 왜냐하면 그에게 화가 나 있는 사람들로부터 비난을 받을 것이었기 때문이다. 그에게는 과도한 스트레스가 없는 시간이 필요했기 때문에 이러한 전략은 그의 가족들과 교회를 무시하는 것과는 상당히 다른 것이다. 성경에서는 그의 진정한 필요가 그의 가족들과의 관계에서부터 시작하여 하나님을 사랑하고 다른 사람을 사랑하는 것이 자라는 데 있다고 말한다.

다른 사람들을 사랑하는 것은 변화의 과정과 중독으로부터 해방되는 것에 필수적인 것이다. AA도 사람들이 도움을 얻기 위해서 반드시 도움을 주어야 한다고 주장하는 것을 볼 때 이것의 가치를 알았던 것 같다. 그러나 AA가 이 원리를 처음 만든 것은 아니다. 그리스도께서 하나님의 나라가 확장되는 방법 중 하나로 이 원리를 입증하셨다. 우리는 우리가 사랑을 받은 대로 사랑해야 한다(요 13:35).

그리고 우리가 섬김 받은 것처럼 섬겨야 한다(요 13:14). 이것을 알고 지켜 행하면, 우리에게 복이 있다(요 13:17).

이것이 한때 중독에 빠졌던 사람에게 어떤 의미가 있는가? 주일학교 교사로 가르치라는 의미인가? 전교인 앞에서 간증문을 발표하라는 것인가? 그것은 적어도 현 시점에서는 아니다. 이는 순종의 길을 조금씩 걸어 나가라는 것이며 다른 사람들의 필요에 민감하라는 의미이다.

이것은 감사를 표하는 것, 예의 바르게 하는 것, 한 말을 지키는 것 그리고 다른 사람에게 관심을 보이는 것 등과 같이 단순하고 쉬운 일들을 하는 것을 의미한다. 이러한 것들이 현실적으로 지금 당장 섬김을 실천할 수 있는 방법들이다. 이는 우리 그리스도인의 임무로, 다투지 말며 관용하며 범사에 온유함을 모든 사람에게 나타내라(딛 3:2)는 성경 말씀의 적용이다.

중독자들은 자신들을 비하하면서 다른 사람들을 깊이 사랑할 자격이 없다고 생각할 수 있다. 중독의 문제로 씨름하는 사람들은 다른 모든 사람들과 마찬가지로 본래 죄인이지 사랑하는 데 익숙한 사람들이 아니다. 그러나 때로는 중독의 단점이 더해져서 자신들은 이 일에는 상관이 없고 비켜줘야 한다고 생각한다. 중독자들은 이미 사람들에게 상처를 주었기 때문에 더 이상 상처 주는 것을 원하지 않는다. 물론 이런 생각 또한 사탄의 전략 중 하나이다. 사탄은 참소하며 비난한다. 우리가 믿음으로 그리스도께로 향하면, 그분은 은사를 부어 주신다. 아무도 기다릴 필요도 없고, 고결한 사람이 먼저 되라는 것도 아니다. 우리에게 성령이 주어졌을 때 그리스도의 지체를 섬기기 위해 은사도 주어지는 것이다. 그리고 가장 큰 은사는 사랑이다.

실천신학

지역 교회는 하나님께서 우리에게 은혜를 주시는 가장 분명한 도구이다. 교회는 예배드리고, 가르치고, 기도하고 교제를 나누기 위해 모이는 불완전한 사람들의 모임이다. 의심할 여지없이 모든 지역 교회는 수많은 이유들로 비판을 받는다. 만약 당신이 중독의 문제로 씨름하고 있다면, 즉시 교회의 많은 단점들을 보게 될 것이다. 사실 이러한 단점들이 교회를 더욱 매력적으로 만든다. 왜냐하면 이는 하나님께서 불완전한 사람들을 환영하시고 그들을 위한 목적을 가지고 계신다는 것을 말해 주기 때문이다.

당신 자신의 중독에 직면할 때

1. AA의 기본 원리 중 하나는 만약 당신이 모임에 가기 싫다면 반드시 그 모임에 참석하라는 것이다. 비슷한 원리가 교회에도 있다. 단지 하나님 그분께서 우리에게 서로 만나야 한다고 결정하신 것만 빼면 말이다. 만약 당신이 교회에서 하나님의 사람들과 함께 있는 것을 싫어한다면, 당신은 반드시 교회를 가야한다.

2. 당신이 생각해 낸 하나님의 사람들과 만나지 않는 합리적인 이유는 무엇인가?

- "그 사람들은 이해 못해."
- "나는 여기에 어울리지 않아."
- "그 사람들은 위선자들이야."
- "난 그냥 교회 가면 마음이 불편해."

경계하라. 우리는 전쟁 중이다. 사탄은 진실로 시작해서(대부분의 변명은 어느 정도 사실이다), 당신을 공격하는 데 그것을 사용한다. 이러한 거짓말에 경계하고 그것과 전투할 준비를 하라.

- "그 사람들은 이해 못해." 그렇다. 그들은 내가 겪은 일들을 아마 이해하지 못할 것이다. 그러나 나도 그들이 겪은 것들을 똑같이 이해 못하지 않는가. 이것을 기억해야 한다. 그것은 단지나에 관한 것이 아니다. 하나님을 알고 사랑하는 것에 관한 것이고, 다른 사람들을 알고 사랑하는 것에 관한 것이다.
- "나는 여기에 어울리지 않아." 사실이다. 여기에는 아마 공식적으로 드러난 중독자들이 없을 수도 있다. 누구도 나와 완전히 똑같은 경험을 한 사람은 없다. 그러나 죄인들의 모임인 이곳은 그리스도를 구한다. 그리고 사람들이 예수님의 이름으로만날 때 성령께서 함께 하신다. 만약 내가 여기 어울리지 않는다면, 정말 큰일이다.
- "그 사람들은 위선자들이야." 내가 이러한 변명까지 하다니 믿기지 않는다. 나의 독창성을 다 잊어버렸나보다. 만약 여기에위선자들이 있다면, 내가 여기에 정말 잘 어울리겠구나.
- "난 그냥 교회 가면 마음이 불편해." 물론 난 교회에 있을 때면항상 마음이 불편하다. 교회는 술집도 아니고, 케케묵은 담배

냄새도 나지 않는다. 그러나 하나님의 사람들과 만나라고 나에게 말씀하신 분이 하나님이시다. 그러므로 이번이 내가 느끼는 대로 행하는 것이 아니라 옳다고 믿는 것을 행하는 첫 출발이 될 것이다.

3. 당신이 그리스도인들과 만날 때, 이들은 당신의 형제요 자매인 것을 기억하라. 당신은 그들과 영원을 함께 보낼 것이다.

당신이 다른 사람을 도울 때

1. 중독의 문제와 씨름하는 사람들은 교회에 큰 축복이 될 수 있다. 그들은 자신들의 과거의 씨름에 대해 숨기지 않는다. 자신들이 죄인이라는 것을 알고 있다. 그래서 현재 씨름하고 있는 죄에 대해 당신에게 기꺼이 말한다. 그들은 현실적이고 실제적이므로 실질적인 교훈을 원한다. 그리고 자신이 한때 가면을 쓰고 그 거짓 뒤에 숨어 본적이 있기 때문에, 당신이 그러할 때 그들은 보통 말해줄 수 있다. 그들은 예수님이 필요하다는 것을 안다.
당신이 누군가를 도움으로, 도움 받은 그가 그리스도의 지체들에게 가져다 줄 많은 은사들에 대해 비전을 가지라.

2. 중독과 씨름하는 사람들을 위해서 당신이 가져야 할 목표 중 하나는 그들로 하여금 흠 없는 양심을 갖도록 하는 것이다. 그것은 그들에게 더 이상 죄가 없음을 의미하는 것이 아니다. 그들이 과거의 죄는 용서받았다는 것을 알고, 자신들의 죄를 상당히 인정

하며, 하나님께서 그들에게 하라고 말씀하신다고 믿어지는 것을 행하는 것을 의미한다.

"할 수 있거든 너희로서는 모든 사람과 더불어 화목하라"
(롬 12:18).

당신은 그 사람이 빛 가운데 걸어가는 것을 즐거워하고, 숨거나 숨기는 것 없이 살아가기를 소망하라.

3. 만약 어떤 사람이 오랜 기간 동안 중독에 빠져 있었다면, 그는 화해의 기술이 없을 것이다. 당신이 할 수 있는 한 구체적으로 그를 준비시키라. 괜찮다면, 그가 화해를 할 때 함께 있어 주라.

4. 만약 그 사람이 교회의 성도라면 성만찬에 참여하게 하라. 성만찬은 우리를 한 지체로 만드신 그리스도의 죽음을 기억하는 시간이다. 그가 그리스도의 지체를 분별하는가? 그가 다른 사람들과 화목하게 지내는가? 만약 아니라면 이 문제를 다룰 계획을 마련하라.

결론. 두세 사람이 모인 곳에

두세 사람이 내 이름으로 모인 곳에는 나도 그들 중에 있느니라

(마태복음 18:20)

만약 당신에게 그리스도의 지체가 필요하다는 확신이 들고 하나님의 사람들과 관계를 맺어야 한다는 생각이 들었다면, 또 그들을 반드시 자주 만나야 한다고 믿게 되었다면 그것은 무엇을 의미하는가? 우리가 함께 모였을 때 무엇을 해야 하는가? 우리 모임의 필수적인 요소는 무엇이어야 하는가?

다음의 목록은 우리에게 익숙한 것이다.

- 우리는 예배한다.
- 우리는 예수님이 행하신 일을 기억한다.
- 우리는 우리가 전쟁을 하고 있음을 기억한다.
- 우리는 서로 사랑해야 함을 기억한다.
- 우리는 큰 기쁨이 곧 있을 것을 기억한다.
- 우리는 기도한다.

이러한 것들은 우리가 그리스도인 친구를 만나 아침 식사를 하든지, 어떤 집에서 소그룹 모임을 갖거나 서로 격려하며 지지해 주는 예전 중독자들의 모임에 참석하든지 간에 되풀이 되는 요소이다. 그리고 예수님의 이름으로 모였을 때 우리가 행하는 것들이다.

예배: 그리스도께서 행하신 일을 기억하는 것

중독은 전부 우리가 욕망하는 것들에 관한 것이다. 우리는 하나님을 그 어떤 것보다 더 갈망하는가? 중독의 해독제로써 예배가 항상 그 중심이 된다. 우리의 갈망과 하루하루의 유혹과 싸우는 전쟁터와는 거리가 먼 것처럼 보이지만, 예배는 절대적으로 필요하다. 예배가 없으면 우리는 무방비 상태가 된다.

구약성경의 한 전형적인 전쟁을 살펴보자(대하 20장). 모압 자손과 암몬 자손 그리고 마온 사람들이 모여 큰 군대를 이루었다. 하나님의 사람들은 두려움에 사로잡힌다. 심지어 왕 조차도 두려워하면서 그 즉시 하나의 행동을 취한다. 그것은 나라 전체를 일으켜 전쟁에 나가는 것이 아니었다. 그 대신 그가 한 일은 "여호와의 도우심을 구하는 것"이었다. 그의 결의를 백성들이 곧 따르게 되었고, 함께 모여 여호와께 간구했다. 예배가 시작된 것이다.

모든 예배에서 한 가지 변하지 않는 요소는 기도이다. 그것이 여호사밧 왕이 한 것이었다. 그는 형식적인 대표 기도를 한 것이 아니라 여호와께 부르짖었다. 하나님을 "우리 하나님이시여"라고 하면서 사랑의 약속을 지키시고 세상의 모든 나라들을 다스리시는 분이라고 불렀다. 그의 기도는 겸손하고 궁핍한 종의 울부짖음이었다. 그러나 하나님의 은혜를 알기에 자신감이 있었다. 기도 후에, 성령님이 야하시엘에게 임하였고, 그가 하나님께서 그의 백성들을 구원하시리라 예언하였다. 이러한 약속과 사랑으로 모든 사람들은 겸손과 감사로 여호와 앞에 엎드려 경배하였다. 즉 그들의 예배는 하나님의 약속을 믿음으로 계속된 것이다. 그들이 일어나서 큰 소리로 하나님을 찬양하였다. 그 사람들에게 거룩한 감정이 일어난 것이다.

그 다음날 아침 일찍 그들은 전쟁 준비를 했다. 하나님께서 군대를 지휘하는 대장이시라는 것을 강하게 의식하며 나아갔다. 하나님의 거룩하심의 영광에 대하여 이야기하고, 노래하는 사람들이 전쟁에 나가는 군대 앞에서 행진했다. 그들은 "여호와께 감사하세. 그의 인자하심이 영원하도다"라고 노래했다. 그들이 노래할 때에 적군들은 서로를 쳐서 죽였고, 땅에는 엎드러진 시체들뿐이었다. 이스라엘 군대는 그들의 칼을 칼집에서 뽑을 필요도 없었다.

모든 전쟁이 똑같지는 않다. 하나님께서 우리 앞에 나가시고 원수들은 사라지는 때가 있고, 하나님께서 우리 앞에 나가시지만 싸움이 맹렬하며 길 때도 있다. 그러나 모든 전쟁에서 공통적인 것은 하나님께서 우리와 함께 하신다는 것이다. 하나님께서 임재하실 때 우리는 예배한다.

"예배는 우리와 언약하신 여호와의 광대하심을 인정하는 일이다."[39] 이는 분명 개인적으로 혼자 할 수 있지만 함께 예배 드리는 것이 좀 더 하나님의 위대하심과 조화를 이룬다. 하나님의 위대하심은 무리의 사람들에 의해 더욱 적절히 선포된다. 우리가 하나님

39 John Frame, *Worship in Spirit and Truth* (Phillisburg, N.J.: P&R Publishing, 1996), 1.

의 위대한 가치를 함께 선포할 때 예배와 함께 찬양의 노래가 드려
진다. 그러나 그것이 전부가 아니다. 예배의 가장 중요한 순간 중
하나는 찬양의 가사들이 노래로 불리는 것보다는 말로 전해질 때
이다(대하 20:21; 사 6:3 참고). 예배는 예수 그리스도를 통해 계시된 하
나님의 위대하심을 선포한다는 것이 바로 핵심이다.

공적 예배에 대한 아이디어

공적 예배에 대한 다음의 몇 가지 아이디어를 고려해 보라.

1. 하나님의 사람들을 만날 때, 하나님의 위대하심에 대한 한 성
경구절을 준비해 온다. 또 그 구절이 그리스도의 십자가에서 어떻
게 성취되었는지의 연관성을 말할 수 있도록 준비해 온다.

2. 전통적인 찬송가 하나를 고른다. 예배를 시작할 때 찬송가의
가사를 사용한다.

> 주여 나를 붙드소서
>> 그러면 내가 자유를 얻겠나이다
> 나의 무기를 내려놓고 항복케 하소서
>> 그러면 내가 승리를 얻겠나이다
> 나 혼자 서 있을 때는
>> 두려움에 주저앉겠지만
> 주님의 팔로 나를 구속하실 때는
>> 나의 손이 강하겠나이다.[40]

---

40 *Trinity Hymnal*, rev.ed (Atlanta/Philadelphia: Great Commission Publications, 1990), #687.

3. 진리를 생각하는 것과 말하는 것은 다르다. 성경 본문을 함께 읽고, 찬양하며, 신앙고백을 암송한다.

4. 공동으로 기도할 때, 전 세계에 걸쳐서 알려질 하나님의 영광과 그 영광이 그리스도의 십자가에서 가장 명확히 표현되었다는 것에 특히 집중한다.

5. 그룹으로 만날 때, 사람들을 그리스도에게로 초대하라. 그리스도인의 삶은 그리스도께 나아오는 사람들과 함께 시작된다. 그러나 이것은 또한 매일 꾸준히 그리스도께로 돌아오고 죄를 멀리 하는 삶이 된다. 이 시간 동안 회심하기를 원하는 사람들이 있어야 한다.

6. 설교를 들을 때 메시지를 메모한 후, 당신의 삶에 어떻게 적용할 지 실천 단계를 생각한다. 우리가 하나님의 말씀을 듣는다는 것은 반응하는 예배의 시간인 것이다.

개인 예배를 위한 아이디어

1. 가능하다면 당신의 기도와 말씀으로부터 배운 점을 쓰라.

2. 찬송가를 부르며 하루를 시작하라.

3. 성경의 다니엘을 읽으며 묵상하라. 하나님에 대해 무엇을 말하고 있는가? 하나님에 대한 지식은 다니엘의 삶에 어떤 영향을 주었는가?

4. 시편 63편을 읽으라. 주 안에서 우리가 얻을 수 있는 무한한 만족에 주목하라. 그것은 중독과 무슨 상관이 있는가? 그것은 어떠한 대답을 주는가?

5. 여호와를 경외하는 것이 무엇인지 말할 수 있는가? 당신은 여

호와를 경외하는 것을 즐거워하여 소망하는가?

6. "나는 예수님이 필요합니다"라고 말하며 하루를 시작하는 습관을 길러라. 그리고 당신은 왜 예수님이 필요한지 생각해 보라.

7. 주기도문을 하라. 하이델베르그 신앙고백서나 웨스트민스터신앙고백서의 대요리문답에서 주기도문에 대한 설명을 읽어 보라.

8. 당신이 유혹에 빠지지 않기 위해 씨름할 때 어떠한 음악이 가장 마음에 와 닿는가? 당분간 대중가요를 듣지 않고 대신 예배 음악과 좋은 설교를 들으라.

그리스도께서 당신을 위해 행하신 일을 기억하라

예배는 종종 우리의 관심을 우리 자신에게서 완전히 멀어지게 한다. 예배를 우리를 위해 하나님께서 행하신 일과 항상 연관지을 필요는 없다. 하나님께서 우리를 위해서 하신 일과 상관 없이도 하나님은 위대하시고 우리의 예배를 받으시기에 합당한 분이시다. 그러나 하나님께서 우리를 위해 행하신 일을 기억하는 것은 우리의 믿음을 견고케 한다. 또한 하나님께서 다른 사람들에게 행하신 일을 들을 때에도 그러하다.

하나님의 공동체는 그리스도 안에서 받은 축복들을 기억함으로써 서로를 세워 나갈 수 있다. 함께 에베소서 1장을 읽으라. 그리스도 안에서 우리가 누리는 유익들이 얼마나 많은지 주목하라.

■ 우리는 은혜와 평강을 받았다.
■ 우리는 하나님의 택하심을 받았다.

■ 우리는 그리스도의 피로 말미암아 죄 사함을 받았다.
■ 우리는 거룩하고 흠이 없는 사람이 되는 새로운 목적을 부여
   받았다.
■ 우리는 복음의 큰 비밀을 알 수 있는 통찰력을 받았다.
■ 우리는 살아계신 하나님의 자녀가 되었다.
■ 우리는 하나님의 존귀한 소유이다.

이러한 축복들은 우리가 그리스도로부터 떠나 있을 때의 모습
과 대조하면 더욱 생생하게 다가온다. "그는 허물과 죄로 죽었던
너희를 살리셨도다 … 본질상 진노의 자녀이었더니 긍휼이 풍성하
신 하나님이 우리를 사랑하신 그 큰 사랑을 인하여 허물로 죽은 우
리를 그리스도와 함께 살리셨고 너희는 은혜로 구원을 받은 것이
라"(엡 2:1, 3-5).

하나님의 선하심을 구체적으로 표현한 말씀을 기억하면서 시간
을 보내라. 그의 선하심을 경험한 사람들에게 그들의 이야기를 들
려 달라고 하라. 하나님께서 얼마나 오래 참으시고(딤전 1:16) 사랑
으로 함께 하셨는지 집중해서 들으라. 만약 그리스도 안에 있다면,
성경이 약속하시기를 하나님께서 지금 우리 안에 선한 일을 하고
계시고, 계속 하실 것이다. 그러므로 우리는 성령께서 역사하시는
것을 볼 것이라는 기대를 해야 한다. 성령의 역사를 고대해야 한다.
강렬한 기쁨과 깊은 평안만 바라지 말라. 화내지 않고 사랑하는 것,
유혹에 "아니오"라고 말하는 것, 또는 단순히 우리의 본성이 아닌
어떤 일을 하는 것 등은 다소 감동이 덜 하지만 동일하게 극적인
것이다.

11장에서도 살펴보았지만 그림 13.1은 성령의 역사가 작은 단계

를 조금씩 올라가듯 우리의 삶에 전개된다는 것을 보여준다. 교회
안에서 우리는 각 단계에 해당하는 사람들을 모두 볼 수 있다. 각
각의 단계는 더 상세하게 나눠질 수 있으며 이름을 다르게 붙일 수
도 있다. 한 가지 분명한 것은 이러한 단계들은 하나님께서 우리
안에 선한 일을 행하고 계심을 기억하게 한다는 것이다.

그리스도께서 우리를 위해 행하신 일을 기억할 수 있는 아이디어

1. 함께 모였을 때, 한 사람씩 하나님의 은혜에 대해 간증하는 시
간을 가지라.
2. 어떤 사람이 죄를 고백한 것이 성령의 역사의 명백한 증거임
을 기억하라. 당신의 간증문에 영적으로 성공했던 이야기만 넣지
않도록 주의하라. 그렇지 않으면 어떤 사람은 움츠러들 것이고, 또

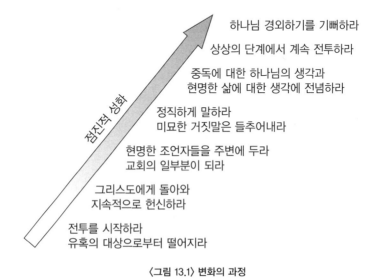

하나님 경외하기를 기뻐하라
상상의 단계에서 계속 전투하라
중독에 대한 하나님의 생각과
현명한 삶에 대한 생각에 전념하라
정직하게 말하라
미묘한 거짓말은 들추어내라
현명한 조언자들을 주변에 두라
교회의 일부분이 되라
그리스도에게 돌아와
지속적으로 헌신하라
전투를 시작하라
유혹의 대상으로부터 떨어지라

점진적 성화

〈그림 13.1〉 변화의 과정

어떤 사람은 그 이야기에 필적하는 이야기를 하고 싶은 유혹에 빠질 수 있다. 반드시 기억하라. 성령께서 죄를 깨닫게 하실 때가 바로 축제를 벌일 때이다.

3. 하나님께서 일하고 계시다는 것을 서로 서로 상기시키라(빌 1:6). 그것이 일어나는 곳이 어디인지 찾아보고 더 많이 찾아볼 수 있도록 기도하라.

우리 마음은 기만적이라는 것을 기억하라.
전쟁이 계속되고 있다는 것을 기억하라.

하나님께서 죄인에게 끊임없는 은혜를 주신다는 것을 기억한다면, 우리 자신의 마음을 용기 있게 들여다 볼 수 있다. 그리스도인들의 모임이 우리의 죄보다 그리스도께 더욱 초점을 맞추기 때문에, 우리의 마음은 중심 화제가 되지 않을 수도 있다. 그러나 자기반성(self-examination)은 하나님의 거룩하심을 알아가는 데 있어 자연스러운 것이다. 하나님의 거룩하심은 우리의 죄를 밝히 드러내고, 그 죄와 싸우지 않을 수 없게 만들며, 실제로 거룩해질 수 있는 길을 만들어 준다.

죄는 우리를 위협할 것이다. 그것은 기만적이며, 눈을 어둡게 하고, 지배하려고 한다. 우리는 마치 적군의 진영을 걸어가는 것처럼 항상 경계하며 살아야 하고, 절대 혼자 돌아다니면 안 된다. 만약 죄가 자신의 모습을 공공연히 드러낸다면 걱정할 필요가 조금 줄어든다. 하지만 죄는 어두운 곳에 잠복하여 그 모습을 잘 드러내지 않는다. 위험한 것은 누구나 죄를 처음 보았을 때 그 모든 부분에 매력을 느낀다는 것이다. 그래서 죄는 처음에는 어느 정도 우리의 눈을 끌기 위해 공공연히 돌아다닌다. 그러다가 우리를 저주하고 파괴하려는 목적을 숨기려고 할 때는 조심스럽게 유혹한다.

그러나 하나님의 은혜로 죄는 밝히 드러날 수 있다. 죄가 아무데서나 임의로 오는 것은 아니므로, 그것이 우리 마음에 자리를 잡기 시작할 때의 신호를 잘 알아두어야 한다. 다음과 같은 신호에 주의하라.

- "나는 혼자서 이 문제를 다룰 수 있어."
- "나는 내일은 정말 이 문제를 다룰 거야. 만약 내가 그때도 계속 이 문제로 씨름하고 있다면 그때 가서 다른 사람한테 말할 거야." 이것은 지연시키기 작전이다. 왜냐하면 우리는 죄악된 정욕이 사랑하는 것과 작별하길 원치 않는 그런 사람들이기 때문이다. 죄의 위험은 우리가 죄에 적응하여 내일은 이것에 대해 덜 다루게 될 것이라는 점이다. 결국 아무 무서운 일도 일어나지 않았고, 우리의 양심은 조금 더 은밀해지게 된다.
- 우리는 화가 나 있고 용서하기를 원하지 않는다.
- 우리는 머릿속의 생각들과 싸우는 것을 멈춘다. 생각이 흐리고 정신이 해이하다.
- "난 지금 하나님께로 돌아갈 수 없어. 그것은 위선적인 행동이야. 난 그전에 이 문제부터 해결해야 해."
- "나는 이미 늦었어."

이러한 생각들과 싸우며 여호와를 경외하는 원리를 기억하라. 나의 인생의 모든 부분을 하나님께서 보고 계신다. 난 나의 행동과 생각들이 밝혀지는 것에 대해 편안해 할 수 있는가?

그리스도인들의 공동체는 왜 우리의 죄와 전쟁을 해야 하는지 지속적으로 상기시켜 주어야 한다. 성경이 말씀하시는 것처럼, 우리의 공동체도 죄와 전쟁을 하며 그리스도 안에서 담대하게 나아가는 것으로 어떠한 유익을 얻는지를 상기시켜 주어야 한다. 죄는 우리의 시야를 좁혀 잠시 잠깐의 즐거움에 집중하도록 만든다. 그리스도인들의 공동체는 우리의 눈을 넓혀 하나님의 선한 계획하심이 있는 더 큰 이야기를 볼 수 있도록 도와주어야 한다.

하나님의 계명을 사랑하기

위에서 언급한 것과 같은 경고 신호와 더불어, 성령께서는 우리로 하여금 분명한 도덕관념을 가질 수 있도록 우리의 양심과 하나님의 율법을 사용하신다. 우리의 양심은 서투르며 올바르게 기능하지 못할 수도 있기 때문에 항상 믿을 만한 것이 아니다. 그러므로 죄를 밝히는 또 다른 방법은, "나의 양심이 무엇이라고 말하는가?"라고 질문을 해 보는 것이다. 또한 율법도 우리의 죄에 대해 가르치고 있으므로, "하나님의 율법이 무엇이라고 말하는가?"라고 질문함으로써 우리의 죄를 살펴볼 수 있다.

슬프게도 많은 그리스도인들 사이에서는 하나님의 율법에 대한 평판이 좋지 않다. 시편이 선포하고 있는 것처럼(예: 시 119편) 율법은 하나님께서 주시는 아름다운 선물이다. 하나님께서 의도하신 대로 율법을 사용한다면, 그것은 우리 마음의 상태를 밝히 드러내 줄 것이다. 그러나 율법이 우리를 변화시키지는 못한다. 대신 율법은 우리가 가진 본성 중 최악의 본성을 자극한다. 예를 들면, 당신의 자녀들에게 침대에서 뛰지 말라고 말하면, 아이들은 그런 마음이 없다가도 갑자기 그 말을 듣고는 침대에서 뛰고 싶어 못 견딘다. 누군가에게 "하면 안 돼"라고 말해 보라. 본능적으로 "싫어"라고 반응할 것이다. 이와 같이 율법은 우리의 행동을 규제하는 데 별 도움이 되지 않는다.

당연히 하나님의 율법이 문제가 있는 것이 아니다. 문제는 우리의 육신이다. 우리 마음에 거하고 있는 죄가 문제이다. 우리가 세상의 중심이기를 원하고, 세상의 중심이 되기를 원하는 사람은 이래라저래라 하는 말을 듣기 싫어한다. 심지어 그렇게 하는 것이 우리에게 최선인 줄 알면서도 끝까지 알아서 하겠다고 우기며 그 반대로 행동한다.

변화의 과정에 있어 하나님의 율법이 하는 역할은 무엇인가? 율법이 사태를 악화시킬 뿐이라면, 왜 그것을 사용해야 하는가? 율법과 은혜의 관계에 대해서 오늘날 많은 논의가 있다. 얼핏 보면 율법과 은혜는 모순되는 것처럼 보인다. "옳은 일을 행하라" 대 "옳은 이를 믿으라." 이 두 가지 가운데, 당연히 은혜가 더 듣기 좋다. 그러나 실제로 율법과 은혜는 깊이 연관된 것이며, 떼려야 뗄 수 없는 밀접한 관계이다. 은혜 없는 율법은 율법주의이며, 율법 없는 은혜는 반율법주의이다.

중독자들은 문화를 따르기 때문에, 반율법주의를 선호한다. 그들은 마치 하나님께서 삶의 특정한 부분에 대해서는 아무런 말씀도 하지 않으신 것처럼 살아간다. 즉 그들은 어떠한 율법도 그들에게 적용되지 않는 것처럼 살아간다. 비록 그들이 어떤 부분에서는 도덕적이라고 할지라도, 다른 부분에서는 하나님을 회피하려고 노력한다. 대부분의 사람들과 마찬가지로 중독자들은 그들에게 편리한

율법만을 몇 개 골라 선택하는 반면, 그들이 선호하는 것을 금하는
율법들은 회피한다. 어떤 사람들은 남의 사생활에 대한 좋지 않은
소문을 내지 말라는 율법을 무시하거나, 불평하지 말라는 율법을
모른 척 한다. 어떤 사람들은 분노, 너그러움, 다른 사람에 대한 존
중에 관해서 성경이 말하는 것들을 무시한다. 다른 이들은 금주나
절제에 성경의 가르침을 회피한다.

간단히 말해서 우리는 하나님이든지 다른 사람이든지 우리에게
무엇을 하라고 잔소리하는 것을 듣기 싫어한다. 우리는 우리의 욕
망과 하나님의 명령이 교차되는 것처럼 보일 때는 기뻐하며 하나
님께 순종한다. 그러나 하나님은 하나님이시다. 그분은 무엇에 좌
지우지 되는 분이 아니시다. 어떻게 살아야 한다고 그분이 말씀하
실 때, 우리의 반응은 최소한 다음과 같아야 한다. "하나님께서 더
크시니 하나님께서 승리하신다." 이것보다 더 나은 단계의 반응은
다음과 같다. "왕이신 하나님께서는 우리의 창조주이시요 아버지
이시다. 그는 우리에게 그가 원하시는 방식으로 살도록 명령하실
권리가 있다. 우리는 그에게 순종해야 한다." 그러나 성경에서 하
나님의 율법을 대단히 매력적인 것으로 말씀하는 것을 감안할 때,
가장 바람직한 반응은 이것이다. "**지혜롭고 경건한 자는 그에게 하시
는 하나님의 훈계를 사랑한다.**" 하나님께서는 우리의 기계적인 순종
그 이상을 원하신다. 그분 자신에 대해 우리에게 계시함으로써 우
리의 순종이 아버지와 자녀간의 사랑의 관계로 말미암은 것이기를
원하신다. 하나님께서는 우리를 사랑하시되 예수님 안에서 지극히
사랑하시는 아버지이심을 상기시켜 주신다. 그는 강압적인 군대장
관이 아니며, 오히려 자녀된 우리를 축복하시기를 원하신다.

이런 뜻에서 하나님께서는 율법을 주신다. 우리의 시선을 먼저

그분께로 옮기시고, 그런 다음 어떻게 그분을 사랑하며 따르는 것인지 가르쳐 주신다. 우리가 그분을 사랑하고 따를 때, 우리는 축복의 길을 걸어가게 된다.

이것이 십계명의 체계임을 주목하라. 십계명은 먼저 하나님께서 자신을 계시함으로 시작한다. "나는 너를 애굽 땅, 종 되었던 집에서 인도하여 낸 네 하나님 여호와니라"(출 20:2). 그리고 바로 단지 그들을 사랑한다는 이유로 작고 중요하지 않은 나라를 선택하셔서 자신의 소유로 만드시는 유일한 참 하나님을 우리는 만날 수 있다. 십계명이 가혹하다고 느껴진다면, 그것은 바로 율법을 원하지 않는 우리의 죄 때문이다. 하나님과 그분의 계명은 거룩하고 선하며 아름답다. 그 율법이 아름다운 이유는 그것이 바로 하나님의 성품을 보여주며 그분의 축복들을 선언하고 있기 때문이다.

하나님 율법의 아름다움을 아는 것은 특히 두 가지 이유에서 중요하다. 첫째, 우리가 속해 있는 문화는 심지어 그리스도인들 사이에서조차 율법을 나쁜 것으로 이해한다. 그리스도인 가정에서 자라난 청소년들에게 물어본다면, 그들은 율법이란 마치 재미있는 것을 하지 못하도록 만들어진 것처럼 여기고 있음을 알게 될 것이다. 청소년들은 율법이 그들을 우스꽝스럽게 만든다고 생각한다. 우리의 대부분도 하나님의 계명은 은혜와 반대되는 것으로 생각한다. 우리가 만약 둘 중 하나만 선택해야 한다면, 분명히 은혜를 선택할 것이다. 교회는 점점 방탕과 방종보다 율법주의를 두려워한다.

설상가상으로 인간에게는 하나님께서 선하지 않으시다는 사탄의 거짓말을 믿는 경향이 있다. 사탄은 종종 우리에게 속삭이며 율법이란 하나님께서 우리를 구속하기 위한 방법이라 말한다. 우리는 이런 속삭임을 너무나 자주 마음에 간직한다.

그러나 성경의 저자들은 율법을 하나님의 크신 사랑의 표현이라고 말하고 있다. 그들은 율법에 대한 순종 없이는 축복도 없다는 것을 알았다. 또한 율법은 우리를 압제하는 막대기가 아니라, 우리가 쾌락으로 달려가는 것을 막아주는 것임을 알았다.

내가 너희에게 가르치는 규례와 법도를 듣고 준행하라 그리하면 너희가 살 것이요 … 여호와께서 너희에게 주시는 땅에 들어가서 그것을 얻게 되리라(신 4:1; 신 6:18; 7:11-15; 28:1-14 참조).

복 있는 사람은 악인들의 꾀를 따르지 아니하며 … 오직 여호와의 율법을 즐거워하여 그것을 주야로 묵상하는도다(시 1:1-2).

여호와의 율법은 완전하여 영혼을 소성시키며(시 19:7).

여호와를 경외하며 그의 계명을 크게 즐거워하는 자는 복이 있도다(시 112:1).

만약 중독자가 하나님 율법의 아름다움을 안다면, 그의 삶이 얼마나 변화되고 축복된 삶이 될지 생각해 보라. 그의 인간관계, 직장생활, 건강이 얼마나 변화될지 생각해 보라. 순종이 어떻게 불편한 것이 아닌 축복이 되는 것인지 생각해 보라. 성경이 "여호와께서 기다리시나니 이는 너희에게 은혜를 베풀려 하심이요"(사 30:18)라고 말할 때, '은혜'는 율법과 복음 모두를 지칭하는 것이다. 하나님의 율법은 아름답다. 그것이 단지 옳고 꼭 필요하기 때문만이 아니라 그것을 주신 이가 하나님이시기에 아름다운 것이다.

예수 그리스도 안에서 율법은 성취되었다. 그러나 우리에겐 율법이 성취되지 않은 것처럼 율법에 또 다른 규칙들을 만드는 경향이 있다. 예수님과 십자가를 중심에 두지 않고 율법을 따르면 우리는 자신의 노력으로 구원을 이루려고 하는 또 하나의 종교를 만들게 된다. 그 노력이 메카로 순례의 길을 떠나는 것이든, 할례를 하는 것이든, 술을 끊는 것이든 상관없다. 예수님이 그 중심에 없다면 그것은 거짓 희망일 뿐이다.

우리가 영적 전쟁 중임을 기억하기 위한 아이디어

1. 주기도문으로 기도하라. 그것은 죄의 고백을 포함하고 있다.

2. 다음의 말을 생각하라. "영혼의 가치와 탁월성은 그것이 사랑하는 대상이 무엇인가에 따라 측량된다." [41] 당신은 무엇을 사랑하는가?

3. 당신은 무슨 생각을 하며 공상에 빠지는가? 다시 애굽에서 종노릇하던 시절로 돌아가고 싶다고 생각한 적이 있는가? 이상한 질문처럼 들리겠지만, 이것이 우리 마음의 일반적인 경향이다(출 14:10-12).

4. 당신이 당신 자신과 다른 사람을 속이는 방법들을 살펴보고 목록을 만들어라. 당신이 많은 상황들을 생각해 낼 수 있도록 다른 사람들에게 도움을 청하라.

5. 최근에 당신이 한 행동에 대해서 다른 사람에게 책임을 전가했던 때를 생각해 보고 목록을 만들라. 그 사람에게 말로 표현한 것뿐만 아니라 마음속으로 생각한 것까지 포함하라.

---

41 Henry Scougal, *The Life of God in the Soul of Man*(Harrisonburg, Va.: Springkle, 1986), 63.

6. 당신은 하나님이 선하신 분이라는 것을 믿는가? 만약 그렇지 않다면, 당신은 이미 영적인 전쟁에 깊이 참여하고 있다. 이것은 사탄이 가장 좋아하는 진입지점 중 하나이다. 사탄은 우리의 모든 어려운 상황들을 지적하면서, 하나님 아버지가 선하신 분이셨으면 지금쯤이면 괜찮아졌어야 하는 것 아니냐고 속삭인다. 대응방법은 그리스도의 십자가로 가는 것이다. 반론의 여지가 없는 하나님의 선하심과 사랑이 거기에 있다.

7. 고린도전서 10장 11-14절을 공부하라. 본문은 우리들의 욕구나, 친구, 마약 거래상이나 비참한 환경 등 그 어떠한 유혹도 우리로 하여금 죄를 짓게 할 수 없다는 것을 상기시킨다.

8. 이번 주 당신은 지혜로운 멘토를 만나 이야기를 나눈 적이 있는가? 성경은 죄의 유혹으로 완고하게 되지 않기 위해서 서로 매일 권면하는 것이 필요하다고 말한다(히 3:12-13).

9. 거짓말은 다양한 형태가 있다. 다음의 성경구절을 살펴보라. 잠언 6:12-19, 10:9-10, 11:9, 12:19-22, 19:5, 20:17, 21:6, 26:18-26. 이 성경구절들이 당신이 진리를 못 본 체하는 방법들을 드러내는가?

10. 계속해서 죄와 유혹을 정확하게 주시하라. 예를 들어, 잠언은 중독적인 물질의 유혹은 사망으로 인도하는 길(2:18)이라고 말한다. 또한 그것은 소가 도살장으로 끌려가는 것과 같고(7:22), 새가 그물로 들어가는 것과 같고(7:23), 결국은 뱀처럼 물 것이다(23:32). 당신의 목표는 과거에 빠졌던 중독을 미워하는 것이어야 한다(8:13).

11. 당신에게 위험한 상황이란 무엇이며 그것의 초기 신호는 무엇인가? 당신이 유혹에 빠지기 전의 시간과 당신이 취약해지는 시간이 언제인지 주의 깊게 생각해 보라. 겉으로는 이러한 시간들이

중독과 별로 연관이 없는 것처럼 보인다. 예를 들면, 분노, 두려움, 통증, 우울함, 인간관계의 불만, 직장 생활에서의 좌절 등은 주의 깊게 돌아다 보지 않으면 우리를 위험에 빠뜨릴 수 있다.

12. 당신을 보호해 주는 성벽은 어떠한가(잠 25:28; 23:19-20)? 계속해서 서로를 통해 아이디어를 얻으라. 당신과 중독적인 물질 사이에 어떠한 장애물들을 세워 두었는가? 우상은 멀리 있을 때 더 피하기 쉽다는 것을 기억하라. 그것이 손에 닿는 거리에 있을 때, 그것을 훨씬 더 강렬히 갈망하게 된다.

13. 로마서 7장 13절에서 8장 17절을 읽고 공부하라. 이 본문은 죄와의 싸움, 그리스도 안에서의 구원, 정죄함이 없음에 대해서 말하고 있다.

14. 당신이 죄에 대해서 이야기할 때 항상 그리스도를 마음속에 생각하고 있는가? 루터는 갈라디아서 5장 4절을 주석하면서 다음과 같은 질문을 하였다. "당신은 죄를 짓다 들켰을 때 어떤 반응을 보이는가? 만약 당신이 '다음 번엔 잘 할 거야'라고 말한다면, 당신에게는 그리스도가 필요 없다." 더 나아가 루터가 이에 대해 다음과 같이 제안한다. "당신은 당신이 도저히 의로울 수 없다고 절망하여야 하며, 담대하게 그리스도를 믿어야 한다."

"서로 사랑하라"를 기억하라

우리는 심지어 믿음의 공동체와 함께 있을 때에도, 여전히 믿음은 개인적인 것이며 자기발전에 도움이 된다고 생각한다. 그러나 그리스도인의 삶은 항상 그리스도, 우리의 마음, 다른 사람들이라는 세

가지 면에서 살펴볼 수 있다는 점에서 볼 때, 다른 신자들과의 만남은 서로 사랑을 할 수 있도록 돕는 모임이 되어야 한다.

우리는 거룩한 사랑이 넘치는 가정에서 태어났다. 아버지는 아들을 사랑하고, 아들은 아버지께서 그에게 주신 사람들을 사랑한다. 이제 우리는 사랑의 성령을 받았으므로, 다른 사람을 사랑한다는 것이 자연스러운 일이 되었다. "나의 계명은 이것이니 너희가 서로 사랑하라"(요 15:12). 우리가 서로 사랑함으로써 예수님께 영광을 돌리는 연합된 지체가 된다. 또한 이를 통해 우리가 섬기는 하나님의 성품을 세상에 드러낸다. 우리는 사람들이 "만약 그녀가 하나님을 믿어서 사랑이 많다면, 나도 그녀의 하나님에 대해 알고 싶어. 하나님은 분명 사랑이 많으신 분이실거야"라고 말하길 원한다.

만약 우리의 모임이 중독에 초점을 둔 것이라면, 서로 사랑하라는 부르심이 우리의 중독적 성향에 아주 적절하다는 것을 기억하라. 지금까지 중독을 우상숭배, 정욕, 영적 간음, 속박으로 요약해 왔다. 중독은 또한 이기심 그리고 다른 누구보다도 자기를 사랑하는 것이라 정리할 수 있다. 중독에 빠진 사람들은 다른 사람에게 거짓말을 한다. 우리는 우리 정욕을 더 사랑하고, 다른 사람을 싫어하므로 약속을 깬다. 사랑은 중독의 중심까지 치료한다.

이와 같은 사랑의 아름다움은 여러 가지 형태로 나타난다. 물 한 컵 대접하기, 따뜻한 인사, 비난에 대해 그냥 넘어가기, 누군가를 위해서 기도하기 등도 사랑의 한 형태이다. 어떠한 형태로든지 예수님의 이름 안에 사랑과 섬김이 있으면, 그것은 그의 이름을 높이는 것이며 하나님의 성품을 나타내며 심지어 천사들도 그것을 주목한다(엡 3:10).

사랑으로 섬기는 것에 대한 아이디어

1. 예수께서 우리를 어떻게 섬기셨는지 기억하라(요 13장). 오늘 당신이 누군가를 섬길 수 있는 기회가 있다면 그것은 무엇인가?

2. 화평하는 것이 사랑을 보이는 가장 본질적인 방법이다. 켄 산데(Ken Sande)의 『화평하게 하는 자』(The Peacemaker)를 읽어 보라.

3. 다른 사람을 위한 기도로 소그룹 시간을 보내라.

4. 사랑의 중요한 특징은 인내와 온유이다(고전 13:4). 어떠한 상황에서 당신은 화를 냈는가? 온유함이란 당신의 인간관계에서 어떠한 형태로 나타날 수 있는가?

5. 사랑의 성령을 주시기를 기도하라. 사랑을 보일 수 있는 기회를 달라고 기도하라.

6. 당신이 다른 사람들의 모습에서 그리스도의 사랑을 본 적이 있는지에 관해 이야기하라.

우리 앞에 기쁨이 있다는 것을 기억하라(히 12:2)

전쟁은 지속되고, 당신은 지쳐 간다. 옛 정욕도 다시 드러나기 시작한다. 당신은 이에 맞설 수 있는 자원을 가지고 있는가? 가장 분명한 우리의 자원은 바로 다른 사람들이다. 그들에게 도움을 청하라. 우리는 다른 사람의 도움이 필요한 존재로 창조되었다. 그 도움은 여러 가지 형태로 올 수 있다. 그것은 당신이 혼자가 아님을 상기시켜 주는 것과, 가장 유혹이 심한 늦은 밤에 한 잔의 커피를 마시는 것, 영적인 세계가 존재한다는 사실을 말해 주는 것이다.

지쳐 있는 사람들에게 있어 가장 적절한 영적 가르침은 아마도
그리스도께서 다시 오신다는 말씀일 것이다. '잠시 잠깐 후면' 예수
께서 오신다(히 10:37). 매일이 어제와 같다고 생각할 때, 우리의 삶
은 지루하고 목적 없는 것처럼 느껴진다. 우리는 또한 오늘을 최대
한 즐기려고 하거나, 자살을 생각하기도 한다. 그러나 우리가 마지
막이 다가오고 있다는 것을 깨닫는다면, 전쟁을 할 수 있는 새 힘
과 열정을 가지게 될 것이다. 이는 마치 일어서 있기조차 힘든 권
투 선수가 벨이 울리기 직전에 회심의 펀치를 날릴 수 있는 것과
같다. 우리는 곧 그리스도의 얼굴을 마주 볼 것이라는 것을 기억할
때, 영적으로 되살아난다.

이것을 한번 생각해 보라. 창세 전부터 우리를 사랑하신 그 분을
볼 것이다. 지금 알고 있는 것보다 훨씬 더 그분에 대해 알게 될 것
이고, 그의 존재에 경이를 느낄 것이다. 모든 유혹, 즉 우리 마음속
의 갈망과 세상의 시험은 희미한 기억 속에나 존재하는 것이 될 것
이다. 우리는 영원토록 주와 연합된 흠 없는 자녀로서 주 앞에 서
게 될 것이다.

이것을 아는 지식을 통해 우리는 현재 삶의 노예가 되지 않고 깨
어 있을 수 있다. 이것은 매순간을 더 중요하게 만든다. 우리는 하
루하루에 최선을 다해야 하는데, 이는 그 하루가 우리에게 주어진
마지막 하루일 수 있기 때문이다(마 6:25-34; 눅 12:22-34). 주어진 시
간은 짧고, 장차 다가올 것은 너무나 아름다운 것이기에, 우리는 현
재의 싸움을 조금 더 지속할 수 있다.

중독자들은 순간을 위해서 살며, 미래를 보지 못한다. 복음은 갑
자기 변화하는 한 순간과 같은 미래가 있다는 우리에게 알려 준다.

우리 주 예수 그리스도의 아버지 하나님을 찬송하리로다! 그의
많으신 긍휼대로 예수 그리스도를 죽은 자 가운데서 부활하게 하
심으로 말미암아 우리를 거듭나게 하사 산 소망이 있게 하시며
썩지 않고 더럽지 않고 쇠하지 아니하는 유업을 잇게 하시나니
… 너희가 이제 여러 가지 시험으로 말미암아 잠깐 근심하게 되
지 않을 수 없으나 오히려 크게 기뻐하는도다 너희 믿음의 확실
함은 불로 연단하여도 없어질 금보다 더 귀하여 예수 그리스도께
서 나타나실 때에 칭찬과 영광과 존귀를 얻게 할 것이니라 예수
를 너희가 보지 못하였으나 사랑하는도다 이제도 보지 못하나 믿
고 말할 수 없는 영광스러운 즐거움을 기뻐하니 믿음의 결국 곧
영혼의 구원을 받음이라(벧전 1:3-9).

상급이 있다는 것을 기억하라(고전 9:27). 우리는 면류관을 받을
것이며, 기뻐할 것이며, 슬픔이나 깨어진 관계 같은 것은 더 이상
없을 것이다. 그러나 이것들 자체가 상급은 아니다. 구약성경의 레
위 지파와 같이, 우리는 땅을 할당받는 것보다 더 좋은 것을 받을
것이다. 상급은 예수님, 하나님 자신이다. 싸울 만한 가치가 있는
전쟁이다.

도움 될 만한 정보

다음의 프로그램들은 기독교적 관점을 따릅니다. 성경에 기초하였거나 AA 프로그램을 기독교화 한 것입니다. 더 자세한 정보는 웹사이트를 이용하십시오.

전문 프로그램

AMERICA'S KESWICK — 4-month residential program
601 Route 530
Whiting, New Jersey 08759
(732) 350-1187   *www.americaskeswick.org*

GOOD NEWS HOME FOR WOMEN — 9–18 month residential treatment program for women 18 years and older
33 Bartles Corner Road
Flemington, New Jersey 08822
(908) 782-4132   *www.goodnewshome.org*

HEBRON COLONY — 10-week residential program for men 20 years and older
356 Old Turnpike Road
Boone, North Carolina 28607
(828) 963-4842   *www.hebroncolony.org*

HEBRON-GRACE SANTEE, INC. — 10-week residential program for women 20 years and older
P. O. Box 407
Santee, South Carolina 29142
(803) 854-9809   *www.hebroncolony.org*

HIS MANSION — MALE AND FEMALE, AGES 18–35
P. O. Box 40
Hillsborough, New Hampshire 03244
(603) 464-5555   *www.hismansion.com*

TEEN CHALLENGE — Multiple locations, long-term residential, adolescent through adult
P. O. Box 1015
Springfield, Missouri 65801
(417) 862-6969 or (417) 862-2781

TIMOTHY HOUSE MINISTRIES — Men only, 18–40, one year discipleship residency program
Bible Institute and Overcomer's Group included
715 Rothsville Road
Lititz, Pennsylvania 17543
(717) 627-1598   *www.timothyhouse.org*

WHOSOEVER GOSPEL MISSION — Men only, 21 years and older, minimum 6 months residential program
101 E. Chelten Avenue
Philadelphia, Pennsylvania 19144
(215) 438-3094

FURTHER INFORMATION:
Mr. Terry Livorsi, Crisis Care Counselor and Networker
(800) 895-5441
288 Resources

후원 단체 정보

ALCOHOLICS VICTORIOUS
9370 S. W. Greenburg Road, Suite 411
Tigard, California 97323

ALCOHOLICS FOR CHRIST
1316 North Campbell Road
Royal Oak, Michigan 48067

HARVEST, USA — Help for those with sexual addictions
P. O. Box 11469
Philadelphia, Pennsylvania 19111
(215) 342-7114

OVERCOMERS IN CHRIST
P. O. Box 34460
Omaha, Nebraska 68134
(402) 573-0966   *www.overcomersinchrist.org*

SUBSTANCE ABUSE VICTORIOUS
One Cascade Plaza
Akron, Ohio 44308

국제제자훈련원은 건강한 교회를 꿈꾸는 목회의 동반자로서 제자 삼는 사역을 중심으로
성경적 목회 모델을 제시함으로 세계 교회를 섬기는 전문 사역 기관입니다.

중독의 성경적 이해

초판 1쇄 발행 2009년 5월 25일
초판 4쇄 발행 2018년 9월 10일

지은이 에드워드 웰치
옮긴이 김준

펴낸이 오정현
펴낸곳 국제제자훈련원
등록번호 제2013-000170호(2013년 9월 25일)
주소 서울시 서초구 효령로68길 98(서초동)
전화 02)3489-4300   **팩스** 02)3489-4329
이메일 dmipress@sarang.org

ISBN 978-89-5731-625-2 03230